# 远程学习导引

汪启富　薛理银　姚志红　编著

中央广播电视大学出版社

北　京

**图书在版编目（CIP）数据**

远程学习导引／汪启富，薛理银，姚志红编著．—北京：中央广播电视大学出版社，2004.3

ISBN 978－7－304－02329－4

Ⅰ．远…　Ⅱ．①汪…②薛…③姚…　Ⅲ．远距离教育—教材　Ⅳ．G72

中国版本图书馆 CIP 数据核字(2004)第 019676 号



**远程学习导引**

汪启富　薛理银　姚志红　编著

---

出版•发行：中央广播电视大学出版社

电话：营销中心：010-58840200　　总编室：010-68182524

网址：http://www.crtvup.com.cn

地址：北京市海淀区西四环中路45号

邮编：100039

经销：新华书店北京发行所

---

责任编辑：**来继文**

印刷：北京宏伟双华印刷有限公司　　印数：533001~613000

版本：2004年2月第1版　　2012年11月第16次印刷

开本：B5　　印张：14.75　　插页：1　字数：261千字

---

书号：ISBN 978－7－304－02329－4

定价：25.00元

---

（如有缺页或倒装，本社负责退换）

# 前　言

在远程教育中，学习者的自律精神和自主学习能力直接影响其学习质量。当前，无论是广播电视大学的开放教育，还是全国远程教育试点高等学校的网络教育，都迫切需要一门把学生引入自主学习之门的基础课程。为此，奥鹏远程教育中心应有关合作高校网络教育学院的要求，在其公共服务体系框架内，为合作高校网络教育学院的学生开设了“远程学习概论”课程，并在教育部高等教育司和高等学校远程教育协作组的支持和指导下，组织编写了这部《远程学习导引》教材，以满足我国远程教育中学习者的迫切需要。

## 一、“远程学习概论”课程的性质

本课程的学习对象定位在全国现代远程教育试点高校网络教育学院的学生以及广播电视大学开放教育各试点专业的学生。本课程是试点高校网络教育学院学生的入门必修课程，旨在使学生了解现代远程教育和远程学习的基本特点，了解自己的学习风格，树立正确的学习观念，培养自主学习和终身学习的习惯，掌握远程学习的基本方法和基本技能，调整自己的学习方式以适应远程学习的特点，为终身学习和发展奠定基础。通过本课程的学习，学生可以体验到网络环境下远程学习的全过程。

本课程也是各远程教育试点高校对参加远程学习的学生实施入学教育的有效途径。通过本课程的学习，学生可以了解所报读学校的历史沿革、教育传统、育人理念、教学管理、教学特色和校训校规等，以增强自豪感和归属感，从而激发学习热情。

## 二、“远程学习概论”课程的教学资源

本课程的教学资源包括文字教材、光盘资源和课程学习网站资源。

文字教材包括本教材和《奥鹏学习手册》。本教材阐述了远程学习过程各个阶段的学习活动所涉及的学习方法、策略和技能，每一章都安排了一个或多个实践活动，要求学生运用所学的知识解决实际问题。《奥鹏学习手册》是专为奥鹏公共服务体系内各合作高校网络教育学院的学生设计的辅助教材，主要内容包括以下两个方面：一是奥鹏远程学习中心的服务内容和方式；二是奥鹏远程学习平台的功能与使用。它的部分内容同时也在课程学习网站上发布。

光盘资源采用专家讲座的形式介绍以下内容：第一，远程教育和远程学习的基本特点及其对学习者的要求；第二，远程教育在建设小康社会和构建终身教育体系中的地位和作用；第三，信息社会和知识经济时代学习观念和学习方式的变革；第四，各试点院校的基本情况、校园文化及教学特色等。光盘资源同时也在课程学习网站上发布，供学生根据需要选择使用。

课程学习网站存放与本课程相关的学习资源（与文字教材和光盘资源相关)，提供在线交互学习环境，并跟踪和记录学生的学习过程和成果。

## 三、“远程学习概论”课程的学习目标

学完本课程后，学生应该能够：

（一）知道并理解以下基本知识

- 所报读学校的历史沿革、文化传统、育人理念、教学和管理特色、学术成就以及校规校训等；
- 远程学习的基本特点、规律及其对学习者的要求；
- 远程学习中心提供的基本服务内容。

（二）知道并应用以下基本策略、方法或技能

- 远程学习的一般方法和策略；
- 选择和应用各种学习媒体的方法和策略；
- 远程学习平台各项功能的使用方法；
- 通过网络进行协作学习和交流的基本技能。

（三）初步形成适合自己特点的自主学习模式

- 能够了解自己的学习风格，结合自己的经验和特点选择适当的学习方法和策略，并形成自己的学习方法体系；
- 能够制订自己的学习目标和计划；
- 能够构建自己的学习环境。

（四）建立以下观念和态度

- 远程教育是终身教育的重要手段，是建设学习型社会的有效途径；
- 远程学习更具挑战性，不比传统学校的学习容易；
- 自主学习和终身学习的能力和习惯是决定个人生存质量的重要因素；
- 学会学习是自我生存、民族昌盛和社会发展的重要条件。

## 四、“远程学习概论”课程的教学实施建议

本课程2个学分，36课内学时。其中，本教材及其网站资源的学习占28学时，光盘资源的学习占4学时，《奥鹏学习手册》的学习占4学时。本课程安排在第一个学期开设。学生既可以在一个学期的时间内修完本课程，也可以在开学后的几周内集中时间和精力单科独进，提前修完本课程。

在教学模式上，本课程需要安排专业教师在网上主持答疑、辅导和组织学生讨论，把学生自学、面授辅导、小组学习、实践活动和网络交互等有机地结合起来。

在课程管理模式上，可以采用网上虚拟教研室的形式，把参与本课程教学和辅导的教师联系起来，共同探讨并实施本课程的教学和管理。

在评价模式上，可以采用“文件夹”式的考核方式。首先把学生完成作业的情况、所做的学习总结以及在网上的学习行为的记录等有关信息整理成学生的个人“文件夹”，然后据此评定其课程成绩。

虽然本课程及其教学资源是奥鹏远程教育中心应有关合作高校网络教育学院的要求而设计开发的，但是它们也适用于其他试点高校网络教育学院的学生和广播电视大学开放教育试点各专业的学生。各试点高校网络教育学院既可以选用本课程的文字教材及配套资源组织教学，也可以只选用本教材，并定制或开发自己的学习手册和课程网站资源。

## 五、致 谢

在规划、设计和撰写本教材的过程中，作者得到了来自许多方面的帮助。首先，在课程方案的设计方面，得到了奥鹏远程教育中心主任严冰和常务副主任赵敏的大力支持和帮助。其次，在写作过程中，中央广播电视大学高松海教授和奥鹏远程教育中心高级顾问常梦雄教授提出了许多建设性的意见；中央广播电视大学出版社来继文女士在本教材的写作风格方面也提出了有益的建议。最后，奥鹏远程教育中心专门成立了审稿小组，聘请首都师范大学丁兴富教授(组长)、北京师范大学乌美娜教授、北京大学高利明教授、华中师范大学傅德荣教授和中央广播电视大学任为民教授对本教材的初稿进行了审订。各位专家提出了许多宝贵的修改意见，为本教材的修改和完善做出了贡献。在此一并致以诚挚的谢意。

汪启富　薛理银　姚志红

2004年2月

# 目　录

## 第一章　远程学习概述



## 第二章　学习风格与远程学习



## 第三章　学习条件的创设与控制

## 第四章 基于资源的自主学习



## 第五章 教师引导的学习



## 第六章 小组协作学习



## 第七章 信息的搜寻与评估



## 第八章 信息的组织与论文的写作

## 第九章　学习的考核与反省

# 第一章

# 远程学习概述

## 学习目标

通过本章的学习，你应能：

1. 了解远程教育的特征和发展历史，领会远程学习的经验和方法对终身学习的意义；
2. 了解远程学习中心的服务内容和远程学习平台的教学功能，知道如何利用远程学习中心和远程学习平台来进行远程学习；
3. 了解远程学习的一般过程及其基本活动，并指出这些基本活动在传统课堂学习环境和远程在线学习环境下的异同；
4. 了解本教材的组织结构；
5. 评价自己的远程学习适合度。

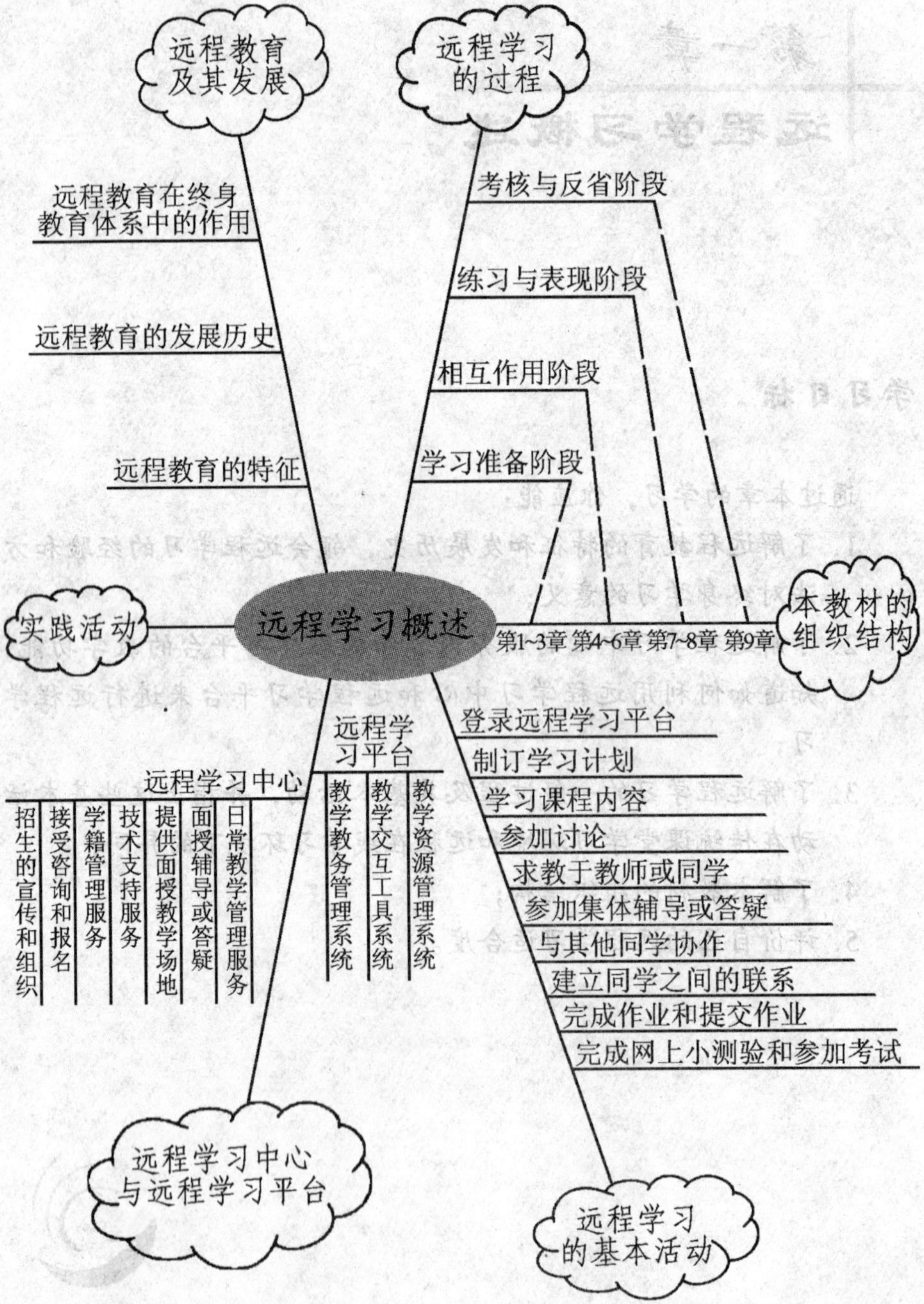
远程学习概述
远程教育及其发展
远程教育在终身教育体系中的作用
远程教育的发展历史
远程教育的特征
远程学习的过程
考核与反省阶段
练习与表现阶段
相互作用阶段
学习准备阶段
本教材的组织结构
第1~3章 第4~6章 第7~8章 第9章
实践活动
远程学习中心与远程学习平台
远程学习中心
招生的宣传和组织
接受咨询和报名
学籍管理服务
技术支持服务
提供面授教学场地
面授辅导或答疑
日常教学管理服务
远程学习平台
教学教务管理系统
教学交互工具系统
教学资源管理系统
远程学习的基本活动
登录远程学习平台
制订学习计划
学习课程内容
参加讨论
求教于教师或同学
参加集体辅导或答疑
与其他同学协作
建立同学之间的联系
完成作业和提交作业
完成网上小测验和参加考试

随着通信和计算机技术的迅猛发展，远程教育不断深入人心，在国家教育体系中的地位日益提高。不仅广播电视大学实施远程教育，而且普通高等院校也大力推行远程教育。然而，远程教育毕竟不同于课堂面授教育。要想顺利完成学业，远程学习的学生需要了解远程教育的基本特征以及远程学习的基本过程和活动类型。

本章是全书的导论。首先，概要地介绍远程教育的特征和发展历史，指出远程学习的经验和方法对人生发展的重要作用。然后，讨论远程学习的一般过程，重点分析远程学习过程中的基本活动。最后，阐述本教材内容的组织结构。

## 第一节　远程教育及其发展

### 一、远程教育的特征

在远程教育文献中，通常相对地把基于校园的课堂面授教育称为“传统教育”。然而，无论是传统教育还是远程教育，都具有教师、学生、教学手段和教材等基本要素。二者的主要区别在于这些要素在教学过程中的地位、作用和组合方式。爱尔兰远程教育专家德斯蒙德·基更（Desmond Keegan）认为远程教育是具有以下特征的新的教育形态[①]：

- 教师和学生在教与学的全过程中处于相对分离的状态（这使它区别于传统面授教育）；
- 教育组织通过规划和准备学习材料以及提供学习支持服务对学生学习产生影响（这使它区别于个人教育和自我教育项目）；
- 应用各类技术媒体——印刷媒体、视听媒体和计算机媒体——将教师和学生联系起来并以此作为课程内容的载体；
- 提供双向通信并鼓励学生交流对话和从对话中受益（这使它区别于教育技术的其他使用方式）；
- 学生在学习全过程中与学习集体也处于相对分离的状态，学生通常是接受个别化教学而不是集体教学，但并不排除为了教学和社会的目的

① 转引自丁兴富：《远程教育学》，20页，北京，北京师范大学出版社，2001。

组织必要的集体面授交流。

上述特征实际上可作为远程教育的定义。其中，最本质的特征是学生与教师以及学生与学生之间在时间和空间上的相对分离。出现这种分离的原因，既可能来自学生也可能来自教师或学校。

源于学生方面的原因主要有：因为需要工作，无法参加常规的课堂学习；远程学习的成本较低；偏爱通过多种媒体进行自学；学习速度异常（太快或太慢），无法与传统的课堂教学的进度匹配。

源于学校或教师方面的原因主要有：学校的教学设施或师资不足，难以在校园内容纳大量的学生进行课堂学习；在较短的时间期限内，快速地推广某一级教育或某一项培训；适应学生的个性特征，充分利用信息技术手段，以提高教学质量。

在远程教育中，学生的主要学习方式是基于资源的自主学习，通俗地讲，就是学生利用远程教育机构提供的教材和参考资料等相关学习资源，自主安排自己的学习活动，进行个别化的学习。有教师直接参与的学习活动仅占整个远程学习活动的一小部分。教师的主要作用，不再是系统地讲授课程内容，而是引导学生在自主学习的基础上更深入地思考学习内容，以及解决学生在自主学习过程中遇到的各种疑难问题。

然而，师生之间在时间和空间上的分离给学生的学习和教师的引导造成很多困难。对学生来说，在没有教师在场的情况下，难以做到自律，难以按时完成学习计划，在学习过程中无法及时解决遇到的疑难问题。对教师来说，不与学生接触就难以了解学生的学习问题之所在。因此，远程教育机构通常采取各种措施以重建或模拟教学交互过程。例如：提供能够体现教学交互并适合自学的学习资源，包括印刷材料、音像资料和多媒体教学软件等；建立学生与教师的交流通道，比如信函、电子邮件和电话等；定期组织面授辅导课，由教师讲解课程的重点和难点；适时安排集中答疑活动（既可以是远程的，也可以是面对面的），为学生集体答疑解难。

## 二、远程教育的发展历史

在远程教育中，学习资源和师生交流渠道是重建教学交互过程的关键因素。二者都与信息技术密切相关。考虑到信息技术在远程教育中的特殊作用，有些远程教育专家根据它在远程教育中的使用状况，把远程教育的发展划分为三代，即把三代信息技术与三代远程教育相对应，如表1-1所示。[①]

**表1-1 三代信息技术与三代远程教育分期表**

| 分期 | 年代 | 远程教育 | 信息技术 | 主要媒体 |
| --- | --- | --- | --- | --- |
| 第一代 | 19世纪中叶到20世纪中叶 | 函授教育 | 传统印刷技术、邮政运输技术、早期视听技术 | 印刷材料、照相、电话、幻灯、电唱、投影、录音、电影、早期播音 |
| 第二代 | 20世纪中叶到80年代末 | 多种媒体教学的远程教育 | 单向传输为主的电子信息通信技术 | 大众媒体（广播电视、卫星电视）、个人媒体（录音录像、光盘、微机）、远程电子通信（始）、计算机辅助教学 |
| 第三代 | 20世纪90年代起 | 开放灵活的远程学习 | 双向交互的电子信息通信技术 | 远程电子通信（续）、无线移动通信、计算机多媒体、计算机网络、知识（智能）媒体、虚拟技术 |

信息技术（information technology，简称为IT）有狭义和广义之分。狭义的信息技术（有时称为现代信息技术）指20世纪中叶以来得到广泛使用的电子信息通信技术（information and communication technology，简称为ICT）[②]。早期视听技术中的电话、照相、幻灯和投影等只需要电力作为能源和动力，不是电子技术发展的产物，它们通常被称为视听媒体。广义的信息技术包括可以用来存储、处理、传播、接收和呈现各类信息的技术。从这个意义上说，造纸技术和印刷术的发明都是信息技术的重大进步。虽然信息技术可以按表1-1分为三代，但是在当今的远程教育实践中，它们都得到了不同程度的应用，例如印刷教材仍被广泛使用。

远程教育源于函授教育。函授教育以印刷教材为主要的学习资源，以邮政为主要通信手段，传递教材、学生的书写作业和教师的批改评价（或函授辅导）。函授教育起源于19世纪中叶的英国。那时，英国进入工业化时代，社会经济对各种专业人才和高素质劳动力的需求，给传统教育带来了巨大的压力。因此，成人的函授教育首先出现在英国的职业技术培训领域。1840年，英国人伊萨克·皮特曼（Isaac Pitman）将速记教程函寄给学生，因此他被认为是函授教育的始祖。创立于1849年的伦敦大学校外学位制度为世界各国树立了一

---

① 引自丁兴富：《远程教育学》，149页，北京，北京师范大学出版社，2001。

② 丁兴富：《远程教育学》，148页，北京，北京师范大学出版社，2001。

个采用自学、函授和业余夜校等方式发展校外高等教育的范例[①]。视听技术则于19世纪末20世纪初开始进入教育领域。无线电播音教育和基于无声电影的教育始于20世纪20年代。从20世纪30年代起有声电影开始应用于教育。我国的函授教育则起始于20世纪初。

第二代远程教育基于多种媒体进行教学，尤其是使用以单向传输为主的电子信息通信技术以实现大规模和工业化的教学。20世纪50年代起，电视技术成熟并逐渐成为当时最强有力的一种大众传播媒介，使电视教育很快崛起，并催生了一类新型的学校：基于多种媒体教学的、开放的远程教育学校。开展大学层次教育的这类院校通常取名为开放大学、空中大学、放送大学、电视大学、广播电视大学或远程（远距离）教育大学。1969年成立的英国开放大学是这类学校的典型代表，对世界各国远程教育的发展具有重大影响，它已取得的历史性成就和声誉证实“远程教育体制和多种媒体的教学模式，在教学质量和投资效益两方面都是有保证的，是经受住了英国传统大学的激烈竞争和劳动力市场考验的”[②]。

在我国，1955年，北京和天津等地分别创办了广播函授学校。20世纪60年代初，部分省市相继创办了面向本地区的广播电视大学。实际上，它们的创办早于英国开放大学。中央广播电视大学于1979年2月6日正式开学授课。第一课由著名数学家华罗庚主讲高等数学。

自20世纪90年代起，远程教育进入了第三代。它建立在双向交互电子通信技术基础之上，使被分离的教与学的过程重新整合成教与学适时交互的过程。它可以实现同步（实时）和异步（非实时）双向通信，使教与学更加开放和灵活，大大促进学生的个别化学习和小组间的协作学习。第三代远程教育的核心是互联网技术在教学、学习支持和教学管理中得到广泛应用。新闻媒体中经常出现的与远程教育密切相关的术语很多，比如网络教育、在线教学、电子远程教学、电子远程学习和虚拟教学等。

自20世纪90年代中期起，我国政府开始组织教育界和企业界实施跨世纪远程教育工程。各级广播电视大学逐渐开始使用卫星双向视频会议系统和互联网技术。越来越多的普通高等学校和重点中学也开始从事基于互联网的现代远程教育。截至2003年底，全国共有67所普通高校开办了网络（或远程）教育

① 丁兴富：《远程教育学》，2页，北京，北京师范大学出版社，2001。
② 丁兴富：《远程教育学》，71页，北京，北京师范大学出版社，2001。

学院。另外，许多普通高等学校在校内教育中也积极使用互联网。

综上所述，远程教育的发展是与信息技术的发展息息相关的。以互联网为基础的现代远程教育，是一种技术含量高的、先进的教育形式，将对传统学校教育产生重大影响。随着互联网技术的普及，传统学校与远程教育学校将变得更加相像，或者说，你中有我，我中有你。

## 三、远程教育在终身教育体系中的作用

在远程高等教育中，绝大部分学生是在职成人。他们在完成一定量的正规学校教育后，走上工作岗位，由于工作需要或个人兴趣而继续学习有关课程。实际上，这种“继续教育”在当今急剧变化的社会中具有很大的普遍性。随着信息社会的到来，知识更新的速度大大加快，出现了所谓的“知识爆炸”。然而，人们在走上工作岗位之前的学校教育时间是有限的。这使当代教育面临严峻的挑战。传统的仅靠学校教育所提供的知识就够终身享用的模式显然已经过时了。即使接受过高等教育的专业人员也存在知识老化的问题，需要接受继续教育。传统的“上学—工作—退休”的线性教育和人生发展模式已不能适应现代社会的变化，而必须代之以“学习—工作—学习”、工读交替、循环往复的多维教育模式[①]。因此，自 20 世纪 60 年代以来，在世界范围内出现了终身教育和终身学习的思潮。1972 年，联合国教科文组织出版了题为《学会生存》的报告[②]。这是一份关于终身教育和终身学习的重要文献，它的出版对各国的教育改革和理论研究产生了广泛而深刻的影响。终身教育已成为当代教育的一个重要特征。[③]

1996 年，“国际 21 世纪教育委员会”提交了《学习：内在的财富》的报告。报告认为终身教育是进入 21 世纪的一把钥匙，并首次提出了“教育四大支柱”：学会求知（learning to know）、学会做事（learning to do）、学会共处（learning to live together）和学会做人（learning to be）。这里的学会求知就是“学会学习”，即学会掌握认知的工具，学会收集、处理、评估和管理信息，学会

---

① 周南照：《终身学习与教育的四大“支柱”》，见郑新蓉、卜卫等著：《学会求知》，主编前言第 4 页，北京，北京出版社，1999。

② 参见联合国教科文组织国际教育发展委员会：《学会生存——教育世界的今天和明天》，上海师范大学外国教育研究室译，上海，上海译文出版社，1979。

③ 顾明远、薛理银：《比较教育导论——教育与国家发展》，7 页，北京，人民教育出版社，1999。

掌握应用知识于有意义的实践的手段等[①]。学会求知的方法远胜于求得知识本身，这就是古人所说的“授人鱼，不如授人渔”。

在信息社会，每一个人都应树立终身学习的观念，然而，终身教育不可能完全由传统学校提供。这主要有两方面的原因：一是传统学校的规模不可能无限制地扩张；二是传统学校在时间和空间上灵活性不够，不便于在职人员的学习。这就给远程教育提供了很大的发展空间。远程教育允许学生不离开工作和不放弃收入，因此它已成为终身教育的重要手段，在各国的终身教育体系中发挥着重大作用。现代信息技术的发展正以史无前例的方式使远程教育和开放学习更加深入人心。远程学习将成为个人职业生涯发展的重要途径。

在信息社会，每一个人都应学会如何学习。由于远程学习是终身学习的重要途径，因此远程学习的经验和方法将对个人的发展产生很大影响。远程（网络）教育学院的学生，虽然没有机会系统地接受传统大学的面授教育，但通过远程学习，既可以掌握专业知识和技能，还能学会对自己将来发展非常重要的远程自主学习的策略和方法。塞翁失马，焉知非福？

## 第二节 远程学习的过程

划分学习过程的标准和目的很多。本教材为了在远程学习和传统学习之间进行对比，根据学习过程涉及的基本活动，把远程学习过程分为以下四个阶段：学习准备阶段，相互作用阶段，练习与表现阶段，考核与反省阶段。这种分类，既适用于传统的学校学习过程，也适用于远程学习过程，有助于远程学习的学生（在后文中，简称为远程学生或学生）对远程学习过程和传统学校学习过程进行比较，以便更好地领会和适应远程学习的特点。另外，本教材将据此组织各章内容。

### 一、学习准备阶段

一个人如果没有一种开放的心态去接受新知识，看不到学习为自己带来的

① 周南照：《终身学习与教育的四大“支柱”》，见郑新蓉、卜卫等著：《学会求知》，主编前言第3页，北京，北京出版社，1999。

好处，就不会对学习产生很大的兴趣。学习准备阶段的目标是唤起自己的学习兴趣，对即将开始的学习有一种积极的态度，并使自己处于最佳的学习状态。要实现这一目标，需要明确学习的目标和意义，创造良好的学习环境，了解自己的学习风格或特点，制订适当的学习时间计划，消除或克服学习障碍。在传统的学校教育中，教师和学校在协助学生实现上述目标中起着很大的作用。然而，在远程学习中，由于教师和学生在时空上的分离，实现上述目标变得极为困难，学生需要具备较强的自我激励、自我控制和自我管理的能力。

## 二、相互作用阶段

在传统的学校学习过程中，相互作用阶段主要体现在课堂学习过程中。在“满堂灌”的教学风格的课堂中，它等同于教师对课程内容的讲授过程。传统学习最强调教师的讲授。这种观念的影响如此之深以至于有些远程学生认为那些没有课堂教学的远程教学不是教学。实际上，教师的讲授只能起到启动学习的作用，而不能代替学习过程，或成为学习过程的核心。如果学生被看作被动的接受者，而不是学习过程中主动的创造者，他们的学习就不会顺利，甚至有可能终止。如果在学习过程中个人偏爱的学习方式没有被认可，学习也不会顺利完成。例如，如果要求一个必须活动才能保持良好学习状态的学生长时间静静地坐着听教师讲课，那么他的课堂学习效果可能不会很好。“满堂灌”的教学使许多本应“优秀”的学生因不适应课堂教学的单一进度而成为“失败者”。

无论是传统教学过程还是远程教学过程，都包括教师、学生、教学手段和学习资源等要素。在传统教学中，学习资源主要指印刷教材；在远程教学中，除了印刷教材之外，还有许多基于信息技术的多种媒体的学习材料。传统教育以教师为主导，以教师在课堂上的集体面授为主要活动；而远程教育以学生为中心，以学生自主学习为主要活动。在远程学习中，学习资源占据了前台的位置，而教师退到了幕后。然而，在学习资源的设计中，教师可以把教学过程中的交互活动预先设计成虚拟对话的形式。因此，教师的角色由传统教育中的讲授者、教导者变为远程教育中的教学设计者、助学者。

美国远程教育专家穆尔（Michael Moore）于1989年提出了远程教育中教与学的三种基本相互作用的理论①。它们是学生与资源的相互作用、学生与教师

---

① 丁兴富：《远程教育学》，48页，北京，北京师范大学出版社，2001。

的相互作用以及学生与学生的相互作用，如图 1-1 所示。

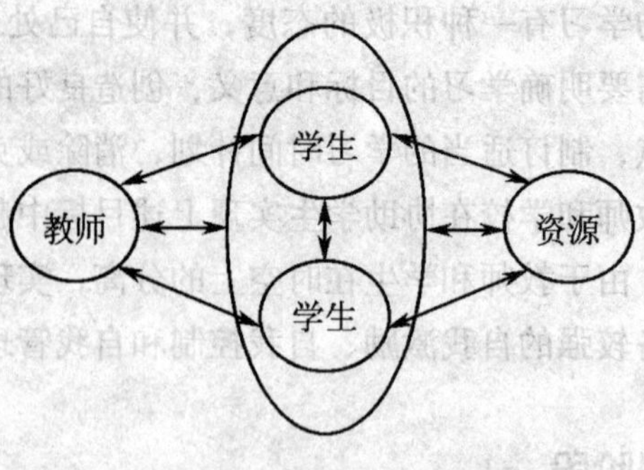


图 1-1 教师、学生和资源的相互作用

实际上，上述三种相互作用贯穿于学习的整个过程中（但是，本教材的相互作用阶段特指学生在学习新知识的过程中的三种相互作用）。学生通过与资源的相互作用构建自己的知识体系，从而实现他们自身认知结构的改变。教师要保持学生对教学内容的学习兴趣，帮助学生解决学习过程中遇到的问题，指导学生将所学到的知识应用到实际情景中去。教师与学生的相互作用可以发生在教师与个别学生之间，也可以发生在教师与学生集体之间；可以是面对面的，也可以是远程的。同样，学生与学生的相互作用，可以发生在个别学生之间，也可以发生在学生集体之中；可以是自发的，也可以在教师的组织和指导下进行；可以是面对面的，也可以是远程的。学生之间的相互作用，有助于相互激发学习动机，加深对学习内容的理解，提高学习效率以及培养团队合作的精神和能力等。

## 三、练习与表现阶段

在传统的课堂上，教师通常要向学生布置一定数量的课内作业（或称课内练习）和课外作业。学生做作业是为了巩固记忆、加深理解和实际运用知识。这对远程学习同样适用。实际上，学生所想的和所做的要比教师所说的和所做的要重要得多，也就是说，相对于教师的讲授或学生吸收知识的过程，学生自身“创造”或“建构”知识的过程更加重要。通过练习与表现，可以培养对与新知识相似或相近的问题的理解能力和解决能力，进而逐渐改变自身的认知结构，形成新的思维习惯或解决问题的能力。

### 四、考核与反省阶段

无论是在传统教育中还是在远程教育中，复习与考试都是教学过程的重要环节。在考核与反省阶段，学生不仅要反省“已学的东西”，而且要反省自己是“如何学习”的。学生要审查自己的学习过程，确定最适合自己的学习策略或方法。一旦掌握了适合自己的学习方式，形成了良好的学习习惯，学生就成为能自我管理的学习者了。良好的学习习惯，对基于资源的远程自主学习尤为重要。

最后，需要指出，上述把学习过程划分为四个阶段只是为了便于分析问题，实际上它们是紧密地交织在一起的。例如，对自我学习过程的反省或反思就贯穿于整个学习过程中。

## 第三节　远程学习中心和远程学习平台

在远程教育中，由于教师和学生在时空上的相对分离，教与学的过程相应地分离成两个相对独立的过程：教师参与设计以课程材料为核心的学习资源(远程教的行为)；学生以自学学习资源的内容为主，以接受教师的学习支持服务为辅，在与同学的相互协作中，完成远程学习（远程学的行为)。远程教与学的真正重组和整合发生在学生自主学习的过程中。在学生自主学习的过程中，并不排斥教师或其他助学人员的指导、辅导和帮助。但是，这些指导和帮助不应成为一种主控的行为。学生学习既可以是没有师生交流的、基于课程资源的、完全独立自主的个别化学习活动，也可以是学生同伴之间的协作学习。

在现代远程学习中，上述的辅导和助学行为以及学生之间的协作是通过“远程学习中心”和“远程学习平台”来实现的。

### 一、远程学习中心

“远程学习中心”是远程学习支持服务机构。面向全国招生的远程教育学校需要在全国各地设置多个远程学习中心，以支持各地学生的学习。这种远程学习中心，既可以是远程教育学校自己设置的，也可以是由某一独立的机构提供的，还可以是双方联合开办的。在我国普通高校远程（或网络）教育体系中，经国家教育部批准成立的“奥鹏远程教育学习中心”是独立于普通高等学校的、社会化的远程教育公共服务机构，即同一个学习中心可以同时为多所远程教育学院及其学生服务。

一般来说，远程学习中心的主要服务内容如下：

- 按照高等学校的招生政策和简章进行招生宣传和组织招生；
- 负责接受学生的咨询和报名；
- 负责学生的注册以及学籍的录入和管理；
- 为学生提供网上学习环境，保证技术装备的正常运转，并对学生提供技术支持服务（在一些网络条件较差的地区，学生在家里可能没有上网的条件，需要到远程学习中心上网学习）；
- 为普通高校的远程（或网络）教育学院提供面授辅导场地；
- 提供部分教学环节的支持服务，比如组织面授辅导、答疑和考试等；
- 负责学生的思想政治工作和日常管理工作，营造健康向上的学习氛围。

需要指出，并不是所有的远程学习中心都提供上述所有的服务，有的只提供其中的一部分服务；也不是所有的远程教育学校都在学校本部以外设置远程学习中心。

☞ 在学习本节后续内容之前，请你先完成本章的实践活动——远程学习中心服务的了解。

## 二、远程学习平台

“远程学习平台”，又称“学习管理系统”（learning management system，简称为 LMS）和“教学管理平台”等。在网络环境下，教师的教与学生的学都是在远程学习平台上展开的。它的主要作用相当于教学装备条件良好的传统教室。不同的远程教育机构可能采用不同的学习平台。然而，许多优秀的远程学习平台都包括三个子系统，即教学资源管理系统、教学交互工具系统和教学教务管理系统。

教学资源管理系统是一个对网上学习的各种教学资源进行管理的系统。例如，对网上各种教学资源进行发布、浏览（或学习）、修改、添加和删除等。学生平时主要通过该系统进行基于网上资源的自主学习。

教学交互工具系统是实现教师与学生以及学生与学生之间交互的基本工具。它通常包括电子邮件系统、在线非实时讨论系统（比如网上专题论坛）、网上实时答疑工具（比如网上聊天室）、电子白板、文件共享工具和作业提交系统等。学生通过该系统与教师和同学讨论问题，或者向他们求教。

教学教务管理系统是用于网上教学和教务管理的基本工具。它包括教学计划管理、课程管理、学生管理（比如学习活动的跟踪、记录和评价）和教师管理（比如任课情况的记录和评价）等子系统。

有些平台还支持课件（或学习资源）开发的功能，即支持教师和课件开发人员进行教学设计和课件制作。

☞　在学习本章后续内容之前，请你先完成本章的实践活动二——远程学习平台功能的体验。

## 第四节　远程学习的基本活动

由于教师与学生以及学生与学生之间在时空上的相对分离，传统课堂学习与远程学习在学习过程中各个环节上的表现形态具有很大的区别。表1-2对课堂学习环境与在线（网络）学习环境中对应的学习活动进行了对比（这里略去了表现形态相同的环节）。

**表1-2　课堂学习环境与在线学习环境中的学习活动对比**

| 序号 | 课堂学习环境中的活动 | 在线学习环境中的活动 |
|---|---|---|
| 1 | 按统一的课程表参与课堂学习 | 随时随地登录远程学习平台进行学习 |
| 2 | 按统一的进度计划进行学习 | 通过阅读课程大纲和各模块内容介绍，制订个性化的学习计划表，按自己的进度进行学习 |
| 3 | 课堂听讲 | 通过多种媒体资源自主学习课程内容，尤其是通过远程学习平台学习网络课件内容 |
| 4 | 课堂讨论 | 在网上专题论坛或网上聊天室阅读、回应或提交消息或意见 |
| 5 | 课堂提问或课下提问 | 通过电子邮件系统、专题论坛或网上聊天室向教师或同学提问题 |
| 6 | 参加习题课和复习课 | 通过网上答疑室或双向视频系统参加实时远程辅导或答疑 |
| 7 | 与同学面对面地协作学习 | 通过电子邮件系统、电子白板、专题论坛或网上聊天室阅读、回应或提交消息或意见 |

续表

| 序号 | 课堂学习环境中的活动 | 在线学习环境中的活动 |
|---|---|---|
| 8 | 建立同学之间的联系 | 通过电子邮件系统、电子白板、专题论坛或网上聊天室阅读、回应或发送信息来建立同学之间的联系 |
| 9 | 完成课下作业并提交作业 | 通过电子邮件系统或网上作业提交工具提交作业 |
| 10 | 参加阶段测验和期终考试 | 在远程学习平台上完成自测的小测验，参加线下的集体考试或网上考试 |

## 一、登录远程学习平台

传统的课堂是同步的学习环境，即教师和学生必须按课表规定的时间进出课堂。网络学习环境在很大程度上是异步的。在多数场合，学生与学生或学生与教师不需要在同一时间登录远程学习平台。每个学生按自己的时间和步调学习课程内容。然而，学生通常应当在规定的时间内完成某项学习活动，比如完成并提交作业。

远程学生，应当定期登录远程学习平台，比如每天一次收发邮件、阅读和回应专题讨论区中的消息，以便及时了解课程和学习小组的有关信息。许多远程学习平台能够记录学生访问过的课程内容、阅读和发送的消息的数目。这些数据为教师判断学生的学习状况提供了依据。

## 二、制订学习计划

传统的学校教育通常有比较固定的教学计划。学生必须按照要求的方式和进度学习规定的课程内容。在远程学习过程中，学生具有很大的自主性，在学习的方式、方法、进度和内容的选择上都有很大的灵活性。因此，在开始学习之前就要制订好自己的学习计划，安排好学习进度，以解决工学矛盾，保证学业得以顺利完成。

## 三、学习课程内容

在传统的学校教育中，课堂教学占据主导地位。远程学习主要是基于资源的自主学习。远程学生除了可以通过文字教材、音像资料和光盘资源学习之外，还可以通过多媒体网络课件进行在线学习。有时学生还可以把网络课件下载到本地计算机上进行离线学习（这时不需要网络连接）。通常，学习资源还包括与网络课件链接在一起的课程辅助材料，比如与课程内容相关的其他网站的资源。

## 四、参加讨论

在课堂环境中，由教师提出一个问题，然后某个学生应答（例如，学生先通过举手或其他肢体语言表示应答的意愿，经教师同意后再回答；学生也可以直接抢答）。如果问题适当，就可能由此引发学生之间的讨论。在网络环境中，一般是通过使用远程学习平台上的不同主题的论坛来实现讨论的。网络论坛的好处在于参与讨论的成员不必同时登录系统，不受课堂的时间限制，因此，每一个人都有机会发表意见。

网络讨论环境使用主题和线索来组织成员发表的意见。为了理解这一点，可以把它与一个大型会议进行类比。一个会议通常包括若干专题，每个专题安排在一个专门的会议室进行讨论。每一个与会者根据自己的兴趣选择特定的专题，出席某一会议室的讨论。网络环境中的专题论坛类似于专题会议室，它是专门为某一讨论专题安排的空间。

一旦进入会议室，与会者可以提问题或对某事进行评论从而启动一轮新的讨论；可以回应某人的评论，也可以静听别人的发言。在网络论坛中，通过发布一则消息（俗称为帖子）或许就可以启动一轮新的讨论。如果有人回应它，网络论坛工具系统就会把回帖与第一份帖链接在一起。经过多人和多回合的讨论之后，网络论坛工具就记录下完整的讨论线索。每个专题可以包含多个这样的线索。

一门课程内可能有多个专题论坛。在学习过程中，你可以根据需要主动参与一些论坛，你也可能被要求参与另一些论坛。

## 五、求教于教师或同学

在传统的面授课堂中，教师通过观察学生的举动（肢体语言）就可在一定程度上了解学生是否有疑问或理解课程内容。然而，在当前的网络环境下，这几乎是不可能的。

一旦在学习中遇到一些难以理解或解决的问题，你就应当主动求教于教师或同学。你可以使用电子邮件向教师或个别同学求教，也可以在专题论坛上发布一个问题帖子求教于大家。这种非实时的方法的缺点是你的问题可能不会立即得到解答。也就是说，问题的答案可能要在一定时间之后才能得到。在网络教学中，通过把常见的问题及其答案集中放在网站上供学生浏览，即所谓的FAQ（frequently asked questions 的简称，即常见问题解答）功能，可以在一定程度上克服这个缺点。因此，在向别人提问题之前，你要先浏览一下 FAQ，如果在 FAQ 中已有你所问问题的答案，那么就不必再花费时间去请教他人。

## 六、参加集体辅导或答疑

在传统的学校教学中，通常需要定期组织集体辅导、复习或答疑。在远程教育中可以采用这种实时的面授教学方式。然而，在远程网络教学中，由于实际条件的限制，更多采用的是实时远程辅导或答疑，教师和学生在指定的时间内同时上网进行交流。为了达到这个目的，教师通常提前公布网上集中辅导或答疑的方式、内容和时间。实时答疑的好处是学生的问题有可能立即得到反馈。

根据实际条件，师生之间的交互可以基于文本、语音或视频。最常用的是类似于网上聊天室的网上答疑室。在这里，师生之间可以通过发送文本消息进行交互。在条件许可的情况下，可以使用双向视频系统进行答疑。这种系统要求教师端和学生端均有专门的摄像及传输设备。在目前的技术条件下，学生通常需要到远程学习中心才有可能使用到这种设备。

## 七、与同学协作

在传统的学校教育中，学生之间在学习和生活等各个方面都可以互相帮助、共同提高，例如，协作完成某项学习任务。在网络环境中，这种协作在一定程度上也是可以实现的。

在协作内容方面，学生可以共享网上的信息或搜寻经验，以解决个人时间有限与网上信息剧增之间的矛盾；学生可以共同学习、探讨某一专题，以加深对学习任务的理解；学生可以形成学习小组共同完成教师布置的作业，以培养集体协作解决问题的能力。

在协作的工具方面，学生可以使用电话、电子邮件系统、网上论坛和网上聊天室进行交流。其中，电话和网上聊天室是实时的交流工具，前者使用语音，后者使用文字。前文提及的专题论坛也是学生之间协作的重要工具。教师可以为学生设定小组专用的专题论坛。例如，如果张三、李四和王五被安排共同完成一项作业，则教师可以设立一个专题论坛，以供他们三个人使用，其他人则无权在其中阅读和发布帖子。

## 八、建立同学之间的联系

在传统的学校教育环境中，学生在课前和课后的休息时间可以聚集在一起聊天。这可拉近同学之间的距离。许多学生甚至吃、住和体育活动都在一起。这些有助于他们相互了解、增进友谊、共同克服生活和学习上的困难。学生的成长与校园文化、教师队伍和班级同学等状况紧密相关。

在远程教育中，学生之间面对面的接触通常只发生在远程学习中心。学生之间的联系更多的是通过电子邮件、专题论坛和网上聊天室建立起来的。大多数学生都想了解一些关于学习同样课程的同学的情况。通过在课程学习网站上发布个人的简历，或建立联系小组等，可以使远程学生相互之间感觉更加亲近。简历的内容可以包括个人的工作经历和业余爱好等。

## 九、完成作业和提交作业

学生按时完成作业是传统学校学习过程中不可缺少的一个环节。通过完成作业，学生可以检查自己的理解程度，及时总结经验，发现问题，调整学习方法和策略。在远程学习中，作业具有相同的作用。但是，远程学习的作业既可以是在线的也可以是离线的。考虑到学生上网条件的限制，有时允许学生将教师在远程学习平台上布置的作业下载到本地计算机，另外再找时间完成作业，然后发送给教师。

作业一般都有一个最后呈交日期。这有助于督促学生按照一定的进度学习，使其学习进度与实时辅导或答疑课的安排保持同步。在网络教育中，学生提交作业的方式主要有两种：一种是通过电子邮件直接提交给教师个人；另一种是使用远程学习平台上专门的作业提交工具，把作业文件上传到教师可以随时存取的存储区域。

## 十、完成网上小测验和参加考试

考试是对学生的学习效果进行评价的一种方法。阶段测试和期终考试是传统学校教学的重要环节。在远程教学中，阶段测试通常采用在线测验；期终考试有的采用网上考试，有的采用线下考试。

在线测验在学生日常使用的远程学习平台上进行。通常，这种测验采用客观性试题，如正误判断题和多项选择题等。多数情况下，学生一“交卷”，立即就可以看到测验成绩和正确答案。网上考试是指通过网络在计算机上进行考试。网上考试系统可以完成试卷管理、考生管理、考场分配及管理、考试时间控制和答题行为控制等功能。网上考试以其方便考生、客观性和高效率等特点而得到越来越广泛的应用。

# 第五节 本教材的组织结构

本教材以本章第二节提出的学习过程的“四个阶段”为组织线索，依次阐述远程学习过程各个阶段的学习活动所涉及的学习策略、方法和技能。

本教材在第二章、第三章讨论“学习准备阶段”方面的问题。第二章简要地分析不同学习风格对学习过程的影响；强调自我反省学习风格的重要性；介绍如何以不同的方式学习不同的内容。第三章阐述如何实现自律和自我管理以养成良好的自主学习的习惯，重点介绍学习环境的优化、学习动机的激发、注意力的集中、学习时间的管理和网络自律等方面的基本策略、方法和技能。

第四章、第五章、第六章涉及学习过程的“相互作用阶段”，分别阐述学生与学习资源、学生与教师以及学生与学生的相互作用。第四章介绍基于资源的自主学习的策略和方法，尤其是阅读的策略、多媒体资源的学习策略和记笔记的策略。第五章介绍教师引导学习的主要方式，阐明教师在每种学习方式中的作用，并重点探讨学生参加面授辅导、班组讨论和集中答疑时应该采取的策略。第六章探讨远程学习小组的建立程序，介绍小组协作学习的基本策略和技能，并阐述网上交流工具的使用规范。

第七章、第八章阐述与“练习与表现阶段”相关的策略和技能。第七章介绍信息搜寻和信息评估的方法。掌握这些方法是完成作业、进行项目研究和论文写作的基本前提。第八章介绍信息组织的策略和写作的技能。

第九章讨论与“考核与反省阶段”相关的技能。重点介绍复习的技能、克服考试焦虑的方法、考试的准备策略以及应试的策略，并阐述学习反省的内容和作用。

每一章都安排了一个或多个实践活动。它们或者是相关章节内容的延伸，或者是要求学生运用所学知识来解决的实际问题。实际上，实践也是一般学习（包括自我独立学习）过程的一个重要阶段。考虑到学生学习的特殊性，即它是有组织、系统化的学习，本教材没有单独把实践列为一个阶段，而是把它看成“练习与表现阶段”的一个组成部分。

## 本章小结

本章是全书的导论，主要介绍远程教育的特征及其发展历史以及远程学习的一般过程和基本活动。

远程教育最本质的特征是学生与教师以及学生与学生之间在时间和空间上的相对分离。由于这种分离，远程教学过程被分离成两个相对独立的过程：远程教和远程学。

远程教育的发展与信息技术的发展息息相关。在现代（第三代）远程教育中，可以使用双向交互式电子通信技术，使被分离的教与学的过程得到重新整合。在当今的远程教育实践中，教师与学生以及学生与学生之间的交互过程的重建，主要是通过远程学习中心和远程学习平台来实现的。

根据学习过程涉及的基本活动，本章把远程学习过程分为四个阶段，即学习准备阶段、相互作用阶段、练习与表现阶段、考核与反省阶段，并据此组织本教材的内容。

远程学习与传统课堂学习具有很大的区别。本章阐述了学习过程的若干基本活动在远程在线学习环境下的表现形态。

## 实践活动

### 一、远程学习中心服务的了解

远程学习中心是你与你所报读的院校联系的主要媒介，也是你与同一地区其他同学联系的主要场所。它将在你的学习过程中起很大作用。请参照你以往的传统学校的学习经验，对比分析远程学习中心提供的各项服务，了解在远程教育模式下教师、学校、学习中心和学生各自的职责范围。你可以亲自访问远程学习中心，与有关的工作人员交谈，以便熟悉环境，加深对学习中心提供的服务的理解。

## 二、远程学习平台功能的体验

请浏览《奥鹏学习手册》的目录，并阅读各章节的内容梗概，了解奥鹏远程学习平台的主要功能。然后，访问本课程的学习网站，初步体验远程学习平台的基本功能。

## 三、远程学习适合度自测验

显然，能否考上普通高等学校并不能作为衡量学生能力的惟一标准。许多学生不能适应传统学校教育的学习方式，比如课堂上无法集中注意力。在这种情况下，往往学习成绩不佳，在高考中可能名落孙山。同样，一位能考上普通高等学校的学生也不一定能适应远程学习方式。他可能已习惯于“满堂灌”、“填鸭式”的教学方式，过度依赖教师的讲授，一旦离开教师就可能无所适从。远程学习给学生提供了很大的控制权和自由度，同时在许多方面也对学生提出了更高的要求。

以下的是非选择题由四个部分组成。请你根据自己的情况，做出判断，以便了解自己是否能适应远程学习[①]。

### （一）与计算机和网络使用相关的项目

□ 我有基本的上机和上网的条件。例如，我家里有计算机并且可以上网；或者远程学习中心离我家很近，我可以经常去；或者我的朋友允许我

---

① 本测验题是根据以下文献列出的条目整理、修订而成的：（1）Northern Arizona University. Are You Ready to Be an Online Student? http://jan.ucc.nau.edu/% 7Ed - ctel/OLG/survey.php.2001（下载年月：2003年11月）；（2）The OnlineLearning. net. The OnlineLearning. net Self - Assessment Quiz.

http://www.onlinelearning.net/ole/holwselfassess.html? s = 527.k080a7343.068s023q80.2003（2003年11月）；（3）University of Wales Bangor. Online Study Skills. http://www.bangor.ac.uk/studyskills/skills/onlineskills.htm.（2003年11月）

经常使用他的计算机上网。

□ 我使用过计算机完成简单的文字处理工作；或者在开始远程学习之前我上过网，浏览过一些网页。

□ 使用键盘输入文字对我来说不是难以克服的困难。

□ 看到计算机给出提示信息或出错警告信息时，我不会惊慌失措。

□ 我并不觉得使用计算机是一件折磨人的事。

**(二) 与学习目标和态度相关的项目**

□ 对于参加远程学习，我有明确的、希望达到的目标，例如，提高自己的工作能力，或得到晋升的机会。

□ 我喜欢探索或尝试新的事物。

□ 我不认为远程学习会比传统学校学习更容易。

**(三) 与学习时间管理相关的项目**

□ 我喜欢在工作和学习安排上有较大的自由度。

□ 近年来，我总想去学校上学，但由于与上班时间冲突而无法实现这个愿望。

□ 对每一门课，我每周可以安排出 6~10 个小时的时间用于学习。

□ 在以往的学校学习中，我总能做到及时交作业。

□ 在百忙之中，我能够寻找机会并静下心来学习一段时间。

**(四) 与沟通技能和自主学习技能相关的项目**

□ 阅读对我来说不是一件非常困难的事。

□ 我可以在没有人指导的情形下独立地完成工作或学习。

□ 我曾经通过阅读书籍或手册学会完成某项工作，例如，根据使用手册，学会使用简单的家电设备。

□ 我可以很顺畅地通过信件与他人交流。

□ 我非常珍视直接的、个性化的指导，它对我的帮助很大。

□ 在学习过程中出现问题时，我敢于向教师或同学请教。

□ 我对两个人之间的一对一的对话（面对面或通过电话）不会显得很不自在。

□ 我愿意与同学共享生活和学习的经验，共同完成学习任务。

在以上的项目中，如果你的肯定回答的项目个数很少，比如少于5个，说明当前你还不太适合远程学习。在参加正式学习之前，需要做进一步的准备，努力弥补不足，或改变你的某些不适宜的习惯或对某些事情的态度。否定回答越少，你的远程学习适合度就越高。

对于以下问题，你的否定回答不会降低你的适合度，但你的肯定回答可以提高你的适合度。

☐ 我从电视节目中学到过许多知识。

☐ 在课堂中，对于老师的提问，我往往在做出某个回答之后，才想到最佳答案。

☐ 每当会议或讨论结束时，我总觉得在会议或讨论过程中的某个时刻，应该发表某一意见或建议。当然，这时已经太晚了。

☐ 我在写作时比在谈话时能更好地组织自己想表达的内容。

☐ 我不喜欢纪律严明的课堂教学。

☐ 把时间花在上下班的路途中，我并不觉得有任何乐趣。

最后，需要指出，如果以上测验表明，你适合远程学习，那么祝贺你。通过本课程的学习，你的远程学习适合度将会得到进一步提高。

# 第二章

# 学习风格与远程学习

## 学习目标

通过本章的学习，你应能：

1. 理解个别差异的含义及其与学习方式和学习成就的关系；
2. 了解视觉型学习者、听觉型学习者和动觉型学习者的基本特征及其偏爱的学习方式；
3. 了解多元智力理论，知道八种智力类型的特点，掌握运用各种智力进行学习的基本策略；
4. 分析和评价自己的学习风格。

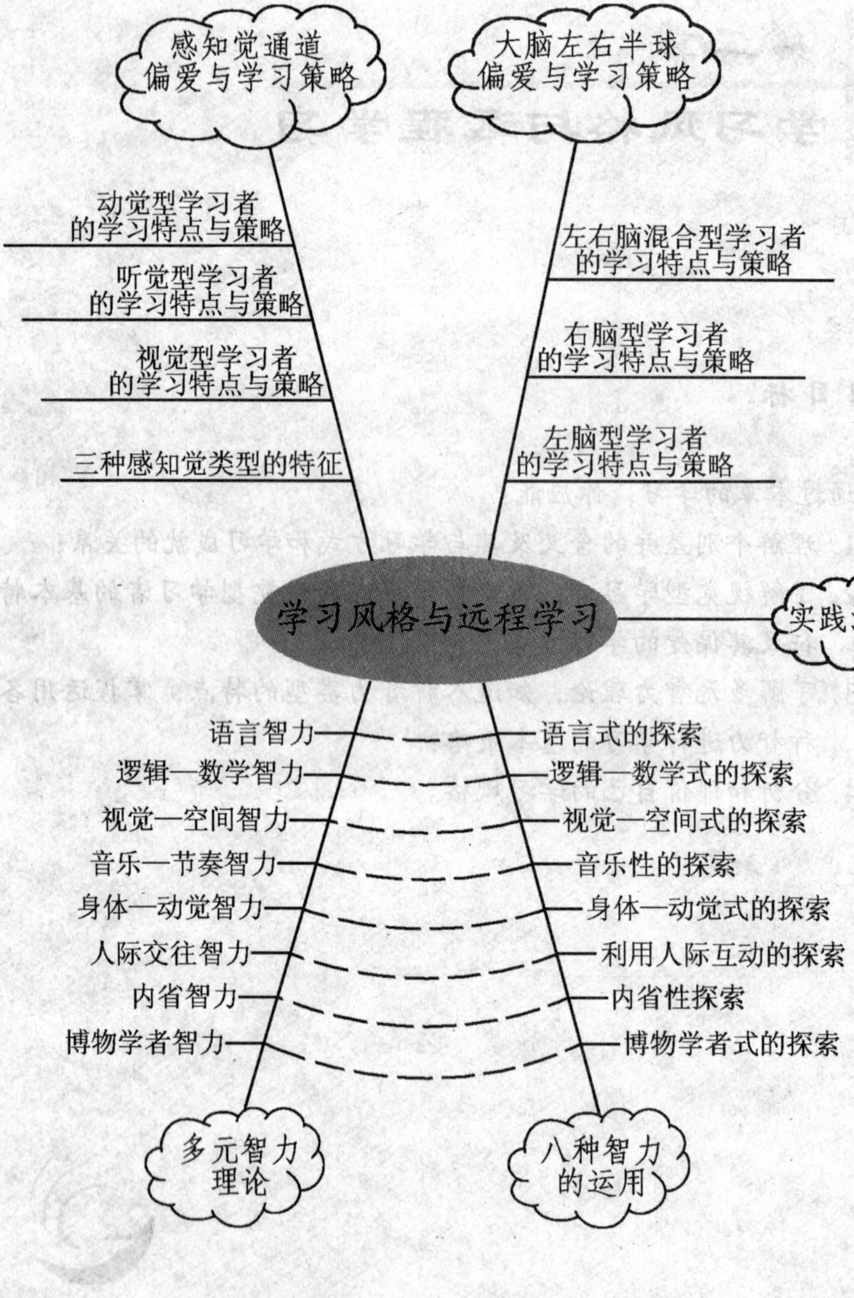
感知觉通道
偏爱与学习策略
大脑左右半球
偏爱与学习策略
动觉型学习者
的学习特点与策略
听觉型学习者
的学习特点与策略
视觉型学习者
的学习特点与策略
三种感知觉类型的特征
左右脑混合型学习者
的学习特点与策略
右脑型学习者
的学习特点与策略
左脑型学习者
的学习特点与策略
学习风格与远程学习
实践活动
语言智力
逻辑—数学智力
视觉—空间智力
音乐—节奏智力
身体—动觉智力
人际交往智力
内省智力
博物学者智力
语言式的探索
逻辑—数学式的探索
视觉—空间式的探索
音乐性的探索
身体—动觉式的探索
利用人际互动的探索
内省性探索
博物学者式的探索
多元智力
理论
八种智力
的运用

每一个人都有长处和短处。从教师的角度来看，因材施教是教学的基本原则。但是，在传统的课堂教学中，许多教师忽视学生的个别差异，习惯于采用千篇一律的教学方式。这种做法扼杀了学生的个性，收不到良好的教学效果。从学习者方面来说，许多人的成功并不是因为他们的智商有多高，而是他们找到了适合自己发展的个性化的学习方式。相反，许多辍学者或高考落榜者失败的原因是他们不了解自己的学习特点，采用了与自身特点不相符的学习方式。远程学习主要是基于资源的自主学习，因此学生对自己的学习特点的了解就显得更加重要。

心理学使用“个别差异”这个术语来描述不同人具有不同特点这个现象。个别差异指的是个体在内在身心结构和外在行为习惯上所表现出来的相对稳定而又不同于他人的个性特征。在生理上，它表现在性别、年龄、身高、体质和感知觉等方面；在心理上，它表现在智力类型、兴趣、爱好、动机、情感和意志等方面。

需要指出，学习者的个别差异本身并无好坏之分。每一种学习者的类型，既有其长处、优势，也有其短处、劣势；可能有利于某一任务的学习，也可能妨碍某一任务的学习。短处或劣势不是一个人的缺点，更不是错误。因而，学习者需要了解自己的特点，客观地看待自己的优缺点和长短处，找到适合自己个性的高效的学习方式；在扬长避短的基础上，对自己的薄弱之处加以改进和完善（即补短）。

本章首先分析视觉型学习者、听觉型学习者和动觉型学习者的特点。然后，讨论大脑左右半球偏爱与学习方式的关系。接着，介绍多重智力理论，指出传统智力测验的缺陷，强调每一个人都是独特的，都有可能成才。最后，阐述如何运用自己的各项智能，发挥自己的优势，提高学习效率。

## 第一节 感知觉通道偏爱与学习策略

人们在接受外部刺激时，要借助不同的感觉器官，即五官——眼睛、耳朵、鼻子、舌头和身体。心理学的实验研究结果表明：各种感官对获取信息、建构知识所做贡献的相对比率是不同的，其中，视觉约占 83 %，听觉约占

11％，嗅觉约占 3.5％，触觉约占 1.5％。①

根据感知觉通道的类型，人们把学习风格划分为视觉型、听觉型和动觉型。视觉型学习者倾向于通过眼睛看来学习，喜欢看图片或表格、示范或影片等；听觉型学习者偏爱通过耳朵听来学习，喜欢听录音、演讲、辩论和讨论等；动觉型学习者倾向于通过身体的活动和直接参与来学习，喜欢用手触摸、移动物件或亲身经历某件事情的发生过程。各感觉通道正常的人大都会使用这三种学习方式。然而，大多数人会偏爱其中的某种方式。有一项对美国、日本和我国香港等地 5000 多位小学五年级至高中三年级的学生的调查结果如下：偏爱视觉型、听觉型和动觉型学习的比例分别为：29％，34％和 37％。然而，这些学生长大成人后大多偏爱视觉型学习。②

心理学的有关研究表明，不同学习通道的学习效果是有差异的。对大多数人来说，如果只使用视觉通道，仅能记住学习材料的 25％，如果只使用听觉通道，能记住材料的 15％。如果同时使用视觉通道和听觉通道，则能记住材料的 65％。③ 不过，上述数据仅供参考，对它们的理解不要太绝对。在远程学习中，学生可以使用多种媒体资源，发挥各个通道的作用。多媒体资源为高效的学习提供了可能。视觉、听觉、动觉三种感知觉类型学习者的特征如表 2-1 所示。④

**表 2-1 视觉、听觉、动觉三种感知觉类型的特征**

| | 视 觉 | 听 觉 | 动 觉 |
|---|---|---|---|
| 一般特征 | 偏爱通过观看图片、图表、录像、实验演示进行学习 | 偏爱通过聆听指导讨论而学习 | 偏爱通过操作、运动学习 |
| 阅 读 | 喜欢描述，常停止阅读，凝视空间想象画面，注意力高度集中 | 不爱看图或描述，喜欢活动嘴唇轻声阅读 | 静坐阅读很困难，且不喜欢阅读 |
| 识 字 | 识辨字型 | 出声朗读字音 | 抄写 |

① 丁兴富：《远程教育学》，153 页，北京，北京师范大学出版社，2001。

② ［美］柯林·罗斯、迈尔孔·尼可著：《学习地图》，戴保罗译，90 页，北京，中国城市出版社，1999。

③ 桑新民主编、张倩苇副主编：《步入信息时代的学习理论与实践》，100 页，北京，中央广播电视出版社，2000。

④ 引自桑新民主编、张倩苇副主编：《步入信息时代的学习理论与实践》，103 页，北京，中央广播电视出版社，2000。有改动。

续表

| | 视　觉 | 听　觉 | 动　觉 |
|---|---|---|---|
| 书　写 | 能较好地掌握大小和空间关系 | 用笔较轻，书写常间断 | 用笔较重，写小字困难 |
| 记　忆 | 易记面孔，不易记人名，长于记忆书面材料 | 记住人名，忘记面孔，长于听觉记忆 | 长于记住所做过之事 |
| 想　象 | 想象丰富，并能勾画许多细节 | 通过声音想象，忽视细节 | 通过运动操作想象 |
| 问题解决 | 有计划、有条理 | 喜欢讨论问题，并从他人的谈吐中找到解决方法 | 操作 |
| 交　往 | 安静、敏感，能简要描述事物 | 喜欢滔滔不绝，常打断他人说话 | 常用手势表意 |
| 艺　术 | 喜爱视觉艺术，注意观察细节 | 喜欢音乐，爱谈论而不爱看视觉作品 | 爱绘画或做模型 |

## 一、视觉型

视觉型学习者善于通过接受视觉刺激而学习，喜欢通过阅读、看电视节目等方式学习。他们喜欢自己阅读，而不愿别人念给他们听。他们通过观察所学到的，比从交谈、听讲或从实际操作中所学到的要多。在实施某项行动之前，视觉型学习者通常会先制订计划，而且比较注重细节。他们将所听到的事情想象成图像，将所要说的话形象化地表示出来。因此，在替别人指路或接受别人指路时，往往要借助于地图。他们善于形象记忆，倾向于从外表来记住他人，一般不会忘记他人的面孔。视觉型学习者的其他特征如表 2-1 所示。

要发挥视觉型学习者的优势，就要在其学习的各个阶段制造各种视觉效果。如果你是一位视觉型学习者，那么你可以采用图表丰富多彩的教材或课件进行学习；在阅读过程中，使用彩笔在自己拥有的书本上标示重点内容；采用图形、表格描述学习内容之间的关系；使用各种视觉化的组织工具（比如图表）记笔记、复习课程内容和准备考试。

静坐沉思也是提高视觉型学习者学习效果的有效措施。其具体过程很简单：首先静坐，然后回忆刚刚看过、读过、听过的东西；用心中的“眼睛”，很快地再“浏览”一遍，并且将之拍成“内心的电影”(mental movie)。[①] 这样就比较容易记住所学的内容。

视觉型学习者不善于“听”且“动手能力”欠佳。如果弥补这些不足，可以有意识地把学习内容录制在磁带上，然后反复听录音，直到掌握那些内容。在“看”和“听”的过程中，要认真地记笔记。视觉型学习者扬长和补短的策略参见表 2-2。[②] 总的来说，发挥听觉型学习者和动觉型学习者优势的策略都可以用来弥补视觉型学习者的不足，而发挥视觉型学习者优势的策略可以用来弥补其他两类学习者的不足。因此，后文主要介绍发挥听觉优势和动觉优势的策略。

**表 2-2 三种感知觉通道的特征与学习策略**

| | | 视 觉 | 听 觉 | 动 觉 |
|---|---|---|---|---|
| 学习特征 | 长处 | 长于快速浏览，接受视觉指导效果好，易看懂图表，书面测验得分高 | 长于语音辨析，接受口头指导效果好，口头表达能力强，日常表现优于考试结果 | 运动节律感、平衡感好，书写整洁，长于装配、操作事物，操作测验分数较高 |
| | 短处 | 接受口头指导难 | 书面作业与抄录困难，运动技能差 | 通过视觉、听觉接受信息欠佳 |
| 学习策略 | 扬长 | 阅读文献，看电影电视，观察实验演示和榜样示范；听课时形象化地思考讲授内容 | 听讲授、播音，参加讨论、谈话 | 做笔记，进行实验、实习、练习、游戏和角色扮演 |
| | 补短 | 做笔记，把学习内容录在磁带上反复播放直至掌握 | 做笔记，阅读，观看电影或电视 | 听讲授、播音，阅读文献，观看电影或电视 |

一般来说，视觉型学习者具有较强的自制力，学习有自主性，不需太多的指导就能比较快地适应远程的、基于资源的自主学习。

① [美] 柯林·罗斯、迈尔孔·尼可著：《学习地图》，戴保罗译，99 页，北京，中国城市出版社，1999。

② 引自桑新民主编、张倩苇副主编：《步入信息时代的学习理论与实践》，104 页，北京，中央广播电视出版社，2000。本教材采用“扬长”和“补短”分别替换其中的“匹配”和“有意失配”。

## 二、听觉型

听觉型学习者善于通过接受听觉刺激进行学习，喜欢通过讲授、讨论和听录音等方式接受信息。他们会津津有味地听别人叙述故事；喜欢与别人交谈或公开讨论；借着音调、语气来表达心情的变化；爱说话，即便在课堂上也是如此。对他们来说，听人讲解的效果胜于自行阅读的效果。他们喜欢用口头语言替别人指路或接受别人的指路。他们容易记住说过的话或意见；善于记住他人的名字，却可能忘记其面孔。听觉型学习者的其他特征如表 2－1 所示。

对听觉型学习者而言，录音机是很好的助学工具。在学习过程中，可以把重点内容以摘要的形式录制下来，然后在坐车或走路时听。朗读文字资料，也可以增进记忆。对于一段特别重要或艰深的文章，通过戏剧性地大声朗读，就可以留下深刻的印象。听觉型学习者的学习特征参见表 2－2。

听觉型学习者在上课时一般都能认真听讲，课后能够按时完成教师布置的作业。然而，这种习惯有可能导致对教师的过分依赖。因此，他们应当多培养独立解决问题和处理问题的能力。遇到自己暂时不明白的问题，不要急于向他人请教，应该自己多动脑筋想办法。

听觉型学习者的课堂学习效果比较好。然而，在远程学习中，教师讲授所占的分量一般来说很小。听觉型学习者要发挥优势，可以通过使用带有语言声音的多媒体课件进行学习。例如，那些以教师讲课录像为基础制作出的流媒体课件就比较适合他们。听觉型学习者应当积极参加在线答疑和在线讨论，尤其是以语言声音为媒介的交流，以提高学习效果。

## 三、动觉型

动觉型学习者喜欢通过身体（尤其是双手）的运动进行学习。他们不喜欢纪律严明的课堂学习，无法静静地坐着听讲。他们也不擅长言语表达，与人交谈时往往借助肢体语言来表达自己的意思。他们容易记住实际发生的事情。在替别人指路时，他们喜欢亲自带路。通过亲身操作，会有最佳的学习效果。因此，一般在体育、实验科学和工程技术等需要动手操作的学科中表现突出。动觉型学习者的其他特征如表 2－1 所示。

为了提高学习效果，动觉型学习者可以每隔 20～30 分钟站起来活动一段时间，甚至可以一边走路一边阅读或听课程内容录音。在学习过程中，应当认真记笔记，画示意图，甚至制作实物模型。游戏和角色扮演也是对动觉型学习者有效的学习方式。

有些动觉型学习者由于十分“好动”难以适应纪律严明的课堂教学（被告诫在课堂中不可随便动），而成为现行教育体制的牺牲品。他们当中的一部分人甚至被当作“问题学生”看待。他们“好动”的特点，对远程学习来说既是优势也是劣势。一方面，“好动”表明他们的自制力差、“坐不住”，难以适应自主的远程学习；另一方面，“好动”引起的问题却可以通过灵活的远程学习方式加以解决。在远程学习时，他们不受课堂纪律的束缚，可以采用适合自己特点的方式进行学习。

总之，不存在对所有人都适用的最好的学习方式。作为独特的个体，我们各自具有不同的学习风格和偏好。然而，在学习与生活中，学习者必须适应各种各样的学习情景。许多场合所要求的学习方式可能与我们的特长不一致。因此，学习者要在不断提升自己的长处的同时，发展其他的策略与技能。综合发挥视觉、听觉和动觉的学习策略的优势，通过多种感官进行学习，以提高学习效果和能力。

## 第二节 大脑左右半球偏爱与学习策略

人脑根据功能可以分成两个半球，即一般人所说的“左脑”和“右脑”。古埃及人就已经知道左脑控制和接受身体右半部的感觉，而右脑则控制和接受身体左半部的感觉。两者之间存在着一个非常复杂的来回传递信息的网络连接体，即胼胝（piánzhī）体。神经心理学的研究表明，人的大脑左右两半球所能有效加工的信息种类是不同的。不同的个体在左右脑功能的相对优势上具有不同的表现。左脑优势（也称右利手）的人善于对语言、逻辑及时间性的信息进行加工；而右脑优势（也称左利手）的人善于对非语言的视觉信息和空间信息进行加工。因此，根据个体的大脑优势半球的差异，可以把学习者分为左脑型、右脑型和左右脑混合型三类。①

---

① 桑新民主编、张倩苇副主编：《步入信息时代的学习理论与实践》，118页，北京，中央广播电视出版社，2000。

## 一、左脑型

左脑型学习者倾向于使用左脑。他们喜欢用言语的、逻辑的方式处理信息。在解决问题时，习惯于将各种信息按照时间排成一个连续的序列，然后再对问题做出反应。他们对细节问题比较敏感，倾向于按照一定的次序逐步学习。可以在不了解事物总体状况的情况下，学习局部内容或开展某一局部工作。他们做事的自觉性、计划性和条理性较好。鉴于以上特点，左脑型学习者也被称为"线型"学习者。

左脑型学习者通过选择结构化较强的课程材料或资源进行学习，可以提高学习效果。对条理性较差的课堂笔记或讨论会记录，应当按照有助于自己理解的逻辑适时地加以整理。有关笔记的整理方法将在第四章介绍。

## 二、右脑型

右脑型学习者倾向于使用右脑。他们喜欢有趣味的、形象的和带有感情色彩的学习材料。他们喜欢以直觉的方式处理信息。一般来说，节奏感、韵律感、空间想象力和创造力较强。他们的思维活动很多时候是跳跃的和无序的。他们倾向于以宏观的视野来看问题，必须看到事物的整体和各部分之间的关系，才能理解它或解决相关的问题。鉴于以上特点，右脑型学习者也被称为"球型"学习者。

要掌握全局，通常需要较长的时间。因此，右脑型学习者不应为暂时的学习困难而失去信心，或认为自己很慢或很笨。在学习某一章内容时，可以先浏览引言和结语，预览各节的标题，以了解其整体结构。使用各种图表来表征所学的知识，以把握其概貌。在学习时间的安排上，应当避免把一段很短的时间，比如一个晚上，分配给多个学习科目，而要集中精力专攻某一科目。

## 三、左右脑混合型

左右脑混合型的学习者兼有左脑型学习者和右脑型学习者的特点。对左脑或右脑的偏爱取决于学习任务的特点，有时较多地使用左脑，有时较多地使用右脑。左右脑混合型的学习者的适应性较强。

虽然左右脑各司其职，但是实际上所有的思考活动都会同时牵动二者。例如，在听歌曲时，左脑注意歌词的内容，右脑欣赏歌曲的旋律。文字材料如果与音乐或图画结合，或者当文字材料带有明显的感情色彩时，它就比较容易被记住。因此，在远程学习中，应当充分发挥多媒体教学资源的作用。另外，研究表明：当人脑中较弱的一侧受到激励，且与较强的一侧合作时，整个人脑的运作效果就会大大提升。① 因此，在学习过程中注意兼顾左右脑的训练是有重要意义的。

## 第三节　多元智力理论

很多人都听说过智商（IQ）的概念，也知道它是一种反映个人智能的指标。通常说的 IQ 指的是人的“心智年龄”，是个人的智力测验分数除以他的“实际年龄”所得的商，再乘以 100 所得的值。它在学校教育中用于衡量和预测学生在学业上的表现。

智力测验存在许多问题，很多人已经对它的有效性提出过疑问。实际上，智力测验只能测出受测者应付智力测验题的能力。测验结果与测验题对人的能力的要求有关。举一个浅显的例子：假定某人的语文考试成绩为满分，那么我们是否能断定他的音乐能力或绘画能力也很强呢？显然是不能的。典型的智力测验大多用来衡量一个人的语言能力和逻辑运算能力，并不能反映受测者其他方面的能力。杰出的企业家和乐团指挥无疑应该被视为聪明人。可是，智力测验却往往测不出他们的聪明。许多智商高的人却在智商远比他低的人的手下工作。②

同样，高考成绩也只能反映学生的一部分能力。传统学校教育的“失败者”可能是特定类型的教育、特定的价值观和测验的结果。这些“失败者”在另一种测验中可能获得成功。因此，远程学生完全没有必要为自己未能进入传统大学而感到自卑。

1983 年，哈佛大学教育学教授霍华德·加登纳（Howard Gardner）完成了一

---

① ［美］柯林·罗斯、迈尔孔·尼可著：《学习地图》，戴保罗译，29 页，北京，中国城市出版社，1999。

② ［美］柯林·罗斯、迈尔孔·尼可著：《学习地图》，戴保罗译，31 页，北京，中国城市出版社，1999。

部影响很大的著作，其中译本为《智能的结构》[①]，系统化地提出了多元智力理论。他认为：智力是在某种社会或文化环境的价值标准下，个体用以解决自己遇到的真正难题或生产及创造出有效产品所需要的能力。每一个人都不同程度地拥有自己独特的能力，都拥有独特的多元智力结构。个体的多元智力会在学习、工作和生活的不同方面表现出来。在该著作中，加登纳认为人的智力包括七种：语言智力，逻辑—数学智力，视觉—空间智力，音乐—节奏智力，身体—动觉智力，人际交往智力，内省智力。1996年，他又提出了第八种智力，即博物学者智力。

远程学生通过了解多元智力理论，可以提高对自己的学习类型和智力特点的自我意识，从而寻找适合自己个性的高效率的学习策略和学习方法。因此，下面我们对上述八种智力逐一加以介绍。[②]

## 一、语言智力

语言智力指的是与语言运用有关的听、说、读、写能力。语言智力高的人通常都比较擅长演说、雄辩，能充分利用语言的一些特点达到自己的目的，比如利用语音玩一些双关语或其他文字游戏。他们善于模仿他人的口音，喜欢绕口令。记性好，能记住许多事物的名字、事件发生的时间和地点，甚至一些琐碎的小细节。说话时，口齿伶俐，甚至出口成章；写作时，可以长篇大论，文笔清晰流畅。记者、编辑、作家、诗人、相声演员、演说家和政治家，一般来说都是具有较高语言智力的人。著名的代表人物有我国唐代诗人李白、英国作家和政治家丘吉尔、美国政治家林肯。

## 二、逻辑—数学智力

逻辑—数学智力指的是推理、计算、以逻辑和系统的方式进行思考的能力。这种智力高的人喜欢探究事物发生发展的原因；喜欢与数字打交道；喜欢问问题，探索各种现象之间的关系。他们擅长的学科是数学和逻辑。这种能力

---

① ［美］霍华德·加登纳：《智能的结构》，兰金仁译，北京，光明日报出版社，1990。

② 本章对八种智力的介绍参考了以下两部著作的部分内容：［美］托马斯·阿姆斯特朗著：《人生的七大智慧》，罗吉台译，北京，中国计划出版社，1997；［美］柯林·罗斯、迈尔孔·尼可著：《学习地图》，戴保罗译，北京，中国城市出版社，1999。

在自然科学家、数学家、会计师、律师、侦探和计算机程序员身上有比较突出的表现。著名的代表人物有创立微积分的牛顿、创立相对论的爱因斯坦。

## 三、视觉—空间智力

视觉—空间智力指的是对视觉世界的敏锐感受和理解能力以及借此表达思想和情感的能力。具有这种智力的人喜欢用图画描绘事物，喜欢设计工作，对线条、形状和空间关系很敏感。他们善于阅读图表和解决迷宫问题，具有较强的方向感。建筑师、艺术家、雕刻家、航海家和摄影师都属于这类人。著名的代表人物如画家毕加索。

## 四、音乐—节奏智力

音乐—节奏智力指的是感受、辨别、记忆、欣赏、表达和创造音乐的能力。拥有这种智力的人喜欢唱歌、哼曲调、听音乐和弹奏乐器。他们善于记忆旋律，并对音调和节奏做出反应。许多人都具有尚待开发的基本音乐智力。作曲家、演奏家、歌唱家和录音工程师在这方面具备较高的智力。著名的代表人物如德国作曲家贝多芬。

## 五、身体—动觉智力

身体—动觉智力指的是利用肢体动作解决问题、创造“产品”或表达意见和感情的能力。拥有这种智力的人喜欢使用肢体语言和“动手动脚”，喜爱体能方面的活动，如跑步、游泳、泛舟和跳舞等。他们手脚比较灵活，擅长各种手工艺工作。这种智力在运动员、舞蹈演员、手工匠、各种工程技师和外科医生身上有比较突出的表现。著名的代表人物如美国喜剧大师卓别林。

## 六、人际交往智力

人际交往智力指的是了解他人的动机和目标，与他人合作并保持良好关系，以及对他人表现同情和关怀等方面的能力。这种智力较高的人喜欢结交朋友、与人交谈、参加小组活动。他们有察言观色的本领，善解人意，善于与人沟通和化解冲突。优秀的教师、辅导员、心理医生、推销员、公关人员、管理者和宗教领袖都具有这方面的智力。著名的代表人物如印度的圣雄·甘地。

### 七、内省智力

内省智力指的是认识、洞察和反省自身的能力，也就是独自思索自己的成就、检讨自己的行为和内心深处的感觉、了解自我并为自己设定计划目标的能力。内省型的人喜欢独处、沉思默想、探索自己的心灵世界。他们的责任感较强，有自律精神，有自知之明。这种智力在哲学家和心理咨询人员身上具有比较突出的表现。著名的代表人物如古希腊哲学家柏拉图。

### 八、博物学者智力

博物学者智力指的是辨识各种动植物和区别各种自然现象的能力，以及建设性地利用这种能力的能力。具有这种智力的人喜欢户外作业，喜爱动物，对天气和周围的环境感兴趣。他们善于分类和组织生活环境，能够合理地安排旅游线路。植物学家、生物学家和环保专家都特别具有这方面的智力。著名的代表人物如英国进化论学者达尔文。

每一个正常的人都或多或少地拥有以上八种智力，只是每种能力发挥的程度或者各种智力之间的组合不同而已。那些语言智力和逻辑—数学智力较差而其他六种智力比较发达的学生在传统学校中往往成为失败者。一般而言，个体的智力发展越均衡，就越有可能应付生活中无奇不有的挑战。不过，个人的有些智力可能由于各种环境因素而受到压抑从而得不到表现的机会，另一些智力则可能在社会文化的价值体系中不受重视。这两方面因素对个体的成长都有消极影响。

## 第四节 八种智力的运用

有意识地开发和运用各种智力可以使个人的能力得到均衡发展，可以更完整地领会所学的东西，促使自己以新的方式思考问题，从而变得更有创造力。一个人不一定在某种智力上有特殊的天赋，然而由于特殊的智力组合和独特的智力运用方式，他也可以在某个特定方面有很突出的表现。这就是“整体大于部分之和”。远程学习比较灵活，学生有条件尝试运用各种智力。

需要指出，虽然均衡发展各个方面的智力或发展一个“圆满的”心智是教育追求的一个目标，但是并不是对每一项学习任务都需要动用八种智力才可以获得好的学习效果。实际上，这样做可能会浪费时间。

下面介绍一些简单的运用八种智力进行学习的策略①。

## 一、语言式的探索

语言智力较高的人具有较强的听、说、读、写能力。充分运用这些能力可以达到很好的学习效果。学习者运用说和写的能力，重新组织和建构学习内容就是一种比较有效的学习策略。每一个人都有自己的表达方式，而且比较容易理解那些符合自己习惯的表达和描述方式的内容。仅仅能够重复别人的原话，并不一定表明已经掌握其含义。例如，有些儿童可以背诵很多首唐诗，但并不能理解其意境。

如果能用自己的话来“翻译”所听或所读的东西，或者说对它们进行“深加工”，就表示对其已有相当深刻的理解，而且对其记忆将会保持得更为长久。具体的“深加工”的方法很多，比如“摘要法”和“告知法”。

写摘要可以把所学到的知识浓缩成精髓。在写摘要的过程中，必须决定哪些内容特别重要。为此，必须深入考虑相关的问题。经过这样一个过程，自然而然地就会加深对所学知识的印象。把所学的知识用自己的语言讲解给同学或朋友，或者写信告诉他们，就是一种告知的方法。

## 二、逻辑—数学式的探索

学生使用的教科书的内容通常都是按照一定的逻辑体系组织起来的，甚至小说和戏剧都有其内在的模式和结构。分析和理解这种逻辑体系，或者按照自己的认识对学习内容采用新的逻辑体系进行重组，都有助于加深对学习内容的理解。

---

① 本章对运用八种智力进行学习的策略的介绍参考了［美］柯林·罗斯、迈尔孔·尼可著：《学习地图》，戴保罗译，114～126页，北京，中国城市出版社，1999。

对于正在学习的具体内容，不要只看表面，而需要深入分析。下面介绍一个可称为“AEIOU”（由五个元音字母构成）的分析方法。[①]

A——文中做了什么“假设”（assumption）？是否有哪一点被视为理所当然（即是否有未加指明的假设）？是否遗漏什么？作者的论证是否以偏概全？

E——文中采用的证据（evidence）有哪些？它是事实还是意见？如果是事实，它是否可靠，其观察者或报告者是否有偏见？如果是意见，它的来源可靠吗？如果证据有问题，那么它会产生什么影响？

I——我们是否可以为文中的观点“举例说明”（illustration）？它与我们所熟悉的、所读的、所听的或亲身经历的事情相似或一致吗？

O——我们可以从文中的观点引申出什么样的“意见”（opinion）或结论？这些意见或结论能被证明是正确的吗？

U——文中的观点是“独特”（uniqueness）的吗？有何重要而创新的论点？哪些是精髓？

上述的分析和思考过程，对学习的深度和广度都会产生正面的影响。

## 三、视觉—空间式的探索

把学习内容可视化，即用图形、图表或动画来表征它，可以提高学习效果。第一节已经介绍了视觉型学习者的学习策略。这里就不再赘述。

## 四、音乐性的探索

音乐是一种强有力的学习工具，许多人对此还没有充分的认识。音乐的旋律和节奏可以增进记忆。音乐可以刺激人脑的情绪中枢，而情绪与人脑的长期记忆功能密切相关。因此，在学习时播放一些背景音乐，对许多人来说，可以提高学习效果。对于基于计算机的学习，播放音乐是一件非常简便的事。选择一首熟悉的名曲或广告歌曲，然后用所学的东西来填词，是一种很好的方法。把艰深、难记的内容编成带有韵律的口诀也可以提高记忆效果。

---

① ［美］柯林·罗斯、迈尔孔·尼可著：《学习地图》，戴保罗译，116页，北京，中国城市出版社，1999。

## 五、身体—动觉式的探索

第一节介绍过动觉型学习者的特点和有效的学习策略。其他类型的学习者也可使用它们进行学习。

角色扮演是从行动中学习的重要方法。设法模仿一种过程或复杂的关系并扮演其中的一个角色，可能不是一件容易的事。但是，在努力这样做的过程中，自然而然地对问题会有更深刻的理解和记忆。角色扮演应该非常具体、明确。例如，学习外语时，以人物角色的动作来表达字句的意义。在学习历史时，可以想象自己就是其中的历史人物，想象他会说什么、看到什么、做什么、感觉如何。

## 六、利用人际互动的探索

每一个人都以自己独特的方式学习。对同一事物，不同人往往从不同的角度进行分析与判断。因此，我们应该意识到只有自己的认识和经验是不够的，应该听取不同的意见，以增加自己对事物的认识与理解。

与他人讨论所学的东西，是检验自己理解程度的好方法。如果他人能够提出质询或挑战性的意见，帮助会更大。可选择的讨论对象包括同学、同事、朋友和家庭成员等。远程学习打破了教室的限制，使我们更容易接受各种发生在教室之外的学习也是学习的观念。在远程学习中，可以找一个同学，约好各自学习同一章节，然后在下一次聚会（可以是在线的也可以是面对面的）时，总结性地提出自己的心得，并互相讨论不同的观点。这种对不同观点进行共享和对比是一种协作学习的方式。我们将在第六章介绍有关小组协作学习的策略。

## 七、内省性探索

具有较高内省智力的人有自知和自律能力，比较容易适应远程学习。内省智力稍差的学生可以通过练习静坐或培养一种个性化的、无需他人参与的兴趣或爱好，以提高自己的远程学习适合度。

内省性学习通常需要有安静的环境。在阅读时，要不时地停下来反思已经阅读过的材料。要问问自己所学的内容为什么是重要的，对自己有什么意义，是否有助于达到自己追求的目标。一般来说，有思考反省，就有学习收获。

许多成功的人士（包括牛顿和爱迪生）都有写日记或记读书笔记的习惯，记述他们的思想和感情。有人认为写日记可能是一种能培养、引发优越智能的机制。

### 八、博物学者式的探索

在自然环境中学习和探索自然现象，以了解事物的发生发展规律，是学习与之相关学科的很好的方法。然而，博物学者式的探索与其说是一种探索学习的方法，不如说它是检验所学的东西是否符合生态保护标准的机制。例如，学生应当了解所学的知识对环境保护和资源的可持续利用有何意义。

## 本章小结

本章重点介绍了不同学习风格和智力类型的学习者的学习特点。

根据个体对不同感知觉通道的偏爱，学习风格可以划分为视觉型、听觉型和动觉型。根据个体在左右脑功能相对优势上的差异，学习风格可以划分为左脑型、右脑型和左右脑混合型。根据霍华德·加登纳教授的多元智力理论，人的智力类型分为八种：语言智力、逻辑—数学智力、视觉—空间智力、音乐—节奏智力、身体—动觉智力、人际交往智力、内省智力和博物学者智力。

不同学习风格或智力类型的学习者倾向于采用不同的方式进行学习。然而，学习者所偏爱的学习方式不一定适合所有的学习任务。为此，学习者需要深入了解自己的特点，在不断提升自己长处的同时，有意识地开发和利用各种智力，综合发挥多种学习风格的学习策略的优势，以提高学习能力和学习效果。

## 实践活动

### 一、若干问题情景

对个体解决实际问题的过程进行观察和分析，是了解个体学习风格的重要途径。在下面的五道题目中，请你选择两道题进行求解。[1] 你可以个人独立求解，也可以建立小组与他人共同求解。完成之后，把解题的方法和过程写成文档发布到课程学习网站的专题论坛上，以便大家共享。然后，阅读论坛上他人的文档，分析、对比自己和他人的学习风格。注意：适应性较强的个体在发现自己偏爱的解题方式无效时，可能会采用若干种其他策略。

1. 脚步同步问题

甲乙二人并排，同时以左脚开步走。假定二人各自的行走速度保持不变，但甲的速度比乙要快，甲走三步，乙只能走两步。请问开走之后，甲乙二人右脚第一次同时着地时，甲和乙各走了几步？

2. 着色立方体分块问题

假定有一个所有外表面均涂有颜色的正方体木块平放在桌面上。首先从上往下（垂直地）切两刀（它们的切割线与立方体的某边平行），使它分成大小和形状相同的三块。然后，把刀旋转 90 度，对由三个子块合成的立方体，再从上往下切两刀，使原立方体分成大小形状相同的九个子块。最后，对由九个子块合成的立方体，从水平方向再切两刀（切割面与桌面平行），使原立方体分成大小形状相同的 27 个子块。请问在这 27 块小立方体中，三面、二面和一面着色的各有几块？各面均不着色的有几块？

3. 折叠纸层数计算问题

假定有一张很大的正方形的纸张。对半折叠一次，它就变成二层，再对半折叠一次，它就变成四层。如此往复，折叠 50 次后，我们得到的折叠纸有多少层？

4. 火柴杆拼组方格问题

假定有 12 根火柴杆，用它们可拼成三个正方形，如图 2－1 所示。请用这 12 根火柴杆拼出 10 个正方形。

图 2－1 火柴杆拼组方格

① 五道题引自：Learning Disabilities Resources Community. How Do You Think. In: *Learning to Learn: Thinking and Learning Skills*. http: //www.ldrc.ca/projects/atutor/? cid＝654; g＝3. 2002（2003 年 11 月）。

5. 判断谁做了坏事的问题

在A、B、C、D四人中，有一人做了坏事。下面是他们说的话，其中只有一句是真实的。请判断是谁做了坏事。

A说："是B做的。"

B说："是D做的。"

C说："我没做。"

D说："当B说是我做的时候，他是在说谎。"

## 二、感知觉通道偏爱自测验

表2-3给出的学习的感知觉通道测验包括24个陈述①。请你根据自己的实际情况给每一陈述打分，非常符合自己情况的打5分，完全不符合的打1分，介于其中的打3分；然后，在表2-4上分别汇总视觉、听觉和动觉类型题目的得分，由此确定自己的学习风格类型。

**表2-3　感知觉通道测验题**

| 题号 | 题　　目 | 5分 | 3分 | 1分 |
|---|---|---|---|---|
| 1 | 听比看能记住更多的内容。 | | | |
| 2 | 看书面的说明比听口头说明容易。 | | | |
| 3 | 喜欢记录或做笔记以便日后阅读复习。 | | | |
| 4 | 用铅笔或钢笔书写时用力很大。 | | | |
| 5 | 看图表或视觉指示时需加以解释、提示。 | | | |
| 6 | 喜欢做摆弄器具的工作。 | | | |
| 7 | 擅长并喜欢绘制图表。 | | | |
| 8 | 能敏锐地辨别出不同声音。 | | | |
| 9 | 学习材料抄写几遍后记得最牢。 | | | |
| 10 | 能理解并根据地图上的图示说明看地图。 | | | |
| 11 | 通过听讲座或磁带学习效果较好。 | | | |
| 12 | 爱玩硬币和钥匙。 | | | |
| 13 | 通过大声重复朗读字母比在纸上拼写字母记忆单词效果更好。 | | | |
| 14 | 读报比听收音机更能理解新闻材料。 | | | |

① 测验题引自谭顶良著：《学习风格论》，52~53页，南京，江苏教育出版社，1995。

续表

| 题号 | 题 目 | 5分 | 3分 | 1分 |
|---|---|---|---|---|
| 15 | 学习时喜欢吸烟、吃口香糖或零食。 | | | |
| 16 | 记忆的最佳方式是将所学材料在脑中想象出一幅画面。 | | | |
| 17 | 通过书写或抄写学习生字。 | | | |
| 18 | 对教材内容愿听教师讲而不愿自己看。 | | | |
| 19 | 擅长玩拼板玩具（魔板）和走迷宫。 | | | |
| 20 | 喜欢通过眼睛看而学习。 | | | |
| 21 | 了解新闻喜欢听收音机而不愿看报。 | | | |
| 22 | 通过阅读参考资料来获取感兴趣的有关信息。 | | | |
| 23 | 与他人接触，比如拥抱、握手，感到很自在。 | | | |
| 24 | 听口头说明比看书面说明容易。 | | | |

**表 2-4 感知觉通道偏爱测验得分计算表**

| 视觉 | | 听觉 | | 动觉 | |
|---|---|---|---|---|---|
| 题号 | 得分 | 题号 | 得分 | 题号 | 得分 |
| 2 | | 1 | | 4 | |
| 3 | | 5 | | 6 | |
| 7 | | 8 | | 9 | |
| 10 | | 11 | | 12 | |
| 14 | | 13 | | 15 | |
| 16 | | 18 | | 17 | |
| 20 | | 21 | | 19 | |
| 22 | | 24 | | 23 | |
| 总分 | | 总分 | | 总分 | |

## 三、左右脑偏爱自测验

表2-5的左右脑偏爱测验表共有40道题，每道题有两个选择项。请你在最符合自己情况的选项前的小方格上打勾（√）。然后，参照表2-6的“左右脑型特征判断表”，对各道题进行匹配，根据匹配结果在表2-5的“左”或

“右”栏目中打勾。最后，统计“左”和“右”的匹配数。如果“左”（或“右”）的匹配数明显多于“右”（或“左”），则你属于左（或右）脑型学习者；如果两者的匹配数较为接近，则你属于左右脑混合型的学习者①。

**表 2-5　左右脑偏爱测验表**

| 题号 | 题　　目 | 左 | 右 |
|---|---|---|---|
| 1 | □ A. 通常只能学会或记住那些专门研究过的事物 | | |
| | □ B. 对外界环境中的某些细节无需专门研究就能很好地记住 | | |
| 2 | □ A. 喜欢读幻想小说 | | |
| | □ B. 喜欢读真实小说 | | |
| 3 | □ A. 喜欢幻想 | | |
| | □ B. 喜欢做符合实际的计划 | | |
| 4 | □ A. 读书学习时爱听音乐或广播 | | |
| | □ B. 必须保持绝对安静才能读书 | | |
| 5 | □ A. 想写小说 | | |
| | □ B. 想写非小说的书籍 | | |
| 6 | □ A. 假如接受心理健康咨询，喜欢集体咨询 | | |
| | □ B. 假如接受心理健康咨询，喜欢单独个别咨询 | | |
| 7 | □ A. 喜欢想象并得出新观点 | | |
| | □ B. 喜欢记录、积累细节材料 | | |
| 8 | □ A. 相信自己很容易进入催眠状态 | | |
| | □ B. 相信自己不可能进入催眠状态 | | |
| 9 | □ A. 喜欢看真实的故事 | | |
| | □ B. 喜欢看神秘的故事 | | |
| 10 | □ A. 喜欢代数 | | |
| | □ B. 喜欢几何 | | |
| 11 | □ A. 喜欢根据时间先后顺序排列事物 | | |
| | □ B. 喜欢根据事物之间的相互关系排列事物 | | |

① 测验题引自谭顶良著：《学习风格论》，36~40 页，南京，江苏教育出版社，1995。

续表

| 题号 | 题 目 | 左 | 右 |
|---|---|---|---|
| 12 | □ A. 长于记忆词语材料 | | |
| | □ B. 长于记忆声音材料 | | |
| 13 | □ A. 通常能用充裕的时间安排自己的活动 | | |
| | □ B. 难以根据时间限制调整自己的行动速度 | | |
| 14 | □ A. 心境常变换不定 | | |
| | □ B. 几乎不变换心境 | | |
| 15 | □ A. 较会玩动物 | | |
| | □ B. 不会玩动物 | | |
| 16 | □ A. 喜欢猫 | | |
| | □ B. 喜欢狗 | | |
| 17 | □ A. 喜欢说笑玩闹 | | |
| | □ B. 不爱说笑玩闹 | | |
| 18 | □ A. 经常会分心 | | |
| | □ B. 几乎不分心 | | |
| 19 | □ A. 看广告常被鲜艳的符号、美丽的景色和附加的感官刺激所吸引 | | |
| | □ B. 只有当广告伴随有关产品质量的信息时，才被它吸引 | | |
| 20 | □ A. 喜欢实验演示教学 | | |
| | □ B. 喜欢言语讲授教学 | | |
| 21 | □ A. 认为讨论读过的故事有价值 | | |
| | □ B. 认为解释读过的故事有价值 | | |
| 22 | □ A. 认为讲述故事更有价值 | | |
| | □ B. 认为表演故事更有价值 | | |
| 23 | □ A. 更喜欢有节奏的运动 | | |
| | □ B. 更喜欢有节奏的朗读 | | |
| 24 | □ A. 喜欢跳即兴表演的舞 | | |
| | □ B. 喜欢跳有规则的韵律舞 | | |
| 25 | □ A. 善于进行与他人的情感交流 | | |
| | □ B. 善于理解他人之间的情感交流 | | |

续表

| 题号 | 题目 | 左 | 右 |
|---|---|---|---|
| 26 | □ A. 躺着思考问题更佳 | | |
| | □ B. 坐着思考问题更佳 | | |
| 27 | □ A. 愿做音乐评论家 | | |
| | □ B. 愿做音乐作曲家 | | |
| 28 | □ A. 长于通过直觉方式预见结果 | | |
| | □ B. 长于通过科学统计预见结果 | | |
| 29 | □ A. 对词语解释常能集中注意 | | |
| | □ B. 对词语解释常感到不耐烦 | | |
| 30 | □ A. 喜欢如实地分析故事 | | |
| | □ B. 喜欢创造性地编讲故事 | | |
| 31 | □ A. 较能适应环境 | | |
| | □ B. 不能适应环境 | | |
| 32 | □ A. 喜欢开放式的作业 | | |
| | □ B. 喜欢封闭式的作业 | | |
| 33 | □ A. 喜欢通过自由自在的探索学习 | | |
| | □ B. 喜欢通过预定计划而系统学习 | | |
| 34 | □ A. 长于记忆抽象言语性材料（如名字、数字等） | | |
| | □ B. 长于记忆空间形象性材料 | | |
| 35 | □ A. 阅读时倾向于关注主要内容 | | |
| | □ B. 阅读时倾向于关注特定的细节和事实 | | |
| 36 | □ A. 长于将不同观点按顺序进行排列 | | |
| | □ B. 长于找出不同观点之间的相互关系 | | |
| 37 | □ A. 阅读时喜欢写提纲而不是写概要 | | |
| | □ B. 阅读时喜欢写概要而不是写提纲 | | |
| 38 | □ A. 觉得作出结论更为有趣 | | |
| | □ B. 觉得产生新观点更为有趣 | | |
| 39 | □ A. 喜欢通过逻辑推理解决问题 | | |
| | □ B. 喜欢通过直觉猜想解决问题 | | |

续表

| 题号 | 题　　目 | 左 | 右 |
| --- | --- | --- | --- |
| 40 | □ A. 乐于改良原有事物 | | |
| | □ B. 乐于发明新东西 | | |
| 匹配数 | | | |

**表 2-6　左右脑型特征判断表**

| | | | | | | | | | | |
| --- | --- | --- | --- | --- | --- | --- | --- | --- | --- | --- |
| 左脑型 | 1 | 2 | 3 | 4 | 5 | 6 | 7 | 8 | 9 | 10 |
| | A | B | B | B | B | B | B | B | A | A |
| | 11 | 12 | 13 | 14 | 15 | 16 | 17 | 18 | 19 | 20 |
| | A | A | A | B | B | B | B | B | B | B |
| | 21 | 22 | 23 | 24 | 25 | 26 | 27 | 28 | 29 | 30 |
| | A | A | B | B | B | B | A | B | A | A |
| | 31 | 32 | 33 | 34 | 35 | 36 | 37 | 38 | 39 | 40 |
| | A | B | B | A | B | A | A | A | A | A |
| 右脑型 | 1 | 2 | 3 | 4 | 5 | 6 | 7 | 8 | 9 | 10 |
| | B | A | A | A | A | A | A | A | B | B |
| | 11 | 12 | 13 | 14 | 15 | 16 | 17 | 18 | 19 | 20 |
| | B | B | B | A | A | A | A | A | A | A |
| | 21 | 22 | 23 | 24 | 25 | 26 | 27 | 28 | 29 | 30 |
| | B | B | A | A | A | A | B | A | B | B |
| | 31 | 32 | 33 | 34 | 35 | 36 | 37 | 38 | 39 | 40 |
| | B | A | A | B | A | B | B | B | B | B |

## 四、多元智力自测验

多元智力测验的作用是试图揭示受测者在各个方面的智力，指出受测者的强项和弱项。但是，需要指出，测验结果只具有参考意义，不可作为人生重大决策的依据。它是否有效或可靠还没经过严格证明。

下面的测验题共包括八个部分，对应于八种智力[1]。每一个部分有10个项目。请在符合自身情况的每一项目前的小方格上打勾（√），然后计算每一部分打勾项目的总数并在图2-2中标示出来。

图2-2中有八条半径把圆八等分。每条半径按十等分进行标度，圆心的标度值为零，半径与圆的交点的标度值为10。八条半径对应于八项智力；半径上的刻度值对应于相应智力的项目得分。个人的八项智力的测验得分对应于图上的八个点。把相邻的点用直线连接起来，就可得到一个八边形。

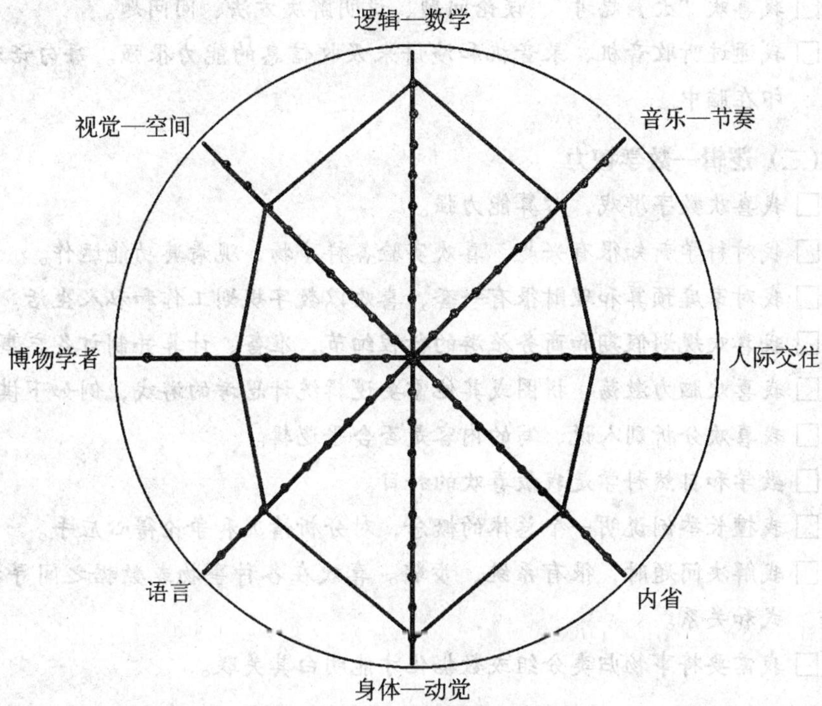


**图2-2 多元智力分布图**

## （一）语言智力

□ 我喜欢文字游戏、双关语、绕口令、打油诗、诗词、故事。

□ 我喜欢阅读，包括书籍、杂志、报纸甚至商品的说明标示。

□ 我擅长口语或文字的表达，而且充满自信，也就是说我擅长说服别人、

---

① 本测验题引自［美］柯林·罗斯、迈尔孔·尼可著：《学习地图》，戴保罗译，109~114页，北京，中国城市出版社，1999。

讲故事或写作。

□ 聊天时，我常常提及读过或听过的东西。

□ 我喜欢玩填字、排字或猜字游戏。

□ 我用字遣词相当讲究，别人有时需要问我到底是什么意思。喜欢在文章中运用精准的字眼。

□ 我喜欢语文（语言和文学）、历史和社会学。

□ 我在说明或辩论时，口才无碍，从容不迫。说明解释非常清楚。

□ 我喜欢“大声思考”、谈论问题、说明解决方法、问问题。

□ 我通过听收音机、录音机和演讲来吸收信息的能力很强。每句话都深印在脑中。

**（二）逻辑—数学智力**

□ 我喜欢数字游戏，心算能力强。

□ 我对科学新知很有兴趣，喜欢实验各样事物，观看其功能运作。

□ 我对家庭预算和理财很有一套，喜欢以数字规划工作和私人生活。

□ 我喜欢规划假期和商务旅游的行程细节，准备、计算并制订备忘事项。

□ 我喜欢脑力激荡、拼图或其他需要逻辑统计思考的游戏，例如下棋。

□ 我喜欢分析别人说、写的内容是否合乎逻辑。

□ 数学和自然科学是我最喜欢的科目。

□ 我擅长举例说明一个总体的概念，对分析情况和争论得心应手。

□ 我解决问题时，很有系统、步骤。喜欢在各种事物或数据之间寻找模式和关系。

□ 我需要将事物归类分组或数据化才能明白其关联。

**（三）视觉—空间智力**

□ 我喜欢观赏艺术品、绘画和雕刻。对色彩很敏感。

□ 我喜欢用照相机或摄像机将事物记录下来。

□ 我在做笔记或思考时，喜欢随意乱写、乱涂。我描绘东西是很精准的。

□ 阅读地图和航行图，很有方向感。

□ 我喜欢拼图和走迷宫的游戏。

□ 善于将物品分解、重组，对看图组件也很在行。

□ 我喜欢学校的美术课，喜欢几何甚于代数。

□ 我喜欢以图片、绘画来说明事物，可以很容易地解读图表。

☐ 我可以从不同的角度来想象各种事物，如想象建筑物的施工图。

☐ 我喜欢有许多图片的书籍。

## （四）身体—动觉智力

☐ 我喜欢参加运动会，或经常做健身活动，喜欢走路、游泳、肢体运动。

☐ 我喜欢“DIY”（自己做）。

☐ 我喜欢一面做肢体运动（例如散步、慢跑），一面思考。

☐ 在舞会大展身手，我一点也不觉得害羞。

☐ 我喜欢游乐场中最刺激的游戏。

☐ 我必须亲手去掌握、触摸、操控某一事物，才能了解它。我喜欢拼图和模型制作。

☐ 我喜欢体育、工艺课、雕塑。

☐ 我喜欢借手势或其他肢体语言来表达自我。

☐ 我喜欢和孩子玩吵闹混战的游戏。

☐ 我学习新东西不能光靠阅读手册或观看录像带，而必须亲身动手触摸操控。

## （五）音乐智力

☐ 我会玩某种乐器。

☐ 我唱歌不会走调。

☐ 通常我在听了几遍后，就可以记得某一歌曲。

☐ 我常在家中、车里听音乐，偶尔也去听演唱会；工作时喜欢（甚至需要）有背景音乐。

☐ 我会跟着音乐打拍子，很有节奏感。

☐ 我很容易就可辨别是何种乐器的声音。

☐ 广播电视节目的主题曲或广告歌曲常会浮现在我脑中。

☐ 没有音乐我就很难生活，而且音乐很容易引发我的情绪和想象。

☐ 我常常哼歌曲，或吹口哨。

☐ 我喜欢用节奏或押韵来记事情，比如有节奏地背诵电话号码。

## （六）人际智力

☐ 我喜欢加入小组或委员会，与他人一起工作。

☐ 我好为人师。

☐ 别人向我讨教时，我很愿意帮忙。

- □ 我喜欢团体运动项目（例如篮球、垒球、足球或美式足球），甚于个人运动项目（例如游泳、赛跑）。
- □ 我喜欢有别人参与的游戏，例如桥牌、大富翁。
- □ 我喜欢社交生活，宁愿参加宴会而不愿单独在家中看电视。
- □ 我有不少要好的朋友。
- □ 我常和别人来往，善于调解争端。
- □ 我喜欢带头示范。
- □ 我喜欢和别人讨论问题，而不愿单独想办法解决问题。

**（七）内省智力**

- □ 我喜欢写日记，记录个人的心思意念。
- □ 常独自沉思我一生的重要经历。
- □ 我有人生规划，知道自己努力的方向。
- □ 我有独立的思想，了解自己的心思，自己可以下决心。
- □ 我有个人的嗜好兴趣，不想和他人共享。
- □ 我喜欢垂钓或独自散步，喜欢独处。
- □ 我向往到山上独立的小屋度假，更甚于住名胜地区的五星级饭店。
- □ 我了解自己的长处和短处。
- □ 我曾参加自我进修的课程，或接受教导如何进一步认识自己。
- □ 我喜欢自己当老板，或曾认真考虑过“做自己的事”。

**（八）博物学者智力**

- □ 我自己养宠物或喜爱宠物。
- □ 我可以说出许多花草树木的名称。
- □ 我有兴趣并知道身体各器官的功能及位置，并经常学习保健知识。
- □ 我对野生动物的行踪巢穴很内行，而且很会观察气象。
- □ 我很羡慕当农夫和渔人。
- □ 我是个勤劳的园丁，熟悉季节的更替。
- □ 我对环保很热心，很有见识。
- □ 我对天文学、宇宙的起源和生物的进化很感兴趣。
- □ 我对社会问题、心理学和人的行为动机很感兴趣。
- □ 我认为资源保护和可持续发展是现代社会最迫切的课题。

# 第三章

# 学习条件的创设与控制

## 学习目标

通过本章的学习，你应能：

1. 了解各种环境因素对学习的影响，布置适合自己特点的自主学习环境；
2. 理解学习动机的基本概念，掌握激发学习动机的基本策略；
3. 了解分心的原因，掌握集中注意力的基本策略；
4. 了解“网瘾”的危害；
5. 理解时间管理在远程学习过程中的作用和意义，列出不守时习惯的一些负面影响；
6. 掌握和运用制订、评估和实施时间计划的基本策略，养成惜时、守时的习惯；
7. 分析和评价自己的时间管理技能。

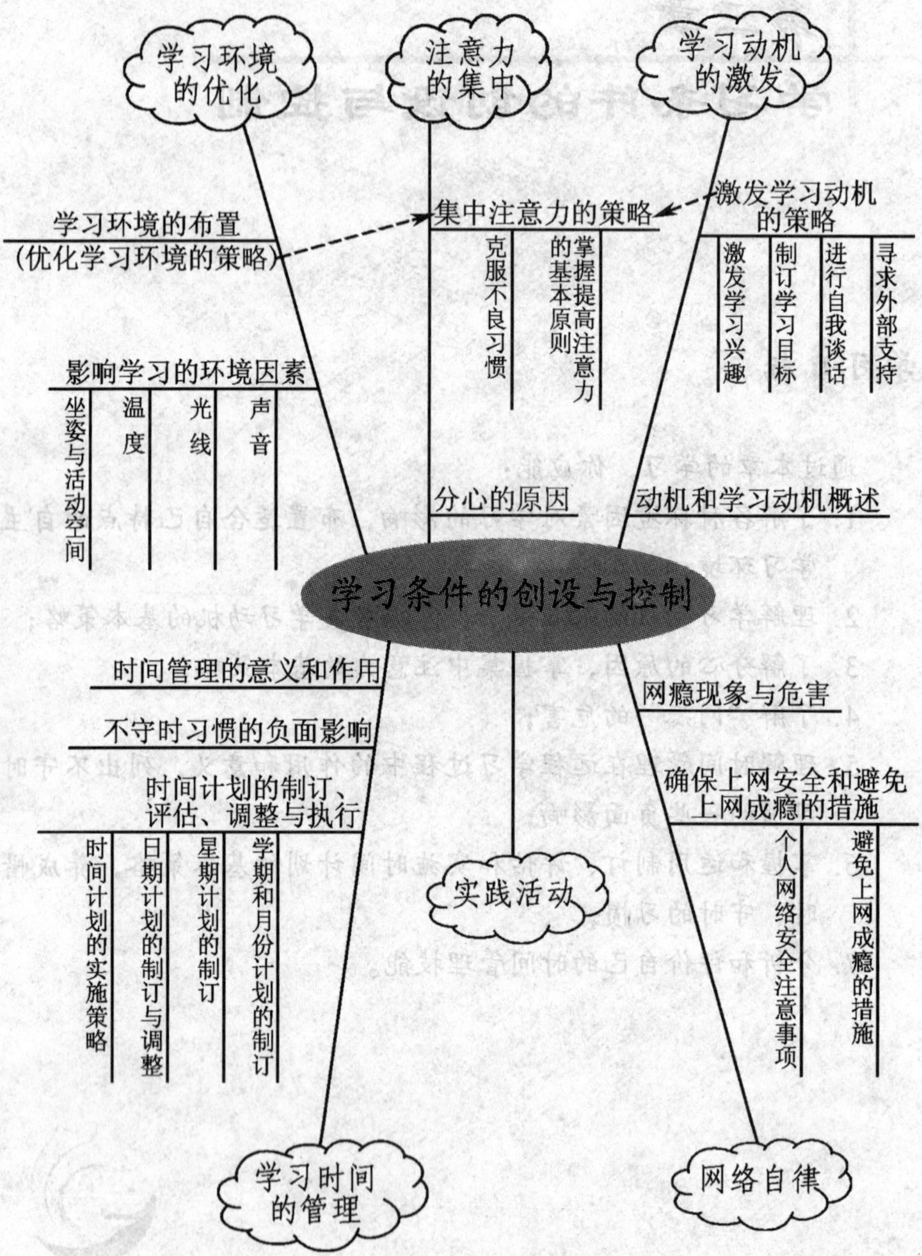
学习条件的创设与控制
学习环境的优化
学习环境的布置
(优化学习环境的策略)
影响学习的环境因素
坐姿与活动空间
温度
光线
声音
注意力的集中
集中注意力的策略
克服不良习惯
掌握提高注意力的基本原则
分心的原因
学习动机的激发
激发学习动机的策略
激发学习兴趣
制订学习目标
进行自我谈话
寻求外部支持
动机和学习动机概述
学习时间的管理
时间管理的意义和作用
不守时习惯的负面影响
时间计划的制订、评估、调整与执行
时间计划的实施策略
日期计划的制订与调整
星期计划的制订
学期和月份计划的制订
实践活动
网络自律
网瘾现象与危害
确保上网安全和避免上网成瘾的措施
个人网络安全注意事项
避免上网成瘾的措施

我们知道，教师与学生以及学生与学生之间在时空上的相对分离是远程学习的一大特点。这种分离对远程学生提出了很高的要求，尤其是在自律精神或自控能力方面。远程学习能否取得成功在很大程度上取决于学生的自我激励、自我管理和自我控制的能力。

本章探讨如何控制影响学习的各种主客观因素（或条件），着重从技术层面介绍形成自律习惯的各种策略或方法。首先，分析影响学习效果的环境因素，介绍优化学习环境的策略。然后，阐述如何激发学习动机和集中注意力。接着阐明惜时、守时和对时间进行计划管理的重要性，介绍改变不守时习惯的策略与方法。最后，简要介绍避免上网成瘾的措施。

## 第一节 学习环境的优化

在传统大学中，学习环境主要指的是教室环境。教室的采光、大小、形状、受外界干扰程度以及课桌椅的适宜程度等都是影响学生的学习效果甚至身心健康的重要因素。对这种环境的设计或安排主要是学校的工作。与在传统学校的学习不同，远程学习主要是基于资源的自主学习。因此，学生自学时的环境尤为重要。学生的学习主要发生在家中、图书馆、远程学习中心和办公室等场所。学生家里的学习环境需要自行设计，以适应自己的学习习惯。

### 一、影响学习的环境因素

学习者对学习环境有不同的偏好。这里简要地介绍对声音、光线、温度和坐姿的偏爱。你应当尽量把最难的或最重要的学习任务安排在最适合于自己的环境中。

（1）声音因素。大多数人喜欢安静的学习环境，他人的对话、行走的脚步声以及其他动作引起的声音都可能对学习者产生干扰。在嘈杂的环境中，戴上耳机是避免干扰的有效措施之一。有些人则在某种音乐背景下学习效率较高。个别人在寂静的环境中学习则会感到孤单，喜欢有点“人气”的环境。

（2）光线因素。学习者对光线的明暗有不同的偏好：有的喜欢光线明亮的环境，有的喜欢光线柔和甚至偏暗的环境。有研究表明，当照明水平与学习者的偏好一致时，学习效果较好。在公共场合，学习者通常无法控制环境，而只能选择与自己偏好一致的环境。然而，有些环境则是学习者自己可以控制的，比如家里的照明灯、计算机显示屏的亮度和对比度。

(3) 温度因素。环境温度对学习效果也有很大影响。每一个人都有一个感觉舒畅的温度区间，偏离这个区间，学习效率将会下降甚至无法进行学习。

(4) 坐姿与活动空间因素。从学习时的姿势看，有些人喜欢正规的姿势，端坐在书桌前学习，只有这样才能集中注意力和提高学习效率；另一些人则坐姿随便，觉得坐在沙发上甚至躺在地板上学习比较自在；还有一些人则边踱步边看书学习。从连续学习的时间长短来看，有些人可以长时间端坐学习，而另一些人则需要不时中断、走动或休息。前一种人可以在公共场所学习，后一种人在自己家里学习比较合适，否则可能影响他人。

## 二、学习环境的布置

☞ 学习者一旦了解了学习环境的影响和自己的偏好，就可以通过选择和布置学习环境以提高学习效率。请你完成本章的实践活动——个人学习环境分析，看看是否需要重新设计你的学习环境。

减少引起学习分心的因素是优化环境的重要策略。例如，可以把电视机搬离学习场所。对于那些不能从外界干扰中快速恢复的学生，在面临重要学习任务时可以考虑关掉移动电话和屋内电话。开始学习前处理完毕各种事务。

学习时，你可能喜欢面对墙壁坐着，也可能喜欢面对窗户坐着。你应当调整书桌的摆放位置，使之适合自己的偏好。桌面要足够宽敞，能摆下所需的学习用具。应当给计算机的鼠标留有足够大的活动空间，否则你很容易疲劳。还应当选择适当的椅子或者调节椅子的高度，使眼睛与显示器屏幕的上部对齐。如果你与他人共享一台计算机，则应当预先安排好使用时间，以免产生时间冲突，影响学习进度。

每次学习前，应当准备好学习过程中所需的学习资料和文具，以免因临时寻找它们而导致分心。尽量使学习过程中所用到的东西各归其位，在需要的时候可方便地找到。东西用过之后，应当放回原处。为了防止物品存放的无序化，应当定期整理个人的学习环境。如果条件许可，可购买书架和文件夹等，把书籍和文件等分类存放。对于各类文件或材料，要按照重要程度或优先程度做出标记。例如，某个文件夹可标为“急件”，以存放需要立即处理的材料。

"头悬梁，锥刺股"一般来说不是理想的学习环境。然而，学习环境也不能安排得过于舒适，使人很容易进入梦乡。

## 第二节　学习动机的激发

### 一、动机概述

"动机是由一种目标或对象所引导、激发和维持的个体活动的内在心理过程或内部动力"[①]。换句话说，动机是激励或推动人们去行动以达到一定目的的内在动因。学习动机是对学生的学习起推动作用的心理因素，是引起和维持学习活动的动力机制。人的活动动机是在各种需要的基础上产生的。例如，当一个人有了饥饿感之后，他就会产生去吃饭或寻找食物的活动动机，以便解决饥饿问题。但是，由需要转化为动机往往需要有一个过程。只有当需要的强度达到一定水平之后，才有可能转化为动机。萌芽状态的需要只是心理状态中的一种愿望，还没有真正形成动机。另外，愿望产生之后，还必须有满足个体需要的外部条件的存在。有了条件，愿望才有可能转化为推动人们进行活动的动机。

根据动机的动力来源，动机可以划分为内部动机和外部动机。内部动机指的是人们对活动本身的兴趣引起的动机。动机的满足发生在活动之内，而不在活动之外。例如，看一部自己非常喜欢的电影。外部动机指的是由外部诱因所引起的动机。动机的满足主要不在活动之内，而在活动之外。例如，某学生由于家长的特殊允诺而努力学习，比如如果数学考试成绩在班里排前五名，将得到一台游戏机，为此该学生可能会花很多时间去学数学。再如，有些学生去打工纯粹是为了挣一些钱。内部动机是持久的，它引起的学习是主动的；外部动机往往是短暂的，它引起的学习大都是被动的，一旦外部的诱因消失，比如奖励取消了，则学习的兴趣也就散失了。然而，我们的学习并非完全基于个人的兴趣。为了在学习上取得成功，我们既需要内部动机也需要外部动机。学习动机越强烈，学习效果就越好。强烈的学习动机可以使学习行动具有稳定性和持久性。

---

① 引自彭聃龄：《普通心理学》，319页，北京，北京师范大学出版社，2001。

## 二、激发学习动机的策略

远程学生大多数是利用业余时间进行学习。工作劳累、家庭烦事、社交活动和学习本身的压力往往导致学习半途而废。因此，学生应当努力激发自己的学习动机，克服困难，在指定的时间内完成学习任务。下面介绍几种激发学习动机的策略。

**（一）激发学习兴趣**

人们在从事自己感兴趣的活动时，总伴随着一种积极的、愉快的情绪体验。良好的学习兴趣是学习活动的自觉动力。

通过感受学习过程的新奇性与多样性可以激发学习兴趣。在远程教学中，学习内容可能表现为多种形态，以多种媒体形式呈现给学生。不同表现形式的内容或不同的分析问题的视角有助于激发兴趣。例如，阅读普通的教科书可能很枯燥，但观看动画或阅读相关的图文并茂的课外读物则可能很有趣。因此，你应当努力通过不同的学习资源（包括课程以外的辅助资源）进行学习。在学习方式上，也可以多样化。两个或多个学生可以建立一个学习小组，共同学习同一主题的内容。每一个人以自己的观点或角度分析与理解学习内容。别人提供的新信息或看法有可能激发自己的兴趣。对有些科目尤其是社会科学，学生还可以扮演不同的角色，对问题展开争论。有关小组学习的问题将在第六章深入分析。

通过建立学习任务与个人的经历、知识背景和日常工作之间的联系，可以使学习任务对学习者变得有意义。有意义的任务可以增进学习动机。建立联系的过程同时也是使学习任务个性化的过程，尤其是如果能把学习内容与个人的日常工作与生活联系起来，将会有非常好的效果。很多远程学生都是在职人员，课程学习与其工作有一定的相关性，因此，这种策略实施起来比较容易。

通过运用所学知识也可以诱发出对相关学习任务的兴趣。例如，给朋友或家人介绍正在学习的课程内容，就可能得到意想不到的反馈。他们可能提出你目前难以回答的问题，这会迫使你深入学习课程内容以回答他们的问题。把一门课中学到的知识运用到另一门课中，或者把所学的知识应用到工作中去，都有助于提高学习兴趣。

**（二）制订学习目标**

设立明确的学习目标可以激发学习兴趣。就个人而言，学习目标越明确，成绩就可能越优异。反之，成绩就比较差，而且常常伴随有缺乏学习兴趣等不良表现。制订学习目标以激发学习兴趣的难点在于目标的适合度的控制。目标过高，你可能难以体验到成功的愉悦；目标过低，则不需要经过努力就能轻松地达到目标，难以产生争取成功的强大动力。因此，需要设定比较现实的目标，并对实现目标的方式进行评估。这可以通过制订“个人学习目标表”来达到。该表由六个部分组成，其格式如表3-1所示。[①]

**表3-1 个人学习目标表实例**

| 目标 | 动机 | 技能 | 测度 | 价值 | 步骤 |
|---|---|---|---|---|---|
| 完成专题研究报告论文 | 学期成绩及格才能得到学分；论文的成绩占课程总成绩的40%；提高研究能力 | 研究技能、信息组织技能、文章审校技能 | 5月20日前提交；论文字数约5 000字 | 有趣的主题、学会做研究 | 收集参考文献；阅读文献并做笔记；组织笔记内容并设计提纲；撰写初稿；修订和审查初稿；提交论文 |

表的第一栏用于列出个人的各项学习目标（注意：表3-1中仅列出一项目标），目标应当尽量具体；第二栏列出实现目标的动机，指出要达到目标的原因，把当前的学习任务与个人的短期目标和长期目标联系起来；第三栏列出为达到目标所需要的能力、技能、兴趣水平和时间投入等；第四栏列出检验目标是否达到的标准，比如时间、进度、数量或质量等非常具体的指标；第五栏列出目标的价值，即为什么目标是值得去实现的，比如提高应试的信心；最后一栏列出实现目标的具体步骤。

### （三）自我谈话与寻求外部支持

自我谈话指的是通过自己与自己谈话，把我们对自己和事物的态度提高到意识水平。它反映了我们对自我价值的认识或对自己的看法，即自我形象。自我形象是一个人在潜意识水平上的自我认识和想象，是对自己所有看法和评价

① 表格的格式引自 Muskingum College Center for Advancement of Learning. General - purpose Learning Strategies: Motivation. http: //muskingum.edu/ ~ cal/database/motivation6.html. 1998（2003年11月）。

的累积，是对自己是什么样人的假设。它是现实的自我的反映，同时也是塑造理想的自我的桥梁。

自我谈话可以是消极的、积极的或中性的。一个人的内在信念控制其外在的行为。学会通过积极的自我谈话来修正自我形象，是一种有效的激发学习动机的策略。你应当努力成为自己的最好朋友，为此，必须充分认识并时常自我提醒关于自己的价值、优势或特长。下面是几条实施积极自我谈话的建议：[①]

(1) *列出自己的特长或成功事例*。个人特长涉及社会技能、时间管理技能、组织能力、沟通能力、记笔记的技能和工作经验等。个人的正面特征应当尽量描述清楚和准确。例如，与其说“我社会技能很好”，不如说“我是一个善解人意的聆听者”。记录个人特长或成功事例的格式可以是多种多样的，比如记录在卡片上，然后张贴在自己经常可以看到的墙上。

(2) *定期回顾自己的特长或成功事例*。每天在自己规定的时间段内，参照、回顾自己的特长或成功事例。努力使个人的特长或成功事例列表内化，从而在参照和回顾的过程中不用依赖实际的记录。当然，并不需要在一天中涉及所列出的所有项目。

(3) *情绪低落时回顾自己的特长或成功事例*。努力使参照、回顾自己的特长或成功事例的行为成为情绪低落时的一种习惯。提醒自己回顾过去已取得的成就，并确信将来会取得更大、更多的成功。

(4) *更新自己的特长或成功事例列表*。要不断更新特长和成功事例列表，使之包括自己新近发展的特长或取得的成功。

有时仅仅依靠自己，难以激发学习动机。这时，你应当寻求可以得到帮助的其他途径。学习动机的源泉可能来自自己的家庭成员、亲朋好友、教师和同学等。

## 第三节 注意力的集中

注意力的集中对学习的各个环节都是非常重要的，它与上述的环境的优化和动机的激发密切相关。优化环境和激发动机的策略同时也是集中注意力的有

---

① 根据以下文献内容改写：Muskingum College Center for Advancement of Learning. General - purpose Learning Strategies: Motivation. http: //muskingum.edu/ ~ cal/database/motivation4.html. 1999 (2003 年 11 月)。

效措施。

## 一、分心的原因

注意的反面是分心。分心不是没有注意，只是没有把注意指向和集中在当前的学习任务上。例如，在一堂数学课上，教师在讲解一个定理的证明，某学生却在阅读一部小说。对当前的数学学习任务来说，该学生的行为显然属于分心，但对阅读小说来说，该学生的注意则是高度集中的。

学生应当分析引起分心的原因，以便寻求解决的办法。

引起分心的内在因素包括动机缺乏、信心不足和不感兴趣等。上一节介绍的激发学习兴趣的策略以及积极的自我谈话策略，都是消除引起分心的内在因素的有效措施。

引起分心的外在因素包括环境因素、个人的学习技能以及一些私人问题。第一节的学习环境优化的策略、下一节的时间管理策略以及后续各章将要介绍的学习技能都有助于消除外在因素引起的分心。个人私人问题引起的分心往往要等到问题消失或减缓之后才能得到消除。

## 二、集中注意力的策略

### （一）影响注意力集中的不良习惯

在集中注意力方面，应当克服以下不良习惯：①

- 由于无法集中注意力于当前的学习任务，故转到另一项学习活动；
- 选择在已经知道存在着引起分心的因素的环境（比如座位）进行学习；
- 在投入学习时，不理解学习任务的要求，不考虑学习任务的目的或作用，不了解当前学习任务与整门课程的关联性；
- 在课堂上或在学习小组中，要么与教师或同学进行过度激烈的争论，要么完全避免参与讨论；
- 在进行学习时，做其他事情或考虑做其他事情。

---

① 引自 Muskingum College Center for Advancement of Learning. General – purpose Learning Strategies: Attention and Listening. http: //muskingum.edu/ ~ cal/database/attention4.html. 1999（2003 年 11 月）。

**（二）提高注意力的基本原则**

提高注意力的具体方法和策略很多，这里给出几条基本原则。[①]

（1）确保对学习任务要求的理解。仔细阅读各学习单元的目标和要求。以做练习题为例，在还没有完全理解题意之前就开始做题通常是会出错的，继而会引起分心。

（2）保持对课程内容的兴趣。这一原则的作用与实现的方法已在本章第二节中阐述过。

（3）明确学习目标。这一原则的作用与实现的方法也已在本章第二节中阐述过。

（4）消除导致分心的内外因素。布置好你的学习环境，以减少外界干扰；确保自己得到很好的休息且保持健康的状态。

（5）制订学习时间计划。对你想要做的工作制订具体实施的时间计划，以免在学习过程中做“白日梦”，想起这项未来的工作；对近期必须完成的工作进行列表并安排完成的时间，避免在当前的学习过程中因为想到它们而引起焦虑。有关时间计划的详细过程将在下一节介绍。

（6）遵从良好的注意模式。你必须意识到什么是集中注意力的良好习惯和不良习惯。

（7）使良好的行为过程成为习惯。例如：你总是在没有引起分心因素的场所学习；确保每个星期（甚至每天）的若干固定的时段作为学习时间，并坚持学习。

（8）奖赏良好的表现。每当自己能够按照良好的习惯集中注意力时，给自己一些奖赏，比如看一场电影。

有关在课堂上或在阅读过程中如何集中注意力的具体策略将在后续章节中加以讨论。

---

① 根据以下文献内容改写：Muskingum College Center for Advancement of Learning. General - purpose Learning Strategies: Attention and Listening. http: //muskingum.edu/ ~ cal/database/attention4.html. 1999（2003年11月）。

# 第四节 学习时间的管理

## 一、学习时间管理概述

古人说："一寸光阴一寸金，寸金难买寸光阴。"时间是宝贵的资源，一般人都知道珍惜时间的意义。然而，很多人并不能有效地管理自己的时间。平时沉浸于下棋、打球、看电影或电视，而无心学习，总认为以后会有时间补上。该交作业的时候，作业还没开始做；临近考试的前几天"开夜车"，通宵达旦地学习要考试的课程。结果是吃不好，睡不足。不仅影响学习成绩，还会对身体造成损害。笔者曾在国外遇到过一位来自我国东北的学生，他在国内没考上大学，父母花了一大笔钱供他到国外留学。他对笔者说："在国内，我有很多同学考上了重点大学，但是他们并不聪明，只是死用功而已。我要是不贪玩而像他们一样用功，也能考上清华、北大或哈工大。"虽然他的话有些夸张，但是只要在时间管理上下一些工夫，笔者估计他考上大学应该不成问题。

时间管理对接受高等教育的远程学生尤其重要。在中学阶段，课堂教学的时间较多，学生在时间管理上的灵活性较小。在大学阶段，学生的自学时间较多，一般来说，每一课时的课堂教学要求学生在课外另外花两个小时的时间进行学习。对于远程学习，课堂面授很少甚至没有，学生可以根据自己的时间和步调进行自主学习。另外，远程学生通常还有工作、社交和家庭责任，如何合理安排学习、工作、家庭责任和社交等方面的时间是一件很难的事情。因此，远程学习能否取得成功在很大程度上取决于学生的时间管理能力。

时间管理的关键是计划和自律。在时间管理成为日常生活的习惯之前，个人的自律和自控能力非常重要。因为对于时间计划，如果不遵照执行，那么它就会变得毫无用处。这就是人们常说的：无志者常立志。因此，养成良好的时间管理习惯非常重要。

时间管理的过程比较简单，不用花费太多的时间。比如，制订一份学期计划，大约一个小时就够了，而制订每天的计划可能只需几分钟。然而，实行时间管理的好处却很多。首先，通过制订时间计划，可以预测最忙的时段，从而及时加以调整，提前完成部分工作，为后续工作做好准备。其次，时间计划有助于使人记住各项活动的时间，避免出现迟到、忘记参加活动或忘记完成某项工作的现象。最后，随着时间管理技能的提高，个人延误学习与工作的机会就会减少，在时间安排上也会比较现实，不至于在有限的时间内安排过多的事情。这样，就可以自主地控制自己的生活节奏，使工作、学习和生活显得更加从容不迫。

☞ 在学习具体的时间管理策略之前，请你完成如下三项工作：

第一，写下三类最浪费你的时间的活动（比如玩游戏、户外活动、与朋友聚会、电话聊天和上网等）。然后，分析浪费这么多时间的原因，并考虑如何减少这类活动的时间。

第二，在完成了上述宏观的、定性的分析之后，请完成本章的实践活动三——个人时间使用状况分析。很多人都觉得时间好像不够用，时间不知不觉地流逝，需要完成的事情却还没有完成。通过理性地分析个人的时间消费状况，有可能探索出合理安排时间的方法。对于远程学生，完成这项分析工作非常重要，因为这涉及到一个学期可以选几门课的问题。每个人每个星期都只有168小时，而远程学生花费在工作、家庭责任和社会事务等方面的非学习时间较多，通过分析个人的时间使用状况就可以知道每一个星期有多少时间可以用于学习。假定你每周的非学习时间需要150小时，那么你可用于学习的时间就只有18个小时。一般来说，每学分每周需要2~3个小时的学习时间。如果每门课三个学分，那么你一个学期选修的课程数目不可超过三门。如果想修更多的课程，或者希望取得较好的成绩，就应当考虑减少其他活动的时间，甚至取消一些活动。

第三，请完成本章实践活动四——时间管理技能自评。实际上，不同的人在具有相近的必须花费的时间的情况下（比如相同的工作、相似的家庭状况），由于时间管理技能的差异，学习结果可能会有很大不同。也就是说，他们在时间使用的效率上可能有明显的差别。学习完本节内容之后，过一两个月，请再测一遍，检查自己的时间管理技能是否得到提高、良好的时间管理习惯是否已经形成。

## 二、不守时习惯的负面影响

守时指的是应该在一定的时间内，完成或实现预定的任务或目标。守时也是爱惜时间，是取得成功的一个良好习惯。国画大师齐白石要求自己“每日作一画”。偶尔有一天漏过，次日也要补上。然而，在学校环境或社会生活中，不守时的现象则比比皆是。许多人总是把今天要做的事推到明天，然后再推迟到新的明天。这就是人们常说的：明日复明日，明日何其多。

不守时的习惯虽然不是个人的致命缺点，但它对个人至少有以下负面影响。①

第一，不守时的人往往忽视自己在时间管理上存在的问题，而把学习与工作的失败归因于个人的能力缺陷。然而，一旦一个人对自己的能力失去信心，就很难再挽回。这对学习是非常不利的。

第二，把一项任务推迟到最后关头才着手完成，往往会给个人带来精神压力和焦虑。这不仅影响任务完成的质量，还可能损害自己的身体。

第三，许多不守时的人在想到自己没有及时完成应该完成的工作时，往往会感到内疚而责备自己。这会直接影响个人的情绪，从而间接地影响学习与工作的效率。

第四，不守时的人不给待完成的工作留足够的时间，更不考虑不可预见的困难。因此，不守时的行为常常会印证摩菲法则，即如果某事可能会出问题，那么它就会出问题。

第五，如果一个人有不守时的习惯，就可能给他人留下不好的印象，或他人有可能对他“另眼相看”。这会对他的职业生涯产生负面的影响。

不守时的习惯很难改变。但是，合理的时间计划可以为促使这种改变创造条件。

## 三、学习时间计划的制订、评估、调整与执行

制订时间计划，评估计划的执行情况，并根据需要适时地调整计划，是管理时间的有效策略。学生常用的时间计划表有四种，即学期、月份、星期和日

---

① 引自 Muskingum College Center for Advancement of Learning. General - purpose Learning Strategies: Time Management. http: //muskingum.edu/ ~ cal/database/timeb.html. 1999（2003年11月）。

期计划表。学期计划表和月份计划表主要用于规划大型的作业或项目和主要的考试等；星期计划表和日期计划表主要用于记录日常的各项活动。在制订时间计划之前，需要确定计划表格的格式、预计待填信息类别以及选择缩略词或记录代码（记录信息的编码方案）等。

现在市场上可以买到各种记事本，它们可以用于制订时间计划。如果你觉得它们不适合自己的情况，则可以亲自动手制作。首先画出具有个性化的表格，填入已知的有规律的各项活动（以免以后多次重复填写），然后复印出所需要的份数。如果你习惯于使用电子化的计划表，那么完成计划所需的时间就更短。

记录的内容或事项应当有所选择，不可能面面俱到地记录非常细微的事情。计划太细，一方面可能浪费时间，另一方面可能导致计划的放弃（因为太麻烦而没有耐心）。然而，如果计划太粗糙，则可能等同于没有计划。

为了提高效率和在有限的空间记录大量信息，需要采用一些个性化的符号，标明活动的类型、重要程度、发生的地点和起止的时间等。为了查询方便，不同类型的活动可以用彩笔涂成不同的颜色，使之变得醒目。

为了使时间计划产生效果，应当坚持每天检查计划表的执行情况和待执行项目。这种检查应当成为日常生活中的一个习惯。另外，正如人们常说的："计划赶不上变化"，你需要根据具体情况对计划进行调整，比如，当提交作业的日期推迟或临时接到新的工作任务时，就需要修订计划表。

**（一）学期计划和月份计划的制订**

在根据自己的时间状况选定课程之后，你应当制订完整的学期计划。对于学生学习来说，学期计划和月份计划都属于比较宏观的计划。月份计划覆盖的时间比学期计划短，但内容相对来说要更丰富、更细致。下面我们在讨论如何制订计划时对它们不做细分。

对于学期计划，可以使用家中已有的挂历或台历，也可以自己制作一个表格。通常书店里或超市上购买的记事本也提供专门的表格，可供制订年度计划、学期计划或月份计划使用。

根据教学大纲和课程计划，你可以记录下所有已知的作业提交、集体答疑、学习小组活动和各种考试的日期。另外，你还需要记下计划中主要的社会和娱乐活动的日程，比如工作单位的体育比赛、歌咏比赛，需要参加的亲朋好友的婚礼，以及短期旅游等。

你应当把周期较长的任务分解为在多个时段内完成的子任务。例如，对于调查报告式的作业，可以把工作阶段分为选题、查资料、现场调查、撰写初稿、修订和完成最后的报告，并确定各个工作时段的截止日期。你可能因经验不足，难以预先估计各项子任务所需的时间。因此，你可以把自己的计划提交给教师或同事审查，听取他们的意见，然后相应地调整计划。

通过制订学期计划和月份计划，可以发现一个学期或月份内活动的高峰期。这样，就可以设法把部分工作提前，以减少高峰期的压力。学期计划和月份计划应当存放在家中醒目的位置，使自己经常得到提醒，以防延误发生。

### （二）星期计划的制订

星期计划是在最近一周内要完成的任务的计划。按照我国的习惯，一周从星期一开始。在一张表内列出从星期一至星期日 7 天每天 24 小时的时间计划。星期计划在学习或工作任务繁重的时候尤其有价值。

星期计划表大多以小时为单位，但也有以半个小时为单位的。对于学习任务来说，每个时间单元格既要记录学习任务的主题还要记录学习的方式。例如，在图书馆阅读《会计学原理》第三章；上网搜寻电子商务法规文献；与学习小组成员在网上聊天室交流学习经验。

要有效地制订星期计划，关键是确定自己能够灵活支配的时间。实际上，这部分时间很容易不知不觉地浪费掉。为此，要在计划表上先填入比较固定的常规性活动。例如，吃饭、睡觉、固定的工作和经常性的家务（需要指出，如果有些常规性的活动在时间上固定而且已成为习惯，那么在计划表中也可以省略，但不要在这些时间段安排其他活动）。然后，记录非常规性的活动。参照学期计划或月份计划，确定是否有工作或活动的截止期落在本周内。对于需要数天才能完成的任务，需要对它进行分解，然后分配到适当的时间段中。如果不考虑重要性，大任务相对来说要比小任务易于被推迟执行。因此，对于毅力不强的人，把大的任务分割成若干易于完成的小任务是一种很有效的完成任务的策略。

应当预估每一项任务所需的时间。如果不能确定所需的时间，那么最好采用保守的估计值。这样，即使你能在较短的时间内完成，你还可以用剩余的时间完成其他工作。相反，如果计划的时间不够用，就会影响其他任务的执行。

应当在星期五或周末制订出下一周的计划。周末的时间很可能被社交或文娱活动所挤占，因此，如果你没有决心和恒心要在周末进行长时间的学习，就尽量不要把太多的学习任务安排在周末。否则，计划很容易失败。然而，由于周末的时间较长，如果下一周的学习任务较重，在周末适当地安排一些学习任务，则可以减轻压力。

需要指出，虽然大多数情况下，“一心不可二用”，你只能线性地安排时间，但是有时多项活动可以同时进行以提高效率。例如，每天早上或晚上，在洗漱或穿衣的时候可以听新闻或外语广播。

### （三）日期计划的制订与调整

日期计划与星期计划的功能相似。两者的主要区别是：在内容上，日期计划只涵盖一天的各项活动，而星期计划在一张表格中涉及一个星期7天的主要活动；在确定性程度上，日期计划比较确定，而星期计划的机动性较大。由于一张表只能包含有限的信息，因此有时也可把星期计划工作分成两部分，即同时制订比较简要的星期计划表和七张日期计划表。前者不定时间单元列出每天的主要活动，如表3－2所示；后者按时间单元格列出各项活动，如表3－3所示。

**表3－2　简要星期计划表格式样板**

| ____年，____学期，第__周 | | | | | | | |
|---|---|---|---|---|---|---|---|
| 星期或日期 / 活动内容 / 时段 | 星期一<br>26日 | 星期二<br>27日 | 星期三<br>28日 | 星期四<br>29日 | 星期五<br>30日 | 星期六<br>1日 | 星期日<br>2日 |
| 上午 | | | | | | | |
| 下午 | | | | | | | |
| 晚上 | | | | | | | |

**表3－3　日期计划表格式样板**

| ____年__月__日　星期__ | | | | | |
|---|---|---|---|---|---|
| 时段 | 任务 | 地点 | 方式 | 重要性 | 完成情况 |
| ？—8：00 | | | | | |
| 8：00—9：00 | | | | | |
| 9：00—10：00 | | | | | |
| …… | | | | | |
| 21：00—22：00 | | | | | |
| 22：00—？ | | | | | |

在每天早上（或前一天的晚上），列出当天（或第二天）要完成的任务。实际上，每天许多活动的计划已经在做星期计划时确定下来了。因此，日期计划的工作通常只需要几分钟的时间，对已经做出的计划进行适当细化和调整。

做计划时，应当尽量争取将大脑比较敏捷的时段用于学习。要避免连续学习超过两个小时。学习时间较长时，中间应当休息一段时间。研究表明，人们采用工作—休息—工作的方式，比工作—工作—工作的方式效率要高。

你可以把任务分成“我喜欢做的”和“我不得不做的”两类，然后把它们穿插安排在不同的时段，交替进行有趣的和无趣的任务以维持高的兴趣和动机。另外，尽量把难度大或枯燥的学习任务安排在前面。在疲劳时，如果学习内容不是自己感兴趣的，学习的效果将很难保证。

工作与学习任务有轻重缓急之分。有些任务必须在当天完成，而另一些则不必。通过确定各项任务的优先级，可以减轻压力，降低计划失败的机会。例如，用A、B和C标识任务的优先级：A类任务必须在当天完成，C类任务是备选的，即可完成也可不完成，B类任务应当尽量完成，但不如A类任务重要。应当努力先完成A类任务，然后完成B类任务，如果有可能则完成C类任务。[①] 对于已经完成的任务和未完成的任务也应当给予不同的标记。

每天早上，应当对自己的时间计划进行评估，检查计划的现实性，即在给定的时间内能否完成。如果不现实，则应当删掉一些C类和B类任务。每天晚上，检查自己的计划是否得以实现。如果未能实现，则应当找出原因，以便将来做出更好的计划。

### （四）学习时间计划的实施策略

制订计划是时间管理的重要环节，但是如果计划得不到实施，那么就连制订计划的时间也浪费了。

在具体实施计划时，应当注意以下几点：

(1) *要激发自己的学习动机*。激发学习的动机是实施计划的关键。你可以想象完成某项工作与个人的短期目标、长期目标之间的关系；回忆过去及时完成某项工作时的愉悦心情；回忆过去由于不守时而导致的精神压力和不太理想的考试成绩。

(2) *当出现不守时的现象时，不要找借口或推卸责任*。主动权在你手上，你应当对自己的行为负起责任。

(3) *要养成定期检查和修订计划的习惯*。计划不完善或有突发事件发生应当认为是正常的。但是，由于拖延的习惯引起的经常大幅度修改计划则是不应

---

① Virginia Polytechnic Institute and State University Cook Counseling Center. Time Management Strategies for Improving Academic Performance. http: //www.ucc.vt. edu/.（2003年11月）。

该的。随意改动计划实际上等于放弃计划。

(4) 要尽量在一个固定的地点完成学习任务。这样，如同到工作单位上班，进行学习就可能成为一种习惯。一旦某项活动成为你生活中的习惯，那么在活动之前，你心理上就会自然做好准备。良好的心理准备是集中注意力的第一步。通过把固定的地点与学习任务联结在一起，有可能使人较快地进入学习状态。

(5) 充分利用等待时间。例如，如果你使用公共交通工具上下班，那么等待车辆的到来可能需要一段时间。等待时间最适合于学习诸如外语单词和化学反应过程等相对独立的、信息量较小的内容。可以把这些内容记录在小卡片上随身携带，以便在等待的时候使用。

总之，懒惰是成功的大敌，要想达到远程学习目标，必须有恒心，有毅力，要经过不懈的努力，并养成良好的习惯才有可能实现。

## 第五节 网络自律

互联网是一个巨大的信息源，也是人们进行交流和娱乐的工具。有些人上网是为了阅读新闻或查阅有用的论文和资料，另一些人是为了排遣压力、娱乐身心（例如，玩网络游戏）或与朋友聊天，还有一些人则是为了消磨时光或寻找刺激（寻找色情、暴力信息或参与赌博）。许多人通过使用互联网而在学习或事业上取得了很大进步；同时也有不少人由于自制力差，沉溺于网络而不能自拔，给个人的学习、事业或家庭造成很坏的影响。面对浩瀚的信息和功能强大的网络工具，如何实现网络自律、避免上网成瘾，既是社会也是个人应该关心的问题。作为远程（网络）教育学院的学生，互联网是你的主要学习工具之一，因此，你更需要注意这个问题。

对于远程学生，有必要区分学习性上网与非学习性上网。前者与课程学习相关，比如，学习网络课件内容，阅读课程专题论坛中的帖子，或通过电子邮件向同学或教师请教学习中的问题（为方便起见，我们把与工作任务相关的上网也归入此类）；后者则基本上与课程学习或工作任务无关，比如，阅读新闻、玩游戏、与陌生人聊天等。本节主要阐述非学习性上网的影响。

## 一、网瘾现象与危害

近年来，国内外对“网瘾”问题的研究越来越多。尽管许多学者认为互联网仅仅是一种通信媒介，不能把它与酒或毒品等归在一类，但是，网瘾确实存在，而且产生了许多不良后果。

网瘾是一种建立在上网这一行为基础上的精神障碍与人格障碍。网瘾的直接表现是过量地使用互联网。例如，大学里有些学生经常逃课去上网，整日在网上聊天、玩游戏和看电影等，课程知识对他们的吸引力远没有网络论坛和游戏对他们的吸引力大。他们迷恋于网络而不能自拔，结果不能按时交作业，考试不及格。

与毒瘾、赌瘾类似，网瘾也可能导致个人、家庭和事业上的问题。非学习性的上网时间越多，则用于承担家庭责任的时间就越少，上网的费用也就越大，这些都有可能引发家庭矛盾。有些人沉溺于互联网的虚拟世界，无法控制自己，在上班时间也花费大量时间访问与工作无关的网站，结果遭到工作单位的批评或处罚甚至被辞退。

过量地使用互联网将减少对人的发展来说非常必要的社会交际活动的时间，并将增加个人的精神压抑感。互联网为用户在虚拟的社区或聊天室内互相认识、交流思想提供了可能。然而，这些活动可能使用户逃避现实生活，寻求在网上满足自己在现实世界中满足不了的心理上的和情感上的需要。他们可能在网上创造一个与自己的身份和性格完全不同的虚拟人，然后与未曾谋面的人士或其虚拟人进行交流。当这种情况发展到一定程度之后，他们就会在现实世界中受挫，如交友困难、人格发展障碍或学习成绩下降等。在学校或工作岗位上不如意的或比较自卑的人，尤其容易跌入这一陷阱。除了上网，这些人对其他活动一概不感兴趣，尤其是对与人交往不感兴趣，上网成为他们最好的精神寄托。他们不加选择地上网漫游，没有明确的目的，但就是不愿意停下来。在现实生活中常常表现得懒散、麻木和消极。

还有一些上网成瘾的人热衷于网上不健康的内容，比如色情和暴力。在国外，还有网上赌博和因大量的网上购物导致的信用卡债务增加等问题。

☞ 对于网瘾，我们既不能神经过敏，把喜欢上网等同于网瘾，也不能完全放松自己，对上网行为毫无约束。因此，请你完成本章的实践活动六——网瘾的诊断，判断自己是否上网成瘾或上网是否已经对自己造成了危害。

请仔细观察你身边有没有这样的网瘾之人（也称“网虫”）。如果有，请注意其网瘾行为对家庭、个人学习和职业生涯造成的影响，以提醒自己不要陷入网瘾之中。

## 二、确保上网安全和避免上网成瘾的措施

与互联网相关的危害既可能来自个人自身，也可能来自他人。对这两方面都应该防患于未然。

### （一）个人网络安全注意事项

在互联网上保护自己不受侵害和妥善处理不良信息等方面的能力已经成为个人“网络素养”的基本组成部分。

下面列出几项个人网络安全注意事项：①

- 在网络上，在没有专门的安全加密措施的保证下，不要轻易给出能确定自己身份的信息，包括银行账号、家庭住址、电话号码、电子邮件地址和密码等。
- 如果遇到来路不明的带有攻击性的语言、内容淫秽或充满暴力倾向等使你感到不舒服的信件或信息，请不要回答或反驳，但要通知你的计算机所属单位的网络管理人员或你的网络服务提供商，或通过其他办法处理。
- 需要记住，任何人在互联网上都可以以虚构的姓名和性别出现，一位给你写信的“18 岁女生”可能是一位 50 多岁的先生。
- 你在网上读到的任何消息都有可能不是真的，不要轻易相信。②

### （二）避免上网成瘾的措施

为了避免上网成瘾，需要注意以下几点：

- 人类对外部世界已经进行了很深入的探索，对自身的了解却相对有限。人们追求理性，但其表现却经常是非理性的。有时会显得非常脆弱，

---

① 这里不涉及网络安全的技术问题，比如病毒的处理。有关技术问题可参看相关文献。

② 本教材将在第七章介绍网上信息质量的评估。

无法完全控制自己的行为。因此，要尽量远离那些不健康的网上信息或刺激性强的网上游戏，不要存侥幸心理，自认为自制力极强，“以身试网”，否则很可能会被“一网打尽”。

- 养成良好的时间计划习惯，在正常使用网络进行课程学习和工作之外，控制自己为了其他目的而使用网络的时间。
- 尽量不要将网络作为缓解精神压力或焦虑的工具，尤其是不能把网络当作精神寄托。在困难时，要勇敢地面对现实生活。
- 寻求家庭成员或朋友的帮助，请他们监督你的上网行为。当你把过多的时间花费在与学习或工作无关的网络信息或工具上时，他们应当及时提醒你。

如果你确实已成为“网虫”，则需要尽快看心理医生。

## 本章小结

本章主要介绍了学习环境优化、学习动机激发、注意力集中、学习时间管理和网络自律等方面的基本方法、策略和技能，以帮助远程学生提高自我管理和自主学习的能力。

影响学习效果的环境因素包括声音、光线、温度、坐姿和活动空间等。本章对这些因素进行了分析，并简要地介绍了优化学习环境的策略。

学习动机是引起和维持学习活动的动力机制。强烈的学习动机可以使学习行动具有稳定性和持久性。远程学生大多利用业余时间进行学习，工作劳累和学习压力往往导致学习半途而废，因此尤其需要注意学习动机的激发。自我激发学习动机的主要策略有激发学习兴趣、制订学习目标、进行自我谈话和寻求外部支持等。

优化学习环境和激发学习动机的策略同时也是集中注意力的有效措施。

远程学习能否取得成功，在很大程度上取决于学生的时间管理能力。时间管理的关键是计划和自律。制订时间计划，评估计划的执行情况，并根据需要适时地调整计划，是管理时间的有效策略。学生常用的时间计划表有四种，即学期计划表、月份计划表、星期计划表和日期计划表。它们用于规划和管理跨越不同时间长度的学习活动。

由于互联网是远程学生的主要学习工具之一，学生需要重视网络自律和网络安全，避免上网成瘾。本章简要介绍了网瘾的危害和避免上网成瘾的措施。

# 实践活动

## 一、个人学习环境分析

表3－4可以帮助你评估自己最常使用的三个学习场所，以确定哪一个最适合你。[①] 请你逐一判断这三个学习场所是否符合表中的12个描述环境特点的陈述，如果符合，就在相应的方格中填“是”，否则填“否”。然后分别累加三个场所的“是”的陈述数目。总数最大的场所就是你的最佳学习环境。

**表3－4 个人最优学习环境判断表**

| 序号 | 环境特点 | 场所A | 场所B | 场所C |
|---|---|---|---|---|
| 1 | 能引起分心的因素——比如电话和电视——较少。 | | | |
| 2 | 在此学习时，几乎没有人打扰我。 | | | |
| 3 | 这是一个很安静的地方，几乎听不到他人的对话、电话铃声或干扰学习的音乐。 | | | |
| 4 | 在此地学习时，中间暂停学习的次数很少。 | | | |
| 5 | 在此地学习时，中间暂停学习的时间较短。 | | | |
| 6 | 我定期到此地学习。 | | | |
| 7 | 在此地学习时，我很少与别人说话。 | | | |
| 8 | 大多数情况下，此地温度对我适宜。 | | | |
| 9 | 椅子高低适当而且符合我的身材和坐姿。 | | | |
| 10 | 书桌的大小和样式适合我的学习。 | | | |
| 11 | 此地的光线强度非常适合我。 | | | |
| 12 | 此地与学习不相关的东西较少。 | | | |
| 总数 | | | | |

## 二、集中注意力和激发学习动机的策略

请列出10种你计划实施的集中注意力和激发学习动机的策略。

① 表3－4引自 Virginia Polytechnic Institute and State University Cook Counseling Center. Strategies for Improving Concentration and Memory. http://www.ucc.vt.edu/.（2003年11月）。

## 三、个人时间使用状况分析

这里，我们把远程学生的时间分为两部分，即学习活动时间和非学习活动时间。前者包括个人自主学习时间（包括个人作业与实践活动的时间）、与教师个别交互时间、集体面授辅导时间、集体网上答疑时间、小组学习时间（包括小组集体作业的时间）以及往返于住宅与远程学习中心之间的路途时间（最后这一项实际上属于非学习活动时间，为分类方便列于此处）；后者包括工作时间、家庭责任与社交活动时间、日常活动时间以及娱乐时间等。

请你“跟踪”自己，对每周 168 小时时间的使用状况进行统计，然后填入表 3-5 和表 3-6。[①] 注意：由于每周的情况不同，表中填入的数据应当是平均值。

**表 3-5　非学习活动时间统计表**（时间单位为小时）

| 活动类别 | 具体活动项目 | 分项活动时间 | 分类活动时间 | 总时间 |
|---|---|---|---|---|
| 工作 | 路途往返（在住宅与工作单位之间） | | | |
| | 在单位工作 | | | |
| | 其他 | | | |
| 家庭责任与社交活动 | 家务 | | | |
| | 购物 | | | |
| | 打电话 | | | |
| | 社团活动 | | | |
| | 亲友交往 | | | |
| | 其他 | | | |
| 日常活动 | 睡眠 | | | |
| | 吃饭 | | | |
| | 洗漱 | | | |
| 个人爱好与娱乐活动 | 体育活动 | | | |
| | 文娱活动 | | | |
| | 看电视 | | | |
| | 空想 | | | |
| | 其他 | | | |

① 如果你已经学会制订时间计划，只要对计划表中各项活动的实际执行情况进行统计就可得到有关数据。如果你从未做过这种计划，那么目前请先进行估算，待到学过本章第四节第三部分内容之后再重新计算。

表 3－6 学习活动时间统计表（时间单位为小时）

| 学习活动类别 | 分类活动时间 | 总学习活动时间 |
| --- | --- | --- |
| 个人自主学习 | | |
| 与教师个别交互 | | |
| 集体面授辅导 | | |
| 集体网上答疑 | | |
| 小组学习 | | |
| 路途往返（在住宅与远程学习中心之间） | | |

## 四、时间管理技能自评

请根据自己的实际情况，判断表 3－7 中各个陈述是否与你的行为吻合。① 二者之间的匹配度分为四个等级：从不吻合（1 分），有时吻合（2 分），经常吻合（3 分），总是吻合（4 分）。请按照此等级的分值标准，在得分 A 栏或得分 B 栏的空白方格填写相应的分值（不让填的地方标有“×”号）。

表 3－7 时间管理技能自测表

| 序号 | 陈　述 | 得分 A | 得分 B |
| --- | --- | --- | --- |
| 1 | 我觉得在考试前需要临阵磨枪（正常复习之外）。 | | × |
| 2 | 通常我能够按时交作业。 | × | |
| 3 | 我认为我的睡眠通常是充足的。 | × | |
| 4 | 我在期中考试或期末考试之前通宵达旦地学习。 | | × |
| 5 | 我每周计划外出与朋友聚会一两个晚上；通常能够在原计划的时间内结束聚会。 | × | |
| 6 | 我把写论文或报告的工作推迟到截止提交日期的前几天内完成。 | | × |
| 7 | 由于觉得时间紧张，我经常取消一些社会活动。 | | × |
| 8 | 我一般能够按时交论文或报告。 | × | |
| 9 | 我找很多借口来解释为何未能按时完成教师布置的任务。 | | × |

① 表 3－7 的内容引自 Muskingum College Center for Advancement of Learning. General－purpose Learning Strategies: Evaluate Initial Skill: a Quantitative Survey. http://muskingum.edu/～cal/database/timesur2.html. 1998（2003 年 11 月）。

**续表**

| 序号 | 陈　述 | 得分 A | 得分 B |
|---|---|---|---|
| 10 | 在时间的安排和使用上，我觉得非常自在、从容。 | × | |
| 11 | 我总是觉得心事重重，总觉得没有充足的时间去完成指定的工作。 | | × |
| 12 | 我经常觉得疲惫不堪。 | | × |
| | 总　分 | | |

最后，分别累加得分 A 与得分 B 两列，把得到的总分 A 与总分 B 填入表 3－7 右下角的两个格子中。如果总分 A 大于总分 B，那么你可能是一位不守时的人（或有不守时的习惯）；如果总分 A 小于总分 B，那么你比较善于管理时间；如果总分 A 等于总分 B，那么你可能有时不守时，但不守时不是你的习惯。

## 五、时间计划的制订与交流

如果到现在为止，你还没有制订过时间计划，那么请你从今天开始养成这一习惯。如果你已经制订了学期计划和星期计划，那么请选择一位同年级、同专业的同学，相互交流各自的计划。考虑到个人的隐私，你也可能找不到合适的同学。在这种情况下，可把计划提交给你的老师、家人或朋友，请他们提建议或监督你的计划执行的过程。然后，把本门课程的学习时间计划公布到本课程的网站上，供其他同学参考。

## 六、网瘾的诊断

为了测定你的上网成瘾程度，请你根据自己的互联网使用状况，填写表 3－8。[1] 与每一项陈述对应的行为的发生频度（经常性）按照如下标度：总是（5 分），经常（4 分），有时（3 分），偶尔（2 分），极少（1 分），与我无关或不适合我的情况（0 分）。注意，这里所指的上网应当是非学习性上网，即与学习或工作无关的上网。

请累加表中各个陈述的得分，并把总分填入表中右下角的方格。所得到的总分越高，表明你的网瘾程度也越高。一般来说，如果你的得分在 20～49 之

① 表3－8 的内容引自 Kimberly Young. Net Addiction Test. http://www.netaddiction.com/resources/internet_addiction_test.htm.（2003 年 11 月）。

间，那么你是一个普通的使用者，偶尔可能出现上网时间过长的现象，但你能够控制自己；如果你的得分在 50～79 之间，那么你有时会遭遇因互联网的使用而引起的问题，你应当充分考虑它们可能对你的生活造成的影响；如果你的得分在 80～100 之间，那么互联网的使用正在给你的生活带来严重的问题，你应当评估它们的影响并着手解决这些问题。你应当重点分析那些得分为 4 或 5 的陈述项，然后回忆这些行为对你的生活的影响。

**表 3－8 网瘾程度自测表**

| 序号 | 陈 述 | 频度得分 |
|---|---|---|
| 1 | 我的上网时间超过事先的计划。 | |
| 2 | 我把应该用于完成日常家务的时间用于上网。 | |
| 3 | 相对于与配偶在一起，我更喜欢互联网给人带来的兴奋。 | |
| 4 | 我与陌生的网友建立联系。 | |
| 5 | 我周围的人抱怨我花在网络上的时间过多。 | |
| 6 | 我的上网影响了我的学习过程和学习成绩。 | |
| 7 | 在开始进行某项工作之前，我要收看我的电子邮件。 | |
| 8 | 上网降低了我的工作成效。 | |
| 9 | 当有人问我上网时都做了些什么时，我有防备或保密的心理倾向。 | |
| 10 | 我通过上网来排除心中的烦恼。 | |
| 11 | 我发现自己在考虑和期待着下一次上网的时间。 | |
| 12 | 我担心如果没有互联网生活会变得枯燥乏味、没有意义、毫无乐趣。 | |
| 13 | 如果有人打扰我上网，我的表现是愤怒、喊叫、不耐烦。 | |
| 14 | 我经常深夜上网，导致睡眠不足。 | |
| 15 | 我不上网时心思还在网上。 | |
| 16 | 上网时，我发现自己希望“再多上几分钟”。 | |
| 17 | 我试图减少上网时间，但没能成功。 | |
| 18 | 我隐瞒已经在网上的时间长短。 | |
| 19 | 对于上网和与其他人外出这两种活动，我会选择上网。 | |
| 20 | 不上网时，我会觉得压抑、情绪不好、精神紧张；而上网时，这些现象就消失了。 | |
| 总 分 | | |

# 第四章

# 基于资源的自主学习

## 学习目标

通过本章的学习，你应能：

1. 理解基于资源的自主学习的含义及其在远程学习中的地位和作用；
2. 掌握和运用精读和略读的策略和技巧；
3. 了解录音带、录像带、VCD或DVD光盘等音频视频学习资源的特征，掌握利用音像资料进行自主学习的基本策略；
4. 了解在线学习与离线学习的特点，知道在线学习的注意事项；
5. 了解多媒体课件的特点，掌握利用多媒体课件进行自主学习的基本策略；
6. 了解笔记的类型、作用和使用方法，知道笔记的常见格式，掌握记笔记的基本策略。

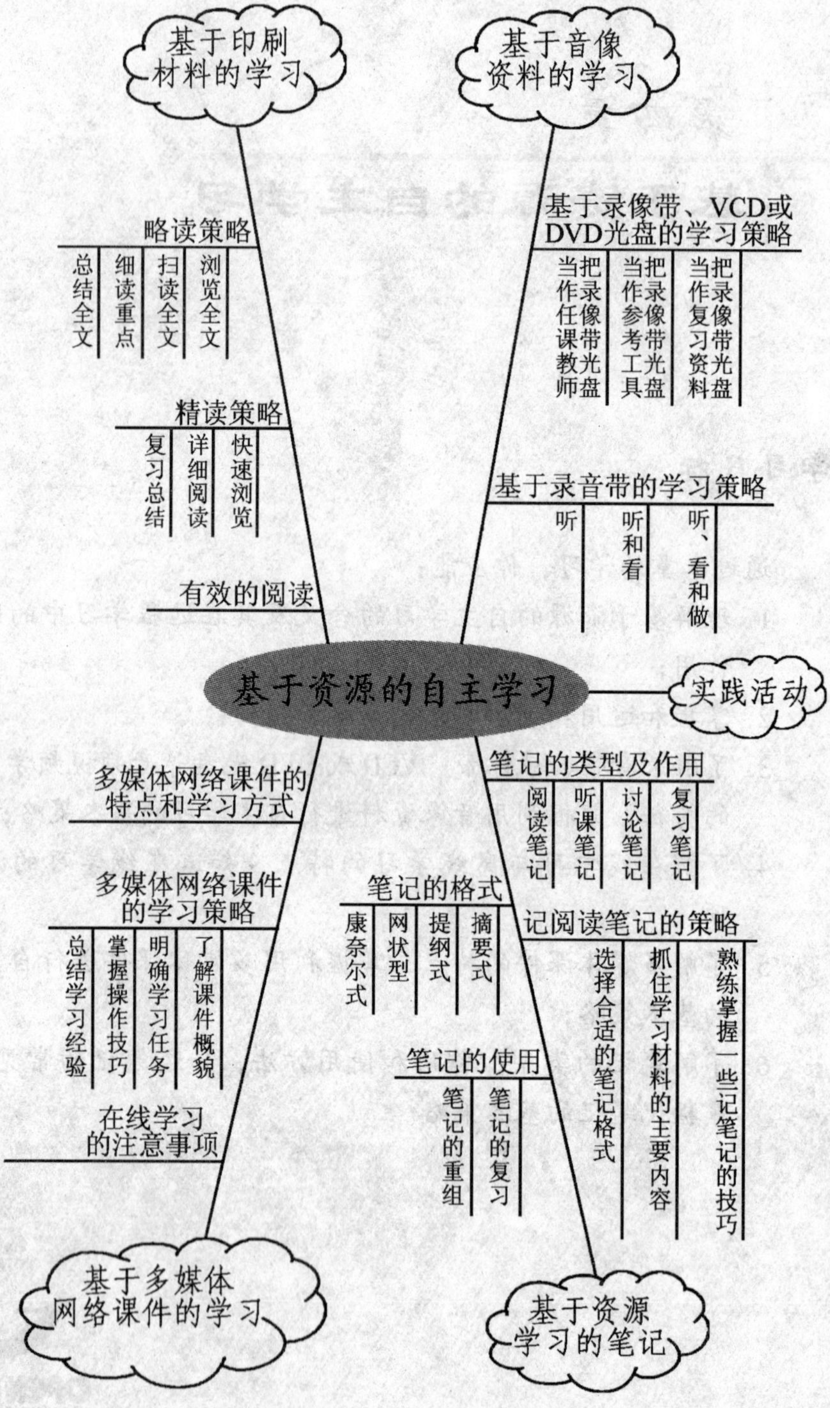
基于资源的自主学习
基于印刷材料的学习
略读策略
浏览全文
扫读全文
细读重点
总结全文
精读策略
快速浏览
详细阅读
复习总结
有效的阅读
基于音像资料的学习
基于录像带、VCD或DVD光盘的学习策略
把录像带光盘当作复习资料
把录像带光盘当作参考工具
把录像带光盘当作任课教师
基于录音带的学习策略
听
听和看
听、看和做
实践活动
基于多媒体网络课件的学习
多媒体网络课件的特点和学习方式
多媒体网络课件的学习策略
了解课件概貌
明确学习任务
掌握操作技巧
总结学习经验
在线学习的注意事项
基于资源学习的笔记
笔记的类型及作用
阅读笔记
听课笔记
讨论笔记
复习笔记
笔记的格式
康奈尔式
网状型
提纲式
摘要式
记阅读笔记的策略
选择合适的笔记格式
抓住学习材料的主要内容
熟练掌握一些记笔记的技巧
笔记的使用
笔记的重组
笔记的复习

基于资源的自主学习，也就是人们常说的“自学”，即学习者利用各种学习资源，在没有或很少教师直接辅导、同学相互协作的情况下，独立自主地完成学习任务，达到预定的学习目标。它是远程学生最主要的学习方式。

远程自主学习常用的资源包括印刷材料、音像资料和多媒体课件等。不同类型的学习资源，有各自不同的长处和短处，适用于不同的学习目标、学习内容，适合不同学习风格的学习者。正如本书第二章中所介绍的那样，视觉型学习者善于通过接受视觉刺激而学习，喜欢通过阅读、看电视节目等方式接受信息，适合采用文字教材、图文并茂的多媒体课件等学习资源进行学习；听觉型学习者善于通过接受听觉刺激进行学习，喜欢通过听课、参与讨论和听录音等方式接受信息，适合采用录音带、录像带、带有语言声音的多媒体课件等学习资源进行学习；动觉型学习者喜欢通过身体（尤其是双手）的运动进行学习，适合采用交互性较强的多媒体课件以及需要动手操作的实验工具包等学习资源进行学习。

根据学习目标、学习内容和个人的学习风格，综合利用各种类型的学习资源，采取适当的学习策略，是提高自主学习的效率和质量的关键。通过完成感知觉通道偏爱自测、左右脑偏爱自测、多元智力自测，现在你对自己的学习风格应该有比较深入的认识。在此基础上，如果能结合课程内容的特点，采取适当的策略来利用和学习各种类型的学习资源，你的学习效果将会得到提高。

本章介绍基于印刷材料、音像资料和多媒体网络课件进行自主学习的学习策略，以及基于资源学习的笔记策略，帮助你了解各种类型的学习资源的特点，提高基于资源的自主学习的能力。

## 第一节　基于印刷材料的学习

印刷材料是远程学生最常用的学习资源，主要包括课程教材、课程学习指南、练习册和其他学习参考、辅导资料，它们主要是文字材料。然而，随着网络教育的发展，远程教育机构越来越多地通过互联网提供一些数字化（俗称电子化）的文字资料，例如，通过网络发布的教学计划、教学安排、最新通知、学习参考资料、作业题、模拟测试题等。这些资料在本质上仍然属于文字材料，只不过与传统的文字印刷材料相比，内容更新的速度加快了，获取的渠道和方式增多了，使用起来也就更方便了。

基于印刷材料进行自主学习的核心任务是阅读课程教材和参考资料等。你应当能在有限的学习时间内，阅读、理解和掌握这些材料，完成既定的学习任务。为此，你需要学习和掌握一定的阅读策略，并将这些策略灵活地运用到学习过程中，以提高阅读的效率和质量。下面主要介绍什么是阅读，如何进行有效的阅读，以及阅读的主要策略。

## 一、有效的阅读

有人认为，阅读就是读书看报。其实不然，阅读实质上是一种思维和言语过程，“看”只是阅读的表现形式。同一本书，不同的人在不同的时间和场合采取不同的策略，其理解和收获会有很大不同。例如，由于阅读目的、重点和策略的不同，同样是阅读《红楼梦》，“红学家”和普通读者的心得体会和理解程度是很不一样的。从心理学的角度来看，阅读是大脑接收外界视觉符号（文字、图表、公式、数字等）信息并对其进行加工，以理解符号所代表的意义的过程。[①]

根据心理学中的信息加工理论和有意义学习理论，信息加工的效果和意义的获得，与学习目的、学习材料、学习者本身的知识结构及其所运用的学习策略等密切相关。然而，具体到一个特定的学生身上，学习目的、学习材料和学生自身的知识结构都是既定因素，只有学习策略是可变的。也就是说，要想获得好的阅读效果，策略的运用十分关键。实践表明：明确阅读目的，是进行有效阅读的前提；根据不同的阅读目的采取适当的阅读策略，是进行有效阅读的关键。

有效阅读的主要特征是：

- 能够集中精力、全神贯注地进行阅读；
- 能够准确理解和把握学习材料的内容实质；
- 能够准确理解和把握学习材料的信息组织结构；
- 能够对学习材料进行批判性的思考和评价；
- 能够将学习材料与原有的知识结构有机地结合起来，加深理解，巩固记忆。

---

① 学习策略课题组编：《学习的策略：怎样学得更好，更快，更高兴》，6页，北京，红旗出版社，1999。

有效阅读的策略很多。本节重点介绍两种最基本的阅读策略：精读和略读。精读策略可以帮助你深刻理解和掌握阅读内容，牢牢记住有关的知识信息；略读策略则可以帮助你在最短的时间内获取大量的信息，提高阅读的效率。对于那些重要的、核心的学习材料，如课程教材和考试大纲等，你一定要下工夫进行精读，以深入理解课程内容，全面把握教学意图；对于那些参考性的、辅助性的学习材料，如课程学习指南、课程背景资料和课程参考书等，则应当采取略读策略，以提高效率和开阔视野。

## 二、精读策略

通俗地说，精读就是逐字逐句、仔仔细细、反反复复地阅读，以深刻理解和掌握阅读材料的内容。

精读的一般流程是：浏览全书（全文），细读每章（每段）和总结全书（全文）。[①]

(1) 浏览全书（全文）。大致了解学习材料的阅读价值、主要内容和体系结构，为进一步的细读奠定基础。

(2) 细读每章（每段）。准确理解和把握学习材料的内容实质，这是精读最关键的一步。

(3) 总结全书（全文）。对全书（全文）内容进行整体分析和概括，归纳整理出需要重点记忆和复习的知识点。

下面按照精读的流程，从快速浏览、详细阅读和复习总结三个方面来介绍精读的具体技巧。[②]

### (一) 快速浏览

快速浏览的主要目的是要大致了解阅读材料的主要内容和组织结构。如果阅读材料是一篇文章，快速浏览的重点应当放在文章的标题、内容摘要、关键词、图表等内容上。文章的第一段和最后一段也应当是浏览的重点。它们可能包含了文章的主要观点和结论，可以帮助你形成对学习材料的概括性了解。如

---

① 学习策略课题组编：《学习的策略：怎样学得更好，更快，更高兴》，27 页，北京，红旗出版社，1999。

② 本部分内容的写作参考了以下文献的部分内容：(1) 学习策略课题组编：《学习的策略：怎样学得更好，更快，更高兴》，27 ~ 42 页，北京，红旗出版社，1999；(2)［英］德瑞克·朗特里著：《学会怎样学习》，梁光明译，109 ~ 167 页，北京，中央编译出版社，2002。

果阅读材料是一本书，快速浏览的重点应当放在封面信息、内容提要、目录、序言、后记等内容上，其具体阅读技巧如下：

1．查看封面信息

阅读一本书，首先看到的是它的封面，封面上一般包含书名、作者、出版机构等信息。

（1）书名。书名，就是书的名称，往往是由作者精心推敲、反复考虑之后决定的，一般会反映或暗示全书的主题范围或主要内容。有的书名还带有副标题，指明写作的具体倾向或角度。

（2）作者。在书的扉页、勒口或封底上可能会有作者的基本情况的介绍。如果你以前曾阅读过该作者的一些作品，那么你对他的主要观点、写作手法等就会比较熟悉，对书中内容的权威性、科学性也会有一个基本的判断，这些都会为进一步的精读提供帮助；如果你对作者不熟悉，那也不要紧，你可以像结识一位新朋友那样，试着去慢慢地了解他。

（3）出版机构。一个经验丰富的阅读者，可以在一定程度上根据出版机构来判断书籍内容的权威性及其适用范围。

2．查看内容提要和目录

（1）内容提要。内容提要往往只有二三百字，但基本概括了全书的主要内容。快速阅读内容提要，可以帮助你明确阅读目的，选择适当的阅读策略。例如，从某书的内容提要上你发现它的内容你已经非常熟悉或与你的学习任务关系不大，那么就可以不读或只需要粗略地浏览一遍。当然，对于课程的主要教材，除了明确指明是备选材料之外，你都需要精读全文。

（2）目录。目录是全书内容的纲目，比内容提要更具体、更详尽，包含着更多的信息量。通过快速阅读目录，你可以准确地把握全书的主题、体系结构和各部分的具体内容，清楚地了解全书各个章节之间的逻辑关系，明确哪些是全书的重点内容、哪些是次要内容。在下一步的详细阅读过程中，你就可以有针对性地把时间和精力放在重点内容和自己急需掌握的内容上。

3．查看序言和后记等

一般的书籍都有前言、绪言、序、序文、编者的话、出版说明或后记等。通过阅读这些内容，你可以快速了解该书的主题、主要内容、适用范围、独特之处以及写作的缘由、背景和目的等。你还可以了解到该书出版发行的全部历史。这些信息也可以帮助你判断该书的内容和观点是否具有足够的权威性，是否值得你下工夫仔细阅读和学习。

4．浏览正文

在详细阅读之前，从头至尾粗略地翻阅一遍正文非常有必要。你需要注意全书的版面设计，阅读每章的引言和小结，查看书中的各种图表等。

**（二）详细阅读**

通过快速浏览，你已经基本了解学习材料的主要内容和体系结构。接下来，就要按照学习材料的章节划分，一章一章地详细阅读。详细阅读是精读过程中关键的一步，它可分成提问、细读、思考和复述等四个步骤。

1．提问

在阅读开始之前，需要针对阅读的内容提出一些问题。提问能够使你的阅读目的更加明确，在阅读的过程中更具主动性、警觉性和批判性。它促使你积极思考学习材料背后的深层含义，而不是被动地、机械地吸收和接受阅读材料中的有关观点和内容。

在阅读过程中，你提出的问题可以是自己感兴趣或迫切需要了解的，也可以是作业题、思考题、以往的考试试题或阅读材料本身提出的。阅读材料中可能引发你提问的地方有标题、第一段和最后一段、图表、术语等，你可以试着将每章、每节的标题转换成问题，例如，“什么是详细阅读?”“怎样进行详细阅读?”等。动觉型学习者应该将有关问题一一在笔记本上列出，听觉型学习者则可以大声地说出有关问题，以帮助自己集中注意力。

2．细读

细读就是带着问题，认认真真、仔仔细细、反反复复地阅读每一个字、每一句话，甚至连一个标点符号都不轻易放过，以求准确理解和掌握学习材料的内容实质。细读的主要目的，是要找出学习材料的主要观点以及支持这些观点的重要细节。

每一本书都有其特定的主题，而且书中的每一章、每一节、每一段也有其相应的主题，它们一层比一层具体。如果你能逐一找出这些主题，基本上就能准确把握学习材料的主旨和作者的写作思路。一般来说，作者在每一个自然段中只安排一个主题，这个主题往往会通过一个句子表述出来，这就是该段的主题句。每段的主题句一般出现在一段的开始或结尾。因此，阅读时，你应当联系自己提出的问题，随时留意行文中与答案有关的句子。在阅读完一段之后，就可以确定其中的主题句或与你的问题的答案相关的句子，然后划线将它标记清楚。学习者特别是视觉型学习者，应该使用彩笔，在自己的书本上将这些重点内容醒目地划线标出。对重点内容划线，可以促使你重新阅读一遍文字，加强记忆，同时也为日后的复习提供线索。

需要注意的是，划线在于精而不在于多。很多学生从读第一句话就开始划线，结果全书充满了各种颜色、各种方式的线条。这种划线非但没有效果，反而会掩盖内容重点。

对于每章、每节、每段的主题，作者一般都会展开论述。细读阶段需要重点注意那些对说明、论证主题思想起重要作用的一些细节。它们可能是一个实例、一段证据或一番解释，采用的形式可能是文字、数字、图表等。当你需要判断一个具体细节是否重要时，你可以反复询问自己：它是对主题最好的说明吗？我能找到一个更好的、更有说服力的细节吗？为了正确理解和复述主题，我真的必须了解和复述这一细节吗？如果你对上述问题的回答都是肯定的，就可以毫不犹豫地将它划线标出，进行重点理解和记忆。

此外，学习材料中还会有一些内容，也是细读阶段需要特别注意的。例如每章、每节、每段的标题，用斜体字印刷的词语，有下划线的词语，带黑方框的词语，以及用其他非常醒目的形式印刷的词语、句子等，这些肯定都是需要重点阅读和掌握的关键内容。对于学习材料中插入的图形、表格等内容，学习者尤其是视觉型学习者应该予以高度重视。通常情况下，只有当使用文字不能清楚地表达某一事物时，作者才会使用表格和图形等工具。认真阅读有关图表，能有效地深化你对主题的理解，并使主题变得形象、生动。

3．思考

当你带着问题，以一种积极的、批判性的态度去阅读时，就会很自然地对学习材料中的一些内容和观点表示质疑。深入思考这些内容，并对这些内容加以处理和标识，是精读过程很重要的一个环节。常用的处理和标识方式是写边注、作眉批。

在阅读一章或一节内容之前，可以先在标题旁的空白处列出你最关心的一些问题。列出这些问题的同时，你就会自觉地形成自己对这些问题的看法。带着问题和看法，以寻找答案的心情去阅读，当作者的观点与你的看法相似时，你会有“英雄所见略同”的认同感；当作者的见解远远超出你的看法时，你会感觉很受启发，收益良多；如果阅读时，你对作者的某些观点心存疑虑，还可以通过查阅参考书、与指导教师或同学讨论等方式，寻找另外的、权威的解释，以消除心中的疑虑或改正书中的错误，阅读过程将因此变得富于挑战性。把阅读过程中的心得体会，以写边注、作眉批的方式记录在书页的边缘或空白处，可以使阅读过程变得积极而有成效，也有利于日后的复习。

思考的另一种方式是将阅读内容与你已有的知识、体验和生活实践等充分联系起来，将学习材料中抽象的概念、原理和生活中感性的、形象的事物联系起来。阅读时不能只关注纸面上的内容，要充分展开多方位的联想，积极思考学习材料背后的深层含义。联想越丰富，思考越深入，对阅读材料的信息加工就越深刻，阅读效果就越好，记忆也越牢固。例如，学习本章的阅读策略部分时，你可以充分联系自己平时的阅读体验、阅读常识，逐条评判，逐条验证，以深刻理解和掌握本章介绍的阅读技巧。

总之，细读过程应当是一种积极的、批评性的阅读过程，你应当用批评的眼光来审视作者的陈述，积极寻求陈述背后所蕴藏的主题思想和精神实质，并把这种思想与你自己的思想、体验以及其他专家的思想进行对比验证，以准确把握和深刻理解阅读材料。

4．复述

复述是指学习者在基本读懂的基础上，用自己的语言来准确叙述所阅读的内容。一般情况下，每读完一章或一小节后，你就可以合上书本，自问自答，用你自己的语言来完整地复述所阅读的内容，或复述其中的主要观点和重要细节。一个成功的复述应该达到以下标准：

- 能够清楚地说明本章或本节的主题思想；
- 能够明确陈述作者是从哪几个方面来分析、讨论这个主题的；
- 能够准确说出每一个方面都包含哪些重要的观点和细节；
- 能够对本章或本节的内容做出概括性的结论。

复述是对阅读内容的进一步理解和消化，可以帮助学习者将分散的、零碎的资料整理成系统的知识，从而更深刻地理解学习材料，牢固地记住学习材料的主要内容。

具体到阅读多长时间或多少内容之后，需要停顿下来复述一次，并没有最佳的标准，必须根据阅读材料和阅读目的来灵活决定。如果阅读内容比较简单，复述的频率可以适当放慢一些，过于频繁的复述不仅会影响你进行流畅的阅读，还会妨碍你抓住作者的论述思路；如果阅读的内容比较复杂，则可能需要在每一节的中途停顿一两次进行复述。

完整而详尽的复述可能会花去你很多的时间。阅读时，具体需要花多长时间来复述，同样取决于阅读材料的难易程度和你的阅读目的。如果学习材料非常重要，在复述上多花一些时间是非常值得的。对于缺少复述环节的阅读活动，即使你在阅读时理解和掌握了全部学习内容，但过不了多久，就可能会把阅读所得的知识信息忘得一干二净。

### （三）总结复习

常言道：温故而知新。阅读完毕，必须及时总结复习。总结包括每章、每节的小结和全书的总结。小结的内容和要求与复述基本一致，只不过复述是用嘴说，小结是用笔记。小结一般采用摘录的方式，如摘录一章或一节中重要的、概括性的原始资料，比如主题句、重要细节、重要的公式和图表、实验程序和方法等。至于全书总结，则可以借助各种笔记格式，对全书的主要内容、体系结构和论述方法等进行总结。有关笔记的记录方法、内容和格式，将在本章第四节详细介绍。

复习则是迅速地重复一遍以上所述的各个步骤，包括：查看目录、标题、圈点划线的内容；快速浏览每章、每节的小结和全书的总结；温习边注和眉批的内容，回忆你所提过的问题和思考的结果；重读原文，再次检查你是否复述和理解了所有的重点，是否遗漏了某些重要内容；查找笔记中的错误和遗漏之处并对之进行修订；进一步完善每章、每节的小结和全书总结。

## 三、略读策略

略读是运用无声的思维语言对文章的内容进行简缩的阅读方法。[①] 略读不求深入钻研，只求略观大意。略读的特点是速度快。运用略读法，你可以在最短的时间内，从大量的文字信息中筛选出自己所需要的信息，最大限度地节约阅读时间，提高阅读的效率。略读与精读最大的区别是：略读追求速度，精读追求质量。

精读最忌贪多求快。对于需要深入理解和牢固掌握的学习内容来说，阅读一定要精、要细。然而，这并不意味着阅读只能慢，不能快。对于那些只需要粗略了解或基本掌握的学习内容，你应当坚决采用略读策略进行阅读。

略读的一般流程是：浏览全文，扫读全文，细读重点和总结全文。[②] 下

---

① 学习策略课题组编：《学习的策略：怎样学得更好，更快，更高兴》，46页，北京，红旗出版社，1999。

② 学习策略课题组编：《学习的策略：怎样学得更好，更快，更高兴》，47页，北京，红旗出版社，1999。

面，就按照这一流程来介绍略读的具体技巧。[①]

### （一）浏览全文

同精读一样，略读同样也是从快速浏览开始的，浏览的范围包括封面信息、内容提要、目录、序言、后记、参考书目、出版信息等，但不包括浏览正文。浏览的目的、方法和重点与精读策略中介绍的完全一样，不再赘述。

### （二）扫读全文

在快速浏览封面、内容提要和目录等概要性信息之后，便可进入扫读全文阶段。扫读，是指在保证基本理解学习材料的前提下，一目十行，略观大意，尽量提高阅读速度。

在不降低阅读质量的前提下，可以采用以下四种策略来提高阅读速度：

1．扩大识别间距

研究表明，阅读时，人的眼球时停时动，眼球停的时候认知当前聚焦的文字，眼球跳动的时候转向后面的文字。眼球停顿一次的时间大约为1/3秒，而且每次眼球停顿能认知1～7个文字符号。眼球停顿时认知的文字符号数叫做“识别间距”。要想有效地提高阅读速度，就要扩大识别间距。也就是说，眼球停顿时的认知不应当逐字进行，而应当将一个词组、短语或短句甚至是一行、一段、一页作为一个整体，进行认知和理解。

相应地，根据阅读时的“识别间距”，人们将阅读方法归纳成点式阅读、线式阅读和面式阅读三种。点式阅读的识别间距很小，基本上是一个字一个字地阅读，识别间距一般不超过5个字，是速度最慢的一种阅读方法，适合精读时采用。线式阅读，视区是一条线，识别间距是一个或多个句子，用这种方法阅读，经过训练可达一目一行。面式阅读是速度最快的阅读方法，视区最少是两行字，熟练者的识别间距可以是一段甚至一页。

扫读的实质，就是成段成页地阅读，即进行所谓的面式阅读。扫读时，一方面，由于识别间距增大，眼停次数减少，可以直接提高阅读的速度；另一方面，由于阅读内容必须划分为一个一个的语义群，便于学习者理解词与词、句与句、段与段之间的语义联系。因此，在提高阅读速度的同时，可以在一定程

---

① 本部分内容的写作参考了以下文献的部分内容：（1）学习策略课题组编：《学习的策略：怎样学得更好，更快，更高兴》，48～51页，北京，红旗出版社，1999；（2）Muskingum College Center for Advancement of Learning. General－purpose Learning Strategies: Reading Comprehension. http: //muskingum.edu/～cal/database/readingcomp.html. 1998（2003年11月）。

度上确保阅读的质量。

2. 调整扫读速度

对于熟悉的、内容相对简单的学习材料，比较容易运用面式阅读的方式，可以适当提高扫读的速度。对于陌生的、内容复杂艰深的学习材料，由于很难快速找到词与词、句与句、段与段之间的语义联系，识别间距不可能很大。必须适当降低扫读速度，才能基本理解和掌握学习内容。

3. 进行合理推测

快速阅读必须和敏锐的思考结合在一起，才能保证阅读质量。缺乏积极思考的快速阅读，只是对文字内容的机械浏览，常常出现读完全文却不知所云的情况。此外，积极的学习者，还应当随着阅读内容的扩展、意义的深入、情节的推进，对后续内容进行合理的推断和预测。对情节发展的正确推断和对上下文关系的准确预测，可以使阅读过程变得轻松、流畅，从而加快阅读的速度。

4. 克服不良习惯

唇读、默诵和反复回读等是常见的影响阅读速度的不良习惯。

习惯唇读或默诵的学习者，阅读时会不由自主地逐字逐句无声朗读或在心中默念材料内容。唇读时伴随有嘴唇的蠕动，而默诵时则会出现声带颤动的现象。因此，唇读法和默诵法基本上属于点式阅读，其速度不可能很快，不适合略读时采用。许多听觉型学习者习惯于采用唇读法和默诵法。如果你也有这种习惯，就应当有意识地加以克服。

反复回读，则多半是由于学习者注意力不集中而导致的。集中注意力的具体策略已在第三章介绍过，这里不再赘述。

**(三) 细读重点**

扫读完正文之后，你对学习材料的主要内容和体系结构，基本上有了比较全面的了解。接下来，就可以根据阅读的目的，选择书中的重点内容进行细读。细读的方法、程序和阅读技巧，与精读策略中的详细阅读基本一致。

总的来说，略读不需要学习者对阅读内容进行深入的钻研。因此，在细读重点时，也不一定要严格遵循精读的程序，即先提问、细读，然后再思考、复述。可以根据阅读的目的和阅读材料的内容，省略或简化某些程序，在保证阅读质量的前提下，尽量提高阅读的效率，节约阅读时间。

**(四) 总结全文**

略读同样需要总结。扫读全文和细读重点之后，你还需要用自己的语言对全书的主要内容、基本观点进行总结、概括，理清文章的整体思路和体系结构，及时总结阅读的心得体会。如果扫读一遍之后，就把学习材料扔到一边，既不复述也不总结，你刚刚获得的知识信息，很快就会被忘得一干二净，略读的效果也就无从谈起。

## 第二节　基于音像资料的学习

音像资料主要包括录音带、录像带、VCD 或 DVD 光盘等①。它们可以分别在录音机、录像机、VCD 机或 DVD 机上播放。VCD 或 DVD 光盘还可以在计算机上播放。音像资料的表现形式是语音和视频，比如你平时听到的广播节目和看到的电视节目。随着网络教育的发展，你还可以通过互联网在线点播或下载播放各种语音和视频资源。但是，这些资源只能在计算机上或通过专用的设备播放。

基于音像资料的学习方式，主要是听和看。本节介绍利用录音带、录像带、VCD 或 DVD 光盘进行远程学习的一些基本策略。

### 一、基于录音带的学习策略

在远程教育的早期阶段，通过收音机收听广播教学节目，是远程学生开展学习的主要方式之一。随着视听技术的发展，人们开始更多地使用录音带。相对于广播节目，录音带使用起来更加方便，学生可以选择自己方便的时间、地点和方式进行学习，而不必在固定的时间，坐守在收音机旁等待节目的播出。由于录音机变得越来越小、越来越便于携带，因此使用起来就更方便了。

对远程学生来说，利用录音带进行学习，至少有以下三方面的优势：

(1) 可以随时随地学习。你可以一边走路一边听录音，也可以一边做家务一边听录音。总之，当你的眼睛和手还在忙着其他事情的时候，照样可以听课学习，学习因此变得更加轻松、方便。

(2) 可以根据自己的需要控制学习的进度。你只需用手指按动录音机的快进、快退控制键，就可以反复聆听教师的每一句话。无论想听多少遍都可以，

① 为了叙述方便，这里对音像资料的载体和内容不加区分。

直至你确信自己听明白了。在听的过程中，如果你想思考几分钟，或发现记笔记的速度有些跟不上，就可以随时按下暂停键或停止键。

(3) 可以使学习过程充满情趣和更具人性化。远程学生一般很少有机会与教师进行面对面的交流。录音带无疑为你提供了一种通过声音接近教师的方式，让你感觉教师好像时时刻刻和自己在一起，在指导自己学习。对于语言学习，录音带的作用就更大了。录音带中教师原汁原味的发音和讲解，可以帮助你随时检验和纠正自己的发音。

在使用录音带学习时，你可以采取以下三种策略：

(1) 只听。你既可以静坐在书桌前认真仔细地听，也可以边忙其他的事情边听。如果你是第一次听某一盘磁带，不妨选择边做其他事情边听的方式，以充分利用空闲时间。因为第一次听，一般只要做到初步了解录音内容，对录音内容是否值得进一步认真细听、哪些内容需要重点听等问题有一个基本的判断即可。同样，利用录音带来复习课程内容时，也可以采用这种方式。如果你想重点听其中的某部分内容，就应该选择一个合适的时间，在一个安静的地方，认真仔细地听。听的时候，应当集中精力，充分调动已有的知识、经验，展开丰富的联想，以保证听的效果。

(2) 边听边看。录音带一般都是与相应的印刷材料配合使用的。你可以边听录音带边看印刷材料。录音带的主要作用，是帮助学习者理解和掌握材料内容。你应当预先阅读印刷材料，以便对它有一个大致的了解和基本的把握。听录音的时候，要注意边听边翻阅印刷材料，尽量使耳朵里听到的内容和眼睛里看到的内容保持一致，以充分调动起视觉和听觉感官的双重作用，促进对课程内容的理解。

(3) 边听边看边做（或边说）。你可以边听录音带边看印刷材料，同时按照录音带的要求完成一些实践操作。在录音带里，授课教师有时可能会要求你暂时停止收听，做些笔记，用自己的语言复述或总结，或利用与印刷材料配合的教学工具包里的材料和工具，完成一些实践操作等。即使录音带里没有给出这种要求，你也可以自己进行一些操作，比如在印刷材料上划线、加注说明，或在笔记本上记录内容要点等。这有助于你提高学习兴趣，集中听课注意力，从而提高学习效果。

对听觉型学习者而言，录音机是他们最好的助学工具，录音带是他们最感兴趣的学习资源之一。动觉型学习者也比较喜欢这种学习方式，因为在听课过程中他们可以不受拘束地到处走动；可以通过动手控制录音机上的各种按钮，来控制学习的进度；还可以边听录音边记笔记，或按照教师的要求完成实践操作任务等。视觉型学习者，则应该有意识地把学习内容录制在磁带上，通过反复听录音来学习有关内容，以弥补自己不善于“听”的不足。

## 二、基于录像带、VCD或DVD光盘的学习策略

广播电视节目、录像带、VCD（或DVD）光盘，是远程学生经常使用的三种视频学习资源。其中，广播电视节目应用得最早。早期的广播电视大学学员，主要通过按时收看电视教学节目来进行学习。即使是现在，电视教学仍然是广播电视大学的教学方式之一。

与广播电视相比，录像带、光盘使用起来更加方便，更适合远程学生自主学习。录像带在远程教育领域的应用相对较早，在20世纪90年代以前，人们主要使用录像带代替面授教师开展远程教学。由于录像带和录像设备的价格一直较高，学习者一般需要在固定的时间集中到固定的地点才能进行学习，录像带的使用范围和教学效果因此受到很大限制。进入90年代后，人们逐渐开始用光盘取代录像带。光盘具有容量大、价格低、易保存、图像清晰等诸多优点，深受远程学生的欢迎，很快就在远程教学领域普及开来。然而，无论是录像带还是光盘，你都可以控制其播放方式。你可以快进到某个片段，也可以反复播放其中的某个片段。不过，使用光盘时，搜索特定片段内容的速度较快。

高质量的视频资源充分利用画面的停顿、慢速或快放镜头、缩小或放大镜头等技巧，通过动态的画面、丰富的图形和图像资料、适时的背景音乐和解说词，向学习者展示各种场景，使学习者产生身临其境的感觉。然而，目前国内远程教育机构为学生提供的录像带、光盘等视频资料，大部分都是教师讲课的录像，俗称“大头像”，没能充分考虑学生与课程内容的特点。你可能会在学习过程中感到单调沉闷。即使这样，它们也可以将你带到一种与传统面授教学类似的课堂教学情境中去。这是单纯基于印刷材料的自主学习所不能比拟的。

不同的远程教学机构，可能以不同的方式使用录像带或光盘。有的把它作为主要的学习资源，用来指导学生安排学习活动和学习课程内容。有的则只是把它当作一种辅助性的学习资源，用来辅导学生学习和掌握重点、难点内容，开阔视野，或指导学生进行考前复习和准备。有的远程教学机构则可能完全不用录像带和VCD或DVD光盘。因此，远程学生在使用录像带或光盘进行自主学习时，应当根据其教学目的采用相应的策略。

(1) 把录像带或光盘当作任课教师。在这种方式下，你将主要通过观看视频资料，而不是其他类型的学习资源来学习和掌握课程内容。采用这种方式学习时，你需要注意录像带或光盘的教学内容是否足够丰富、全面，避免漏学一些内容。如果你是听觉型学习者，就比较适合采取这种方式进行学习。当课程内容和教学目标涉及较多的实验演示、操作或使用技能时，采取这种方式尤为合适。通过观看录像资料，你可以清楚地了解实验演示的全过程，准确掌握工具、仪器或设备的操作方法、要领和步骤。

(2) 把录像带或光盘当作参考工具。在自主学习的过程中，当你发现自己理解不了某方面的内容，或担心自己的理解不准确时，通过观看相关的辅助性的视频资料，你可能会得到有用的帮助。例如，理工科类教材中经常会出现许多原理、定理、定律和公式等，这些内容一般比较抽象、难以理解，但又都是重点内容，需要学生准确把握。远程教育机构可能会专门为之配备录像带或光盘，提供教师的详细讲解、实验演示或相关背景资料等。你一定要充分利用这些辅助性的视频资源。

(3) 把录像带或光盘当作复习资料。考前，通过观看专门为复习配备的录像带或光盘，可以迅速回忆起相关的学习内容，更深刻地理解课程内容的重点、难点，全面把握教材的体系结构，进一步巩固记忆效果，从而达到复习课程内容、检查学习效果的目的。临考之前，你还可以再次观看录像带或光盘，这时，应当根据考试的重点快速地、有选择地观看。

## 第三节 基于多媒体网络课件的学习

近年来，网络远程教育得到了前所未有的发展。越来越多的远程教育机构开始通过互联网为远程学生提供各种各样的学习资源。多媒体网络课件，由于最能代表和反映网络远程教育的特点，在远程学习领域得到了越来越广泛的应用。本节主要介绍多媒体网络课件的特点和学习方式，以及基于多媒体课件学习的策略和有关注意事项。

### 一、多媒体网络课件的特点和学习方式

关于多媒体课件，远程教育领域至今还没有形成一个统一的、明确的定

义。不同的人从不同的角度出发，给出不同的定义。在本章，作为与印刷材料、视频音频资料并列的一种学习资源类型，多媒体课件是指采用程序设计语言、多媒体写作工具或网页制作工具等设计开发出来的、整合了多种媒体的信息并具有一定教学功能的学习资源。

从运行环境来看，多媒体课件可分为直接在计算机操作系统（如 DOS 或 Windows）上运行的课件和在网页浏览器（如微软公司的 IE 或网景公司的 Netscape）环境下运行的课件。为了叙述方便，本教材称前者为 CAI（computer aided instruction，即计算机辅助教学）课件，后者为多媒体网络课件，或网络课件[①]。在互联网流行之前，人们使用的是 CAI 课件。网络课件则在互联网流行之后才得以广泛使用。本节主要探讨基于网络课件的学习。

网络课件可以存储在各种介质上，如软盘、光盘（CD－ROM）、硬盘或网站的服务器上。当前，远程教育机构通常通过两种方式向学生提供网络课件：一是把它存储在光盘上，然后把光盘发放给学生；二是把它存储在远程学习平台的教学资源服务器上，学生自己上网获取。需要指出的是，这里的“课件光盘”与上一节的“视频光盘”（VCD 或 DVD）不一样。虽然视频光盘可以在计算机上播放，但课件光盘却无法在 VCD 机或 DVD 机上播放。

### （一）多媒体网络课件的特点

高质量的多媒体网络课件，通常具有以下三方面的突出特性：

（1）整合性。多媒体课件是多种媒体信息的整合，能够为学习者提供文本、声音、图形、图像、动画和活动影像等多种类型的外部刺激。采用多媒体课件进行学习时，学习者既能看得着，又能听得见，还能动手操作，可以充分发挥听觉、视觉、触觉等多种感觉器官的综合作用。无论是视觉型学习者、听觉型学习者还是动觉型学习者，都能发挥自己的优势，获得良好的学习效果。

（2）交互性。利用多媒体网络课件进行学习，学习者可以根据自己的学习基础、学习兴趣和学习风格来选择学习内容、学习模式，安排学习进度，控制学习过程。它所具有的图、文、声并茂的交互方式，能够有效地激发学生的学习兴趣，促使学习者更深刻地理解和掌握课程内容。

（3）结构灵活性。多媒体网络课件一般采用超文本、超媒体方式来组织教学信息。不同于预先设计或录制好的录音、录像等结构化的学习资源，多媒体

---

① 并非所有的网络课件都是多媒体的，但使用多媒体已成为趋势，甚至成为其基本特征。因此，为叙述方便起见，有时我们把多媒体网络课件简称为网络课件。

网络课件可以利用超文本的热键链接功能，把有关的预备知识或开阔学生视野所需的参考、补充知识，与正常的教学内容有机地组织在一起，以满足不同学生的需要。学生可以根据自己的知识基础和学习需求，灵活地选择学习内容和学习路径。多媒体网络课件实际上是一种非结构化的学习资源。你可以按照自己的学习风格、兴趣和目标在其上“漫游”，并通过这种漫游来建构知识。

**（二）多媒体网络课件的学习方式**

网络课件的学习方式包括在线学习（或联机学习）和离线学习（或脱机学习）两种。

在线学习就是在联机的状态下直接使用远程学习平台上提供的网络资源进行学习。这是伴随着网络教育的发展而出现的一种全新的学习方式，也是你需要了解和采用的一种学习方式。

如果你有网络课件光盘，就可以进行离线学习。如果你没有网络课件光盘，但课程网站允许你把网络课件下载到你的计算机的硬盘上使用，你也可以进行离线学习。在离线学习时，你可以通过操作系统（如 Windows）的文件管理器找到某一网络课件的图标，然后点击或双击它就可以启动运行该课件（当然，你的计算机上需要安装网页浏览器）。

离线学习时，你不需要将个人计算机接入互联网，这样既省钱又省事。那么，为什么还要进行在线学习呢？

首先，有些网络课件只支持在线学习，而不支持离线学习。这些课件下载后可能会无法运行。

其次，有些网络课件包含很多的联机学习功能，例如，你需要通过在线查询资料，或使用电子邮件系统、电子布告牌系统和实时聊天系统等网络工具，才能完成学习任务。在离线学习时，这些教学功能无法使用。

再次，课程内容可能随外界因素的变化或学生的学习情况而不断更新。在离线学习时，课程内容无法得到及时更新。

最后，离线学习时，远程教育机构很难跟踪你的学习过程。然而，在线学习时，远程学习平台可以记录你的网上学习活动，了解你开展学习活动的数量和质量，从而为你的学习进行诊断、评估和指导。

具体采取何种方式学习，应当综合考虑课件本身的特点、网络学习条件和学习者个人的学习风格等因素来决定。

从课件本身来看，如果课件内容的独立性强，不依赖其他资源或网络工具，则宜选择离线方式；否则就应当采用在线学习方式。

从网络学习条件来看，如果你接入互联网的带宽很窄（如普通电话线路）而课件中又含有大量的视频材料，那么宜选择离线方式；否则就可以采用在线学习方式。如果你采用包月制方式上网，就可以随意选择在线学习还是离线学习，不用考虑上网成本。如果你采用固定时数、固定流量等方式上网，则宜采用离线方式学习。

从个人的学习风格来看，如果你学习时思路开阔且自控能力较强，可以采用在线学习以充分发挥网络教学资源丰富的优势。如果你学习时喜欢循序渐进，一步一个脚印，那么采用离线方式学习，学习时间更充裕，注意力更容易集中，学习效果也就更有保证。

## 二、多媒体网络课件的学习策略

利用多媒体网络课件进行学习时，你可以采取以下基本策略：

### （一）了解课件概貌

学习之前，你应当阅读网络课件的有关说明材料，初步了解课件的教学目标、教学内容、适用范围和对象、时间长短和文件大小等信息。如果时间允许，最好从头至尾迅速浏览一遍课件内容，了解课件具体包含哪些学习内容和主要的功能模块，初步判断哪些内容是你必须重点学习和掌握的，哪些学习任务是你必须按照要求完成的。

### （二）明确学习任务

即使是学习同一门课程，不同学生的学习需求也可能大不相同。明确学习任务，其实就是要全面了解自己的学习需求。你可以按照以下步骤来明确自己的学习任务：

首先，询问自己希望从网络课件中学到哪些方面的知识和技能？课件中是否包含了这些内容？如果没有，还有没有相关的或相近的内容？通过对比分析，将需要学习而且课件中也包含了的内容列成一张学习内容清单。

其次，询问自己希望采取何种方式，如阅读文本材料、观看教学录像（流媒体课件）、讨论交流、动手操作等来学习和掌握上述内容？课件中是否包含了这些功能模块、具备了这样的教学功能？通过对比分析，列出一张学习活动清单。

最后，根据自己的学习风格、个人偏好和课程内容的特点，将学习内容清单和学习活动清单合并成一张学习任务清单。清单中要列出每项学习内容的学习方式和学习时间，并指明各项学习内容的学习顺序。

**（三）掌握操作技巧**

一旦学习任务明确了，你就可以开始学习了。不同的多媒体网络课件，在功能模块设计和外观形式上可能会有很大不同，但在信息组织结构、功能键（或功能按钮）设置等许多方面还是基本一致的。例如，多媒体网络课件一般都采用超文本方式来组织有关的教学内容和教学活动，点击“向上”或“向下”按钮，即可进入上一项或下一项学习内容；点击其中带有下划线或其他链接标志的文字、图形或图标，就可以进入相关学习内容。另外，在课件的首页，一般会包含许多图标或按钮，每一个图标或按钮都代表着一个功能或内容模块，点击这些图标或按钮，即可启动相应的模块。对于有些网络课件的独特的操作要求，只要你在平时学习时留心不同课件的导航特征，不断积累经验，就能够应付自如。

熟练掌握有关的操作技巧和使用规范，有助于你集中注意力，按照预定的学习计划，顺利地完成学习任务。反之，经常性的操作不当或操作错误，可能会影响你的学习兴趣和情绪，从而降低学习的效率和质量。

**（四）总结学习经验**

在课件学习结束之后，你需要及时对学习成果、学习体会和操作技巧等进行总结。及时总结学习经验，可以促使你对学习内容、学习方法和学习过程进行反思，从而为后续学习提供指导。

## 三、在线学习的注意事项

在线学习时，你需要特别注意以下三方面的问题：

(1) 由于学习环境的开放性，你需要注意自我控制，采取多种措施集中注意力。互联网上的信息资源五花八门。网络游戏、网络聊天花样百出，引人入胜。然而，你上网的主要目的是学习。你花在一些无关信息上的时间越多，真正用于学习的时间就越少。如果你连学习的时间都保证不了，那么学习的效果就无从谈起。因此，你需要注意自我控制，尽量将精力和注意力集中在学习任务上。有关网瘾的知识和避免上网成瘾的措施，已在上一章介绍过了，这里不再赘述。

(2) 由于学习内容的多样性，你需要明确学习目标，针对不同的学习资源采取不同的学习策略。远程学习平台上可能存有大量的与学习任务相关的学习资源。既有针对整体课程内容的，也有针对重点、难点内容或某个具体知识点的；既有供你阅读、练习使用的，也有供你测试、评估学习效果使用的。因此，在开始在线学习前，你需要明确学习任务，列出具体的学习目标，根据目标选择学习资源，然后再针对不同的学习资源采取不同的学习策略。只有这样，才能充分发挥在线学习的优势，提高在线学习的效率和效果。

(3) 由于学习过程的交互性，你需要详细记录学习进程，避免重复学习或遗漏重要内容。多媒体网络课件一般采用超文本的方式来组织教学内容和教学活动。不同教学内容和教学活动之间的联系是非线性的或非结构化的。如果你不对每一次学习过程加以记录，很可能会出现重复和遗漏学习内容等现象。因此，你可能需要记学习日志，确保上一次学习与下一次学习之间的自然衔接，避免重复和遗漏现象。值得庆幸的是，现在许多优秀的远程学习平台都提供“书签”的功能，能够跟踪和记录学生的在线学习过程，能够明确标示学生已学过的内容和学习的时间等。

## 第四节 基于资源学习的笔记

记笔记是学生必须掌握的一项基本学习技能。俗话说，“好记性不如烂笔头”，记笔记有助于你集中注意力，加深对学习内容的理解和记忆。本节主要介绍笔记的类型及作用、笔记的格式、记笔记的策略和笔记的使用方法。

### 一、笔记的类型及作用

根据学习活动类型的不同，可以将笔记分为阅读笔记、听课笔记、小组讨论笔记和复习笔记等类型。

#### (一) 阅读笔记

阅读笔记主要指学生在阅读印刷材料时记下的笔记。记阅读笔记，一般具有以下几方面的作用：帮助学生集中注意力；加强学生对主要内容、重要细节的理解和记忆；帮助学生弄清各部分内容之间的逻辑关系，更好地理解和掌握学习材料的信息组织结构；帮助学生在复习阶段迅速回忆起学习材料的主要内容和重要细节。

### （二）听课笔记

听课笔记是指学生在参加课堂学习，或听录音带、录像带等音频视频资料里的教师讲课时记下的笔记。听课笔记的主要作用是：帮助学生集中听课注意力；帮助学生抓住教学的重点内容和教师的讲课思路；便于学生在课后复习、理解和消化教学内容。

### （三）小组讨论笔记

小组讨论笔记是指学生在参与小组讨论的过程中记下的笔记。小组讨论笔记的主要作用是：帮助学生抓住每一位发言者的主要观点，这些观点可供学生在以后的学习中参考使用。

### （四）复习笔记

复习笔记，是指学生在复习的基础上，根据自己的学习体会、用自己的语言对先前学习的内容所做的一个概括性的归纳和总结。与一般的学习笔记相比，复习笔记更为精练，它浓缩了学习内容中最主要的思想、最重要的观点和细节，包含了足以让学生回忆起全部内容所需要的线索，比如，关键词汇和句子。复习笔记的主要作用是：及时总结复习体会，巩固复习成果，进一步深化对学习内容的理解。

## 二、笔记的格式

笔记格式指的是学生记录和组织笔记内容的形式。笔记的格式多种多样，下面介绍四种常用的笔记格式。

### （一）摘要式笔记

摘要式笔记，也称梗概式笔记，是在对原文进行压缩的基础上摘出原文的大意。你既可以引用原文或从原文中直接摘出主题句、主要论点和重要细节，也可以用自己的语言概括原文的大意。当然，后者更为可取。笔记内容要尽量完整和系统，尽可能地涵盖原文的重点内容和重要细节。摘要式笔记一般使用层次分明的段落来组织笔记内容。例如，有关本章第三节内容的摘要式阅读笔记如图 4－1 所示。

| |
|---|
| **第三节　基于多媒体网络课件的学习**<br>本节主要介绍多媒体网络课件的特点和学习方式，多媒体网络课件的学习策略及有关在线学习的注意事项。<br>高质量的多媒体网络课件具有以下三个方面的特点：整合性，交互性，结构灵活性。<br>学习者可以采取在线学习和离线学习两种方式学习多媒体网络课件。这两种方式各有利弊，具体选择时需要综合考虑多方面的因素。<br>多媒体网络课件的学习策略：了解课件概貌，明确学习任务，掌握操作技巧，总结学习经验。<br>在线学习是远程学习者必须要了解和采用的一种学习方式。<br>在线学习时，学习者应当做到如下三点：一要加强自我控制，避免把时间浪费在与学习任务无关的内容上；二要根据学习内容、目标来确定学习策略；三要详细记录学习进程。 |

**图 4-1　摘要式笔记实例**

### （二）提纲式笔记

提纲式笔记采用提纲或清单来组织笔记内容，概括原文的大意。提纲式笔记通常使用简单的词汇和短语或简洁的句子，类似于图书目录的标题和副标题。例如，有关本章第三节内容的提纲式阅读笔记如图 4-2 所示。

| |
|---|
| **第三节　基于多媒体网络课件的学习**<br>一、多媒体网络课件的特点和学习方式<br>多媒体网络课件的特点：(1) 整合性；(2) 交互性；(3) 结构灵活性<br>多媒体网络课件的学习方式：(1) 离线学习；(2) 在线学习<br>二、多媒体网络课件的学习策略<br>1. 了解课件概貌；　　2. 明确学习任务；<br>3. 掌握操作技巧；　　4. 总结学习经验<br>三、在线学习的注意事项<br>1. 自我控制；2. 根据学习内容、目标，确定学习策略；<br>3. 详细记录学习进程 |

**图 4-2　提纲式笔记实例**

**(三) 网状型笔记**

网状型笔记也使用简单的词汇或句子来概括原文的大意，但内容的组织形式与摘要式笔记、提纲式笔记完全不同。首先，在空白页的中心画一个矩形或椭圆形框，并填入笔记内容的主题，然后从中心向四周画出许多辐射状线条，用以代表主题的每一个主要分支或子主题，并标上相应的文字。在每一个主要分支上还可以进一步画出更多的散状线条，并在每一线条的边上标以相应的文字内容。以此类推，直至最后的分支内容不能再被划分为止。例如，有关本章第三节内容的网状型笔记如图 4－3 所示。另外，本教材也采用这种格式来描述每章的主要内容及其组织结构。

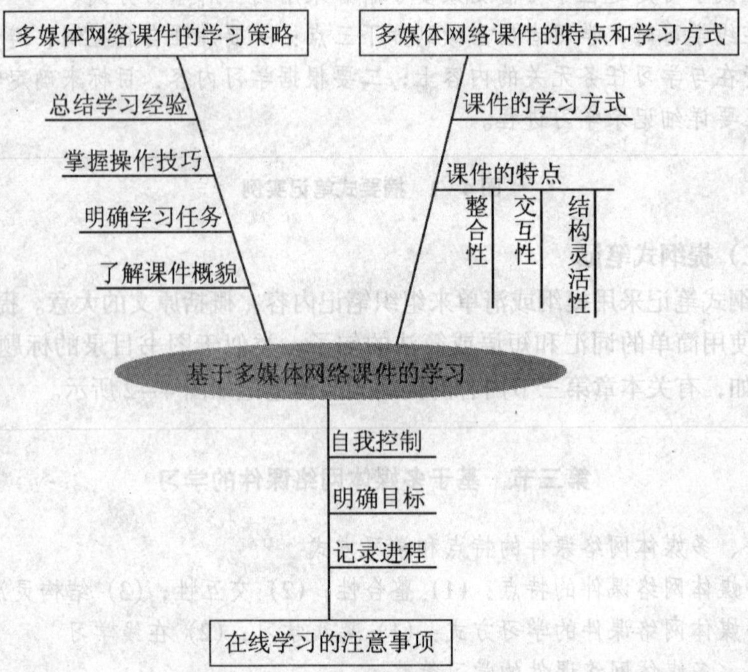


**图 4－3 网状型笔记实例**

网状型笔记能够非常清晰地展示原文的结构以及具体内容之间的相互联系，其空间的有限性还能够促使你尽量使用精练的文字来概括原文。

### (四) 康奈尔式笔记

康奈尔（Cornell）式笔记将笔记区域分成三大块，如图 4－4 所示[①]。图的上端记录与笔记有关的背景信息，如记笔记的日期、所属课程或内容主题等。中间区域一分为二，左边为复述区，主要记录关键词、基本概念、学习要点；右边为笔记区，主要记录与左边列出的关键词、基本概念、学习要点等相关的具体内容。图的下端是学习内容小结或内容概要。

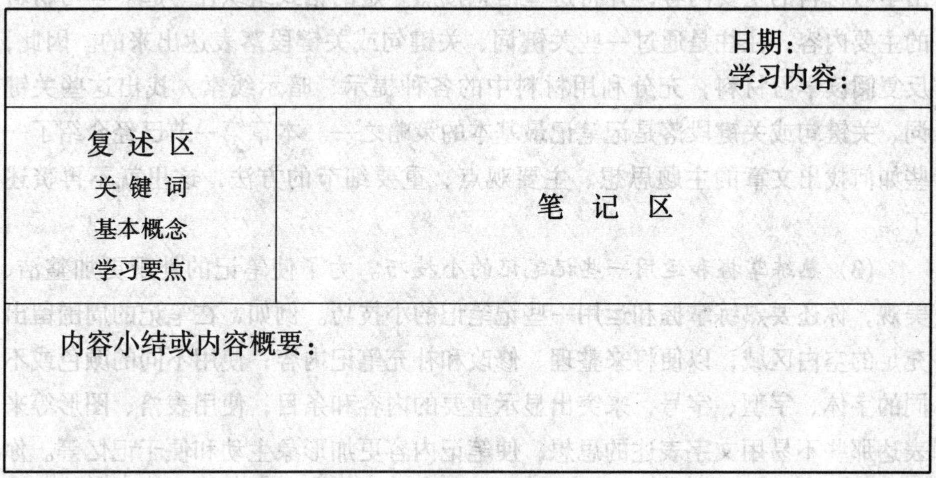


图 4－4 康奈尔式笔记图示

## 三、记笔记的策略

这里主要介绍记阅读笔记的一些具体策略，有关听课笔记、讨论笔记的记法和策略，将在第五章中介绍。

（1）明确记笔记的目的，选择合适的笔记格式。记阅读笔记的核心问题，是明确记笔记的目的，选择合适的笔记格式，控制笔记内容的详尽程度。如果阅读材料是必须精读的，而且你想通过记笔记来掌握其主题思想和体系结构，所记笔记就应该尽可能地详尽、完整、准确，笔记格式适宜采用摘要式。如果你只想简单了解阅读材料的主要内容，把握其信息组织结构，那么所记笔记就可以尽量简单，笔记格式适宜采用提纲式。如果你只想随意记下自己感兴趣的

① 参照：Muskingum College Center for Advancement of Learning. General－purpose Learning Strategies: Notetaking. http: //muskingum.edu/～cal/database/notetaking.html. 1998（2003 年 11 月）。

某些观点、重要的参考数据、具有说服力的实例等，而不考虑笔记内容是否完整、系统，那么就可以采用网状型或康奈尔式笔记。总之，笔记有很多种记法，各种格式的作用不尽相同。具体选择哪一种格式，主要取决于学习内容、学习目的以及个人偏好和学习风格。

(2) 找出关键词、关键句或关键段落，抓住学习材料的主要内容。记阅读笔记，就是在阅读理解的基础上，通过摘录原文或用自己的语言来概括、总结出学习材料的主要内容，并将这些信息按照一定的格式组织在一起。学习材料的主要内容，往往是通过一些关键词、关键句或关键段落表达出来的。因此，反复阅读学习材料，充分利用材料中的各种提示、暗示线索，找出这些关键词、关键句或关键段落是记笔记最基本的策略之一。本章第一节已经介绍了一些如何找出文章的主题思想、主要观点、重要细节的方法，这里就不再赘述了。

(3) 熟练掌握和运用一些记笔记的小技巧。为了使笔记的外观更加整洁、美观，你还要熟练掌握和运用一些记笔记的小技巧。例如，在笔记的周围留出充足的空白区域，以便将来整理、修改和补充笔记内容；使用不同的颜色或不同的字体、字型、字号，来突出显示重要的内容和条目；使用表格、图形等来表达那些不易用文字表述的思想，使笔记内容更加形象生动和便于记忆等。你还可以根据自己记笔记的经验，总结归纳出一些适合自己使用的方法和技巧。

## 四、笔记的使用

笔记的使用方式主要包括复习和重组。复习笔记就是按照某种方式重新阅读笔记的内容，以加深记忆和理解；重组笔记是指重新抄写或重新组织笔记的内容，使笔记的外观变得更加干净整洁，笔记内容的组织方式更加合理和便于理解。

你应当养成在当前内容学习结束之后或后继内容学习开始之前复习笔记的良好习惯。通过复习和重组笔记，你可以进一步澄清笔记中模糊的、不清楚的知识信息，补充笔记中遗漏的信息，或纠正笔记中的错误信息，从而更准确地理解、掌握和记忆原阅读材料的主题思想、重点内容和重要细节。有关实验表明：如果不及时复习，你可能会永远遗忘其中的70％～80％的内容，而重新学习、掌握这些知识内容，需要你额外付出更多的时间和精力。

### （一）笔记的复习

复习笔记可以采用的基本策略有缩写笔记、复述笔记和思考笔记。[①]

（1）缩写笔记。在一定程度上，笔记的内容可以被看成原阅读材料的某种缩写。缩写笔记的策略就是进一步压缩原材料的内容，把书或文章读得更加“薄”。例如，在康奈尔式笔记中，你可以重新阅读笔记区内容中每段的第一个句子，并用一两个字来简单概括每一段的大意，使笔记的内容更加简洁、精练。

（2）复述笔记。你应当用自己的语言来口头复述笔记的内容。例如，在康奈尔式笔记中，你可以先遮盖住笔记区的内容，根据复述区的关键词或要点回忆并复述相应内容的细节，然后再阅读笔记区的内容以检验你回忆的准确性。

（3）思考笔记。你应当深入思考笔记的内容，并将笔记的内容与个人原有的知识、经验联系起来，或考虑如何将所学的内容应用到其他课程和社会实践中去，以便更准确、更深刻地理解笔记的内容。这实际上是把笔记读“厚”的过程。你还可以在笔记的空白区域记下个人的感受和学习心得。

### （二）笔记的重组

笔记的重组过程也是对所学知识进行再次加工以加深理解的过程。重组笔记的基本策略有重新抄写笔记和重新组织笔记。[②]

（1）重新抄写笔记。你既可以使用笔，也可以使用 Word 和 WPS 等文字处理软件来重新“抄写”你的笔记。将笔记的内容输入文字处理软件提供的各种提纲模板，可以美化笔记的外观，使之变得干净整洁，条理清晰。重新抄写笔记时，你还可以使用不同的颜色来标记不同的主题或不同类型的信息，使笔记的内容结构清晰，便于理解。视觉型学习者尤其适合采用这种方式。

（2）重新组织笔记。也就是改变笔记格式，调整笔记顺序和体系结构。在重组笔记的过程中，你要检查笔记内容的准确性、完整性和系统性，建立起知识内容之间的有意义联系。因此，笔记的重组有助于加深对学习内容的理解、掌握和记忆。

---

① Muskingum College Center for Advancement of Learning. General – purpose Learning Strategies: Notetaking. http://muskingum.edu/~cal/database/notetaking.html. 1998（2003 年 11 月）。

② Muskingum College Center for Advancement of Learning. General – purpose Learning Strategies: Notetaking. http://muskingum.edu/~cal/database/notetaking.html. 1998（2003 年 11 月）。

## 本章小结

本章主要介绍了利用印刷材料、音像资料和多媒体网络课件等学习资源进行自主学习的学习策略，以及基于资源学习的笔记策略。

印刷材料是远程学生最常用的学习资源。利用印刷材料进行自主学习的主要方式是阅读。根据不同的阅读目的采取适当的阅读策略，是进行有效阅读的关键。精读和略读是两种最基本的阅读策略。精读策略可以提高阅读的质量，略读策略可以提高阅读的效率。

利用音像资料进行自主学习的主要方式是听和看。不同的远程教学机构，对音像资料的利用方式不同。有些机构把它作为主要的学习资源，另一些则把它作为一种辅助性的学习资源。

多媒体网络课件，由于最能代表和反映网络远程教育的特点，近年来在远程学习领域得到了越来越广泛的应用。远程学生既可以在线学习也可以离线学习多媒体网络课件。

记笔记是学生必须掌握的一项基本学习技能。常用的笔记格式有摘要式笔记、提纲式笔记、网状型笔记和康奈尔式笔记。常见的笔记类型有阅读笔记、听课笔记、小组讨论笔记和复习笔记等。本章重点介绍了记阅读笔记的一些具体策略。

## 实践活动

### 一、阅读行为的自我反省

经验丰富的阅读者，在阅读前，会认真分析学习材料的性质，明确阅读的目的；在阅读过程中，会根据不同的阅读目的采取适当的阅读策略；在阅读结束后，会适时进行总结与反思，以加深对学习材料的理解。

表 4－1 列出了具备良好和不良阅读习惯的阅读者，在阅读前、阅读中和阅读后截然不同的认知行为。[①] 请你根据自己以往的阅读经验和体会，认真反

① 表 4－1 转引自 Muskingum College Center for Advancement of Learning. General－purpose Learning Strategies: Reading Comprehension. http://muskingum.edu/～cal/database/readingcomp.html. 1998（2003 年 11 月）。

省自己的阅读行为，判断自己属于哪一种类型。如果测试结果表明你还是不成熟的阅读者，那么请调整或改变自己的阅读方式。

**表 4-1 阅读认知行为对比**

| | 成熟的阅读者 | 未成熟的阅读者 |
|---|---|---|
| 阅读前 | ● 回忆先前的知识<br>● 理解学习任务，明确学习目标<br>● 选择合适的阅读策略 | ● 在毫无准备的情况下开始阅读<br>● 不知道为什么要读<br>● 没有考虑如何去读 |
| 阅读中 | ● 集中注意力<br>● 对后续内容进行合理的推测和预期<br>● 出现理解困难时采取各种修补策略<br>● 通过分析上下文来理解新的术语<br>● 通过分析文章结构来增进对阅读内容的理解<br>● 重新组织新信息，并将新信息与原有的知识信息综合成一个有机的整体<br>● 注意自我监控，检查是否理解了学习内容 | ● 容易分心<br>● 一直不停地读下去<br>● 出现理解困难时不知道如何处理<br>● 不会识别关键词句<br>● 看不出阅读材料的组织结构<br>● 不重新组织新信息，只将新信息简单地和原有信息叠加在一起<br>● 意识不到自己没有理解阅读内容 |
| 阅读后 | ● 反思阅读内容<br>● 认为成功是自己努力的结果<br>● 总结主要观点<br>● 从其他渠道搜寻相关的知识信息 | ● 停止阅读和思考<br>● 认为成功纯粹是运气 |

## 二、精读和略读的效果对比分析

选择一本你正在学习的教材，从中挑选出难易程度相当、内容长度相当的两章，分别运用精读和略读两种策略进行阅读。阅读结束后，先统计采用不同的策略阅读每章所花的时间。在一两天之后，拿出两张白纸，不看教材和笔记，凭记忆尽可能详细地写出每章的小结。最后，再细读上述两章内容，并对比分析你的小结，看看精读和略读在阅读效率和效果上到底有多大的区别。

## 三、在线学习与离线学习的对比

通过实际体验在线学习和离线学习，比较分析多媒体网络课件在单机环境和网络环境下运行时有何区别。

## 四、笔记的问题与建议

在记阅读笔记的过程中，你可能会遇到各种各样的问题，例如，不知道哪些内容该记、哪些内容不该记、应该怎样记才会更清楚等。表 4－2 列出了记笔记过程中的一些常见问题以及解决这些问题的一些建议。请重新阅读本章，并参照表中提出的有关建议，完成本章的阅读笔记。

**表 4－2 笔记的问题与建议**

| 记笔记时可能出现的问题 | 给学习者的建议 |
| --- | --- |
| ● 书写速度太慢 | ● 有意识地训练和使用各种速记技巧；<br>● 使用录音机记录 |
| ● 不知道哪些内容该记、哪些内容不该记 | ● 利用各种线索，找出原文的关键词、关键句或关键段落 |
| ● 不知道如何组织笔记内容 | ● 了解和掌握笔记的基本格式——摘要式、提纲式、网状型；<br>● 了解和掌握一些组织信息的图形格式，如表格和流程图等① |
| ● 不知道如何突出笔记的主要观点 | ● 采用表格、流程图等图形格式来组织有关信息；<br>● 采用列表，将主要观点一一列出；<br>● 使用特殊字体、字型、字号、颜色，突出显示主要内容；<br>● 使用索引卡片，将主要观点单独列出 |
| ● 笔记内容无法进一步补充、修改或复习 | ● 在笔记的周围留出充足的空白区域；<br>● 尽量使用图表、图形等方式来组织笔记的内容；<br>● 用数字、字母或其他符号来区分段落层次 |

① 有关信息组织的格式将在第八章介绍。

# 第五章

# 教师引导的学习

## 学习目标

通过本章的学习，你应能：

1. 了解教师引导学习的五种主要方式及其在远程学习中的作用，理解教师在每种学习方式中的具体作用；
2. 掌握课堂面授辅导的听课策略，包括课前准备、课堂听讲和课后复习的具体方法和技巧；
3. 掌握现场班组讨论的学习策略，包括讨论前如何准备、讨论过程中如何积极参与以及讨论后如何整理讨论笔记等；
4. 掌握参加集中答疑活动时的提问技巧，包括答疑前如何准备问题、答疑过程中如何提问以及答疑结束后如何整理笔记等。

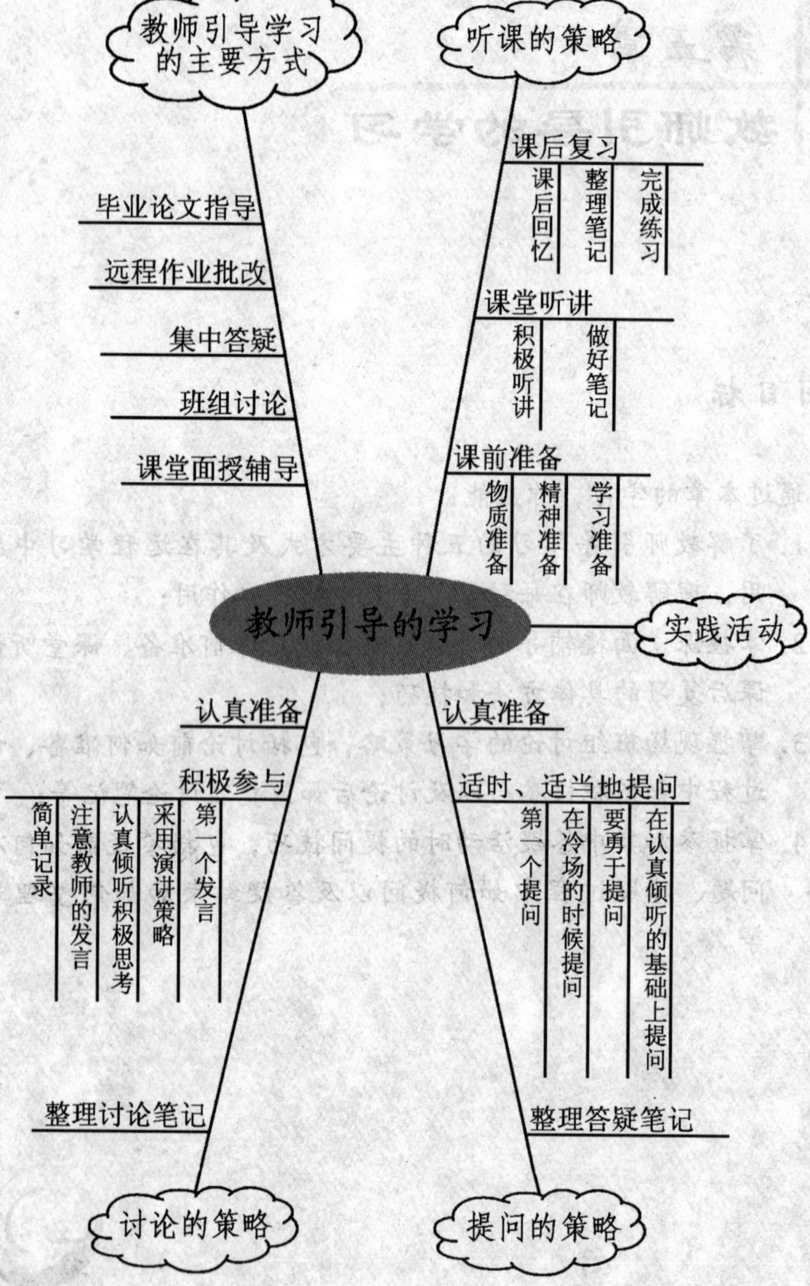
教师引导的学习
教师引导学习的主要方式
毕业论文指导
远程作业批改
集中答疑
班组讨论
课堂面授辅导
听课的策略
课后复习
课后回忆
整理笔记
完成练习
课堂听讲
积极听讲
做好笔记
课前准备
物质准备
精神准备
学习准备
实践活动
讨论的策略
认真准备
积极参与
第一个发言
采用演讲策略
认真倾听积极思考
注意教师的发言
简单记录
整理讨论笔记
提问的策略
认真准备
适时、适当地提问
第一个提问
在冷场的时候提问
要勇于提问
在认真倾听的基础上提问
整理答疑笔记

远程学习以学生基于资源的自主学习为主，以教师引导的学习为辅。所谓教师引导的学习，是指有教师直接参与的远程学习活动，如面授辅导、班组讨论、集中答疑、作业批改和论文指导等。

要想很好地适应和进行远程学习，你就应该时刻自我提醒：自己才是学习过程的主体和中心，远程学习的主要方式是自主学习，而不是传统教育中的课堂听讲。即使是在教师引导的学习方式中，你也仍然是学习过程的主体和中心。教师的主要作用，不再是系统地讲授课程内容，而是引导你在自主学习的基础上进行更深入的思考，解决你在自主学习过程中遇到的各种疑难问题，帮助你提高学习的效率和质量，直至圆满完成学习任务。

本章首先介绍几种常见的、在教师引导下的学习方式，并阐明教师在每种学习方式中的具体作用。然后，重点探讨学生参加面授辅导、班组讨论和集中答疑时应该采取的学习策略。

## 第一节　教师引导学习的主要方式

从我国远程教育发展的实践来看，教师引导的学习主要有课堂面授辅导、班组讨论、集中答疑、远程作业批改和毕业论文指导等方式。通过参加这类学习活动，远程学生不仅可以听教师讲解课程内容的重点、难点，得到教师的个别指导，而且还可以直接与教师进行充分的交流、沟通，或就某个问题、观点与教师、同学展开深入的、激烈的讨论。因此，你应该积极参与上述各类学习活动，及时解决自主学习过程中遇到的各种问题，弥补远程学习过程中人际交流的不足，提高远程学习的质量。

下面逐一介绍上述几种方式的学习活动，阐明教师在其中的主要作用，并简要介绍参与这些学习活动时学生应该注意的基本事项、必须掌握的基本技能以及可以采取的策略。

### 一、课堂面授辅导

许多远程教育机构都定期为远程学生安排一些课堂面授辅导，由专业教师对课程内容进行讲解、辅导和答疑。每门课，一般每个学期安排若干次，要求学生在预定的时间集中到远程学习中心或教学站点听课。

与传统教育中的课堂教学不同的是，课堂面授辅导主要针对课程的重点、难点内容，以及学生在自主学习文字教材、音像教材和其他类型的学习资源时容易发生困难、产生问题的部分内容，进行专题讲解、辅导和答疑，而不是从课程的绪论开始逐章逐节地进行系统的讲授。

教师在课堂面授辅导中的主要作用是讲解有关的重点内容，解答疑难问题，并为学生提供学习方法指导。课堂面授辅导，可以帮助学生准确掌握课程的重点、难点内容，深刻理解课程内容的实质和精髓，掌握课程学习的方法和技巧。因此，应当高度重视面授辅导。

参加课堂面授辅导时需要注意的主要事项如下：

(1) 保证面授到课率。课堂面授辅导的次数和时间都十分有限，每一次缺课，都有可能给你的学习带来无法弥补的损失。为此，你一定要提前做好计划，合理安排工作、生活和学习时间，提前完成各项工作任务和家庭事务，尽量取得工作单位和家庭成员的理解和支持，以保证自己能够按时参加每次面授辅导活动。

(2) 做好学习准备。在参加面授辅导之前，你一定要充分利用各种学习资源进行自主学习，基本理解和掌握课程内容，总结并整理出自己在自主学习过程中遇到的各种疑难问题，做好听课前的各种准备，以增强听课的针对性，保证听课效果。

(3) 学会听课和记笔记。学习和掌握一定的听课技巧和课堂笔记方法，提高听课的效率和质量。

课堂面授辅导在我国的远程教育领域应用得比较广泛。适当的面授辅导，可以弥补远程学习过程中人际交流的不足，提高远程学习的质量。然而，需要注意的是，远程教育机构一般不会为你提供很多课堂面授辅导（有些甚至完全不提供），否则远程学习就失去其应有的特点和意义。在课堂面授辅导机会有限的条件下，为了提高远程学习的质量，许多远程教育机构还通过各种通信媒体进行教学辅导，如函授辅导、电话辅导、广播电视辅导、音频视频会议辅导和网络辅导等。你应该积极参加远程教育机构提供的各种形式的学习辅导，通过多种渠道获得学习支持。

## 二、班组讨论

对于有些课程，远程教育机构会根据学习目标和课程内容的特点，灵活安排班组讨论，引导学生在自主学习的基础上更深入地思考课程内容。班组讨论的一般组织程序是：首先，由指导教师根据课程内容确定一个或若干个讨论主题；然后，学生按照学习班或学习小组的形式，围绕这些讨论主题展开讨论；指导教师将自始至终监控整个讨论过程，引导学生进行广泛、深入的讨论，确保讨论不偏离主题。

在空间上，班组讨论可以分为现场讨论和在线讨论两种形式。

现场讨论要求教师和学生在预定的时间集中到远程学习中心或教学站点参加讨论。

在线讨论则是教师和学生在预定的时间通过计算机网络进行讨论，而不需要集中到一个固定的地点。当前，在线讨论以收发文本信息为主要形式，较少采用语音交流的形式。

在时间上，在线讨论又可以进一步分为在线实时讨论和在线非实时讨论。

有教师主持的专题论坛是在线非实时讨论最常见的形式之一。这种论坛是在课程学习站点上建立的、由课程指导教师主持的课程专题讨论组。你可以在其中“发言”，并能对别人的发言和意见进行评论，每个人的发言或评论都能被所有参与讨论的学生看到。讨论过程由具有特殊权限的课程指导教师全程监控，以保证学生的讨论和发言能符合教学目标的要求，并防止讨论偏离当前学习的主题。由于在线非实时讨论不要求学生集中在同一时间发言，学生有足够长的时间对所讨论的问题进行思考，因此，讨论会比较深入。

在线实时讨论最常见的形式是网络聊天。一般由远程教育机构在课程学习站点上开辟相应的主题聊天室，并定期请专业教师参与实时讨论。讨论过程与在线非实时讨论基本类似，但要求所有参与的学生集中在同一时间进行讨论。由于讨论的时间十分有限，你的发言应当尽量简短、明确，不要占用太长的时间。教师的主要作用是引导和监督，防止讨论偏离当前的学习主题，提高讨论学习的效率。

远程学生参加班组讨论时，应当根据讨论主题提前整理好自己的主要观点，并准备好要提出的问题。在讨论的过程中，要认真倾听，积极参与，仔细记录。讨论结束后，要整理笔记的内容，归纳论题观点。如果是参与在线讨论，还必须熟练掌握电子邮件系统、电子布告牌系统、在线聊天系统等工具的操作方法和使用规范，不要让操作工具和技术规范成为讨论过程的障碍。

## 三、集中答疑

在自主学习的过程中，当遇到困难和问题时，学生可以通过书信、电话、电子邮件等方式向远程教育机构或指导教师提出。如果学生反馈的问题、意见比较多，或反馈的意见和问题相对集中在某些重要方面和重点内容上，远程教育机构通常会安排集中答疑活动，为学生集体答疑解难。此外，在考试之前，远程教育机构一般还会另外安排答疑活动，集中为学生解答与课程考试有关的问题。

集中答疑采取的形式一般是学生提问、教师解答。与课堂面授辅导和班组讨论不同的是，集中答疑涉及的课程内容比较宽泛，有时甚至有可能超出课程内容。一些与特定课程内容无关但与学生学习有关的问题也有可能被问及。教师的主要职责是认真解答学生提出的问题，帮助学生解决自主学习过程中遇到的各种困难，以增强学生学习的自信心和勇气，激励学生继续参与远程学习。

集中答疑也包括现场答疑和在线答疑两种形式。现场答疑要求学生在预定的时间集中到远程学习中心或教学站点，学生现场提问，专业教师现场解答；在线答疑则由远程教育机构安排专业教师，在预定的时间内，通过电子邮件、电子布告牌系统或在课程学习网站上开辟专门的答疑室等方式，实时解答学生提出的各种问题。

集中答疑活动的教学目的非常明确，即帮助远程学生集中解决自主学习过程中遇到的各种问题。为此，在参加答疑活动前，你一定要做好相关的准备工作，整理归纳疑难问题。在答疑的过程中，要注意提问的技巧；在答疑活动结束后，要注意复习和总结。

## 四、远程作业批改

为了检查学生的自学情况和自学效果，加深其对课程重点内容的理解、记忆和应用，远程教育机构通常会要求学生定期完成一定的练习或作业，并通过邮寄、集中提交、发送电子邮件和网上提交等方式交给课程指导教师批改、评阅，教师批改完成后再通过相应的方式反馈给学生。

远程作业批改是实现个别化教学的重要途径和手段。在远程作业批改中，教师的主要作用是评阅和批改学生的作业，并根据其完成情况和质量提供个别化辅导。具体包括：

- 指出作业中有价值的观点，并予以肯定和表扬，从而激发学生的学习兴趣和自信心；
- 改正作业中的错误，弥补作业中的遗漏，帮助学生准确理解和掌握有关的课程内容；
- 对作业完成情况和质量作出评价；
- 为学生提供学习指导意见。

一个有经验的远程教育教师，应当能从学生的答题思路和答题方式中，了解学生的学习风格、学习偏好，并提供具体的学习指导意见，帮助学生提高自主学习的效率和质量。

如果学生要想从这种个别化教学中获益，就要按照要求认真完成作业，并细心阅读教师的批改和评语。从批改和评语中，学生可以发现自己的学习漏洞，及时纠正自主学习中的错误，根据指导教师的意见调整自己的学习方式、进度安排和时间计划，并从教师的肯定和鼓励中获得继续学习的动力和信心。这里没有什么特别的技巧和注意事项，关键是学生要善于自省，善于反思，善于从别人的意见中发现自己的缺点并及时改正，找到自己的长处和优势并加以发扬。

## 五、毕业论文指导

当远程学习进入毕业论文阶段时，远程教育机构通常会为每个学生安排一名毕业论文指导教师。

教师在毕业论文指导中的主要作用是：

- 帮助学生正确选题；
- 指导学生按照科学的流程、规范的方式来完成毕业论文；
- 监督学生按时完成毕业论文；
- 检查毕业论文完成的质量；
- 指导学生通过论文答辩等。

远程学生应当充分利用毕业论文指导这一学习方式，充分发挥论文指导教师的指导和监督作用，从而保证自己能够按时完成合格的毕业论文。

可以采取的学习策略有：

(1) 详细咨询。在论文准备阶段，你应当向指导教师详细咨询远程教育机构关于毕业论文的具体要求，如选题范围、论文字数、完成时间、答辩时间等；了解毕业论文的写作流程和写作规范。在教师的指导下做好论文写作前的各项准备工作。

(2) 充分沟通。在论文选题和资料收集阶段，你应当与指导教师进行充分的沟通，告诉指导教师论文写作的全部设想，认真听取其意见，并及时调整工作方式。

(3) 定期汇报。在论文写作阶段，你应当定期向指导教师汇报论文的进展情况。例如，你可以提交论文写作的提纲或初稿，汇报论文写作过程中出现的新问题、新设想等。一方面，这可以促使自己按照既定计划进行论文写作；另一方面，你还可以根据教师的反馈意见及时调整写作思路，确保论文写作一直在教师的指导下进行。

有关论文写作的具体方法和技巧，将在第八章介绍。

## 第二节 听课的策略

课堂教学可以拉近师生之间的心理距离，增进师生之间的人际交流，使学生更容易接受有关的知识信息。学习和掌握一定的听课策略，可以有效地提高听课效率和效果。

对远程学生来说，需要听的课很多，有录音课、录像课、电视课、课堂面授辅导课等。不同类型的课需要采取不同的听课策略，这里主要介绍面授辅导课的听课策略。

听课，不仅仅是课堂听讲，还应当包括课前的准备和课后的复习。下面将分课前准备、课堂听讲和课后复习三个阶段来介绍听课的策略。需要注意的是，面授辅导不同于一般的课堂教学，它主要针对课程的重点、难点和学生容易产生问题的内容进行专题讲解。相应地，远程学生在听课时也应当充分考虑这一特点，在课前、课堂、课后这三个阶段，有针对性地采取一些有效的听课策略，从而提高听课的效率和质量。

### 一、课前准备

课前准备包括物质准备、精神准备和学习准备。

(1) 物质准备。学生应当在前一天晚上，将第二天参加面授辅导课所需要的学习材料准备妥当。考虑到远程学生居住分散，集中一次很不容易，远程教育机构一般会将多门课程的面授辅导集中安排在一天或几天内进行。如果不提前做好准备，等到出发前再来收拾整理，就很容易出现丢三落四的现象。例如，上课的时候，你会发现该带的书没带，该有的笔记本没有，这些都可能极大地影响你的听课情绪，降低听课效率。

(2) 精神准备。学生应当在前一天晚上，尽早将其他事务安排妥当，早早休息，养足精神，以充沛的体力和饱满的精神迎接第二天的面授辅导。设想一下，如果一个学生在前一天晚上和朋友尽情地玩了一个通宵，即使第二天也能红肿着双眼按时参加面授辅导，但结果不是趴在课桌上打瞌睡，就是头昏脑涨一句话也听不进去。另外，面授辅导针对的是课程的重点、难点和容易产生问题的内容，尤其需要学生具备充沛的体力和饱满的精神，以便在听课时保持注意力的高度集中。

(3) 学习准备。学生在参加面授辅导课前的一段时间内，应当充分利用远程教育机构提供的各种学习资源进行自主学习，基本理解和掌握相关的课程内容，完成规定的作业，整理归纳出自学过程中遇到的各种疑难问题；在参加面授辅导的前一天晚上，简单复习相关的课程内容，列出问题清单，为第二天的面授学习做好充分的准备。

做好学习准备可以使学生变被动为主动，增强听课的目的性和针对性，提高听课的效率。

面授辅导不同于一般的课堂教学，如果你课前没有进行充分的准备，听课的时候就会感觉很吃力、很被动，跟不上教师的讲课进度和思路，把握不住重点和难点，进而丧失听课的兴趣。

相反，如果你事先进行了充分的准备，明确知道哪些应该重点听、仔细听，听课的时候就可以集中精力听那些重点、难点和自已有疑问的内容，同时还可以分配一部分精力去研究教师的讲课思路，学习教师分析问题、解决问题的方法。这样，既提高了听课的效率，又保证了听课的质量。

## 二、课堂听讲

课堂听讲的主要策略是积极听讲和做好笔记。[①]

### (一) 积极听讲

积极听讲主要是指学生在听课的过程中，充分调动起自己的学习兴趣，发挥主观能动性，做一个积极的学习者、思考者，而不是一个被动的信息接受者。积极听讲的四个主要特征是：认真倾听，积极思考，抓住重点和注意交流。听课时，你可以从这四个方面入手，把握和运用听课技巧，提高听课效率。

1. 认真倾听

认真倾听指学生在听课的过程中注意力保持高度集中，大脑始终处于高度兴奋状态，学习兴趣浓厚，能紧跟教师的讲课进度和讲课思路。其中，保持和提高注意力是关键。你可以采取以下措施，提高自己在听课过程中的注意力：

(1) 排除各种外部干扰。你可以采取如下措施：选择前排就坐，尽量靠近教师和讲台；选择一个远离窗户、门和走廊的座位，避免噪音干扰；与你的同事、朋友保持一定的距离，以免在课堂上交谈、闲聊。

(2) 树立信心。例如：告诉自己这门课程非常重要，必须学好；用以往的成功经验暗示自己，认真听课可以有效地提高期末考核的成绩。

(3) 激发兴趣。例如：将学习内容与自己的工作、生活实际联系起来，从而激发学习的兴趣；将听课、学习与取得好的学习成绩、获得毕业文凭、改变生活和工作环境、提升个人的素质等短期目标或长期目标联系起来，从而强化学习动机。

(4) 明确目标。明确听课的重点，列出问题清单，询问自己希望从听课中获得哪些知识信息、解决哪些问题等。

2. 积极思考

在听课的过程中，你必须学会积极思考。

一方面，你不仅要紧跟教师的讲课进度和思路，还要力争走在教师思路的

---

① 参考了以下文献：(1) 学习策略课题组编：《学习的策略：怎样学得更好，更快，更高兴》，83～86页，北京，红旗出版社，1999；(2) Muskingum College Center for Advancement of Learning. General－purpose Learning Strategies: Attention and Listening. http://muskingum.edu/～cal/database/attention.html. 1999 (2003年11月)。

前面，进行“超前思考”。例如，教师刚刚提出一个问题，你就应当主动思考问题的答案，然后和教师的讲解进行比较。如果自己答对了，教师再讲一遍，记忆就会更深刻；如果自己答错了，再听教师的讲解，理解就会更透彻；如果自己的答案正确但和教师的不一样，再听教师的讲解，就可以学到一种新的解题思路和方法。

另一方面，你要习惯采用批判性的态度来听课，一边听课一边思考，对教师的讲课内容进行评判、质疑，最终得出自己的结论。因为课前你已经基本理解和掌握了辅导课所涉及的大部分内容，听课时就比较容易分出部分精力来进行思考、评判和质疑。因此，相对于传统教育中的学生，远程学生听课时更容易实现“超前思考”，也更容易对教师的讲课内容进行质疑。

总之，积极思考的主要策略，就是提问、再提问，思考、再思考，通过对比、分析和评价，加深对所学知识的理解。

3．抓住重点

(1) *注意开头和结尾*。一堂课的开头语，往往只有寥寥数语，却有可能是整堂课的纲要，或者点出了将要讲授的各部分内容之间的逻辑关系。你只有顺着这个纲要去听课，才能跟上教师的进度和思路。同样，结尾的话也不多，却有可能是对整堂课的提炼和总结，是最精华的部分，它对学生进一步理解课程内容、把握内容实质有不容忽视的作用。

(2) *注意教师反复强调的部分*。对于课程的重点内容，教师一般都会反复强调。这种强调，有时是直接的，有时却是间接的或暗示的。教师口头明确要求学生注意的内容，在黑板上写下的内容，或在板书中用彩笔勾勒出的内容，一般都是重点内容。教师的语音、语调、语速和手势等也是非常重要的线索。例如，教师一般会通过提高声音或特意放慢语速，来暗示内容的重要性，以引起学生的注意。听课时，你要高度关注这些直接的或间接的线索，抓住教师的讲课重点。

4．注意交流

课堂面授的过程，不仅是教师将知识传授给学生的过程，更是教师和学生、学生和学生之间进行交流、沟通的过程。课堂交流包括提问和目光交流等，对学生的听课学习起着非常关键的作用。

提问是师生之间最直接的交流方式。远程学生本来就是带着问题来听课的，远程教育机构定期安排面授辅导的主要目的，也是要解决学生在自主学习过程中遇到的各种问题。因此，如果教师讲课时没有讲到你的问题，你就可以提问；如果教师讲课时讲到了你的问题，但你没有听明白，你也要问。当然，问的时候，要注意方法和策略。

首先，提问要尽可能简单明了，不能连自己都没想明白要问什么就胡问一气，那样只会耽误大家的时间。

其次，课堂面授不同于讨论学习或集中答疑，提问不宜太多，课堂上最好只提那些需要迫切解决的问题，其他问题尽量放到课后去问，从而提高课堂教学时间的利用率。

目光交流在课堂学习中十分重要。当学生和教师积极地进行目光交流的时候，教师会很容易从学生的目光中“读出”学生是否理解了讲课内容、是否还存在疑问。目光交流也有助于学生集中听课注意力，提高听课效果。

**（二）做好笔记**

有关笔记的作用、格式、类型、使用和记笔记的策略，在第四章已有详细的介绍。这里主要介绍如何在认真听课的同时做好课堂笔记，进一步提高听课效果。①

（1）科学地分配注意力。听课的主要目的，是通过积极听讲，理解教师讲课的主要内容。记笔记只是一种辅助手段。因此，学生应当将 90 % 的注意力集中于听课和思考，将 10 % 的注意力用来做课堂笔记，简要地记下教师的讲课提纲、主要观点和重要数据。有的学生几乎将全部的注意力都放在记笔记上，试图记下教师在课堂上讲过的每一句话。听课几乎变成了听写。他们忙于机械地记录，根本没有时间去消化、理解讲课的内容。即使得到了一份貌似完整的、系统的听课笔记，其实际学习效果可能还不如那些不做笔记的学生。

（2）做提纲式笔记。第四章介绍了笔记的四种基本格式——摘要式、提纲式、网状型和康奈尔式。课堂笔记一般宜采用提纲式。首先，采用提纲式笔记，你可以将注意的重点放在听课上。提纲式笔记只要求你简要地记下教师的讲课思路和主要观点，因此你可以把更多的时间和注意力用来听课，用于理解、思考和记忆讲课的内容。其次，采用提纲式笔记，你可以在听课的过程中保持注意力的高度集中。你要自始至终紧跟教师的讲课进度，积极思考，以便

---

① 参考了以下文献：（1）学习策略课题组编：《学习的策略：怎样学得更好，更快，更高兴》，86 ~ 90 页，北京，红旗出版社，1999；（2）Muskingum College Center for Advancement of Learning. General - purpose Learning Strategies: Attention and Listening. http://muskingum.edu/~cal/database/notetaking.html. 1998（2003 年 11 月）。

把握并记录下教师的讲课思路。最后，采用提纲式笔记，有助于你抓住讲课重点。提纲式笔记，一般寥寥数语，却提纲挈领，层次分明，让人一看就能知道这堂课的重点和难点。

(3) 使用缩写、速记技巧。缩写和速记，是记笔记过程中最常使用的两种基本技能。良好的缩写和速记技巧，能帮助你用最简短的语言概括出教师讲课的大意，在最短的时间内记录下最多的信息，从而提高记笔记的速度和笔记的质量。例如，在记笔记的过程中，尽量使用各种符号来代替相应的汉字词汇或短语，如用“∥”表示平行或并行，用“eg”来表示“例如”等；用流行的简称或缩写，来代替某些专用名词，如用“电大”来代替“广播电视大学”，用“IT”来代替“信息技术”等。

(4) 准确记录、多留空间。实验研究表明：如果你首次记录时发生错误，那么即使以后被告知正确的信息，你也很难改正原来的错误。因此，记课堂笔记时，一定要准确记录。对于看不清楚的或没弄明白的，要主动向教师和周围的同学求教，决不能随意猜测，敷衍了事。如果课堂上时间不够，可以在不明白或不确定的地方做上记号，待下课后再请教教师和同学。另外，记课堂笔记时，不要过于吝啬纸张，应当在每页的上下、左右留出足够的空白，以便课后补充资料、改正错误和记录心得体会。

(5) 课堂录音。当面授辅导的内容特别重要或非常复杂、深奥的时候，你不妨采用课堂录音的方法。这样一来，你就可以将全部的注意力用来听教师讲课，用来思考和理解讲课的内容，从而提高听课的效果。

## 三、课后复习

课后复习是课前准备和课堂听讲的延续，是学习过程中不可缺少的重要环节。做好课后复习，可以加深对讲课内容的理解和记忆，强化和巩固新旧知识之间的联系。

课后复习一般包括课后回忆、整理笔记和完成练习等环节。[①]

(1) 课后回忆。课后回忆俗称“过电影”，即利用课间休息时间或课后的其他时间，把课堂所学的内容在头脑中快速回忆一遍，以巩固所学的知识。课

① 学习策略课题组编：《学习的策略：怎样学得更好，更快，更高兴》，90～92页，北京，红旗出版社，1999。

后回忆是一种积极主动的活动，需要高度集中注意力。你可以一个人单独回忆，也可以与其他同学一起互相启发、补充回忆。课后回忆还有助于你及时检验听课的效果。如果回忆顺利，说明听课的效果良好，反之，就应该认真查找原因，调整听课的策略和方法。

(2) 整理笔记。一边听课一边记笔记，难免会遗漏一些内容。因此，你需要在课后整理笔记，充实笔记内容。整理笔记主要包括以下三方面的工作：一是补充遗漏的内容，使笔记更加完整、系统；二是核实不确定的内容，或修改错误的内容，使笔记更加准确；三是重新组织笔记，使笔记内容的组织方式更加合理，便于理解、掌握和记忆等。

(3) 完成练习。练习是检验和巩固听课效果的重要环节。你可以通过完成教师布置的作业和练习，重新学习和理解面授辅导内容，进一步加深对有关内容的理解和记忆。在完成练习的过程中，要注意养成独立解决问题的良好习惯，要积极思考，避免一有问题就立即向教师或同学求助。切忌照抄、照搬教材上的原话，而要力争用自己的语言来概括原文大意，在作业中融入自己的观点和结论。

## 第三节 讨论的策略

在班组讨论中，学生处于积极主动的地位，既要发表自己的观点，提出自己的疑问，又要倾听和记录他人的观点，并对他人的观点进行评价。远程学生要想从讨论学习中受益，就需要掌握一定的技巧和方法，包括讨论前如何准备、讨论过程中如何积极参与和记笔记、讨论后如何整理讨论笔记等。本节主要探讨现场讨论的一般技巧和方法。有关在线讨论的技巧和策略，将在第六章中详细介绍。

### 一、认真准备

认真准备是保证讨论效果的前提。每次讨论，指导教师都会确定一个或多个讨论主题，讨论前的准备工作必须紧紧围绕讨论主题来进行。

首先，要认真复习教材中涉及讨论主题的相关内容，并针对讨论主题，总结归纳出教材的主要观点。

其次，要积极思考，明确哪些观点是自己认同的，哪些观点还心存疑虑需要进一步探讨。

再次，从教材、学习参考资料或互联网上收集有关的资料，用资料来说明为什么认同某些观点，或为什么对某些观点持怀疑态度。

最后，准备讨论提纲，包括准备发言提纲、列出问题清单和整理数据资料等。

总之，讨论前的准备一定要充分，要有针对性，以确保自己在讨论中的发言言之有物、言之有据。

## 二、积极参与

积极参与是保证讨论效果的关键。你可以在讨论活动中尝试采取以下策略，以激励自己积极参与，融入讨论的氛围中。

(1) 第一个发言。讨论开始时，指导教师一般会简单地介绍本次讨论的目的、主要论题以及论题的由来等，引导学生进入讨论状态。但是，开始时往往会出现冷场的现象，教师和同学都期待有人能打破僵局第一个发言。这时，如果你能勇敢地站出来，就会把教师和同学的目光都吸引到自己身上，从而成为全场的焦点。在接下来的讨论中，你就会不由自主地参与进去，因为你已经成为讨论的“靶心”。不管你的观点是对是错，教师和同学都会加以评论，并由此引出他们自己的观点和看法。

(2) 采用演讲策略。要想让他人认真倾听并认可自己的观点，除了要言之有物、言之有据外，还要在发言时适当采用一定的演讲策略。例如，你可以控制语音强度和语调。声音太低，别人可能听不见，并会给人一种缺乏自信的印象；声音太高，别人听起来会觉得很刺耳，容易引起反感；抑扬顿挫的发言，则比较容易突出重点，吸引他人的注意。你可以查阅有关演讲策略方面的书籍，从中了解和掌握一些基本的演讲策略，从而提高自己的发言技能。

(3) 认真倾听，积极思考。讨论毕竟不同于演讲。除了要适时表明自己的观点外，大部分时间，你还需要认真倾听他人的发言，积极思考他人的观点，从他人的观点中发现自己思维的盲区和误区，用他人搜集的材料来补充和完善自己的论点，通过不断的探讨和交锋，达到加深理解、巩固记忆和提高认识的目的。

(4) 注意教师的发言。指导教师在讨论中主要起引导、监督作用，保证学生的发言和讨论紧紧围绕讨论主题来进行。因此讨论时，指导教师会针对学生的发言，适时进行简要的点评和总结。点评一般寥寥数语，但往往能击中问题的要害，能引导学生进一步思考和探讨；总结也不会很长，但往往能提纲挈领，归纳整理出全场讨论的主要观点和存在的主要问题。你应当认真倾听教师的发言，从中获得关键的、重要的知识信息。

（5）简单记录。记讨论笔记有助于你集中注意力，准确理解他人的观点，抓住他人的发言重点。讨论笔记的记录要尽可能简单明了，只需记录下他人的观点，以及支持其观点的重要论据即可。你也可以在他人的观点旁做简要点评，为进一步的交流讨论做好准备。也就是说，讨论笔记不仅要准确记录他人的观点，还要及时记下自己的想法和灵感。很多重要的观点，就是在不断的交流、讨论和碰撞中产生的。

### 三、整理讨论笔记

由于时间仓促，讨论笔记一般比较简单、凌乱，需要在讨论后归纳整理或重新组织笔记。例如，你可以将指导教师的所有重要观点归纳整理到一张卡片上，或将每个讨论主题的所有重要观点归纳整理到一张卡片上；也可以将自己在讨论过程中发现的新问题、得出的新结论归纳整理到一张卡片上。通过整理讨论笔记，你可以进一步加深对讨论主题的理解和认识，形成书面的、具有一定保存价值的讨论学习成果，以便日后查阅、复习时使用。

## 第四节　提问的策略

在自主学习过程中，远程学生通常会遇到并积累起许多疑难问题，集中答疑则是解决这些问题的大好时机。

你如果想从这种学习活动中获益，首先必须勇于提问，对自己不清楚、不明白的地方，大胆地问为什么这样，或为什么不那样；

其次，要注意提问的策略，例如所提的问题要尽量简单、明确，应当将提问的焦点集中在自己最需要解决的问题上。

本节主要介绍答疑前如何准备问题、答疑过程中如何提问以及答疑结束后如何整理笔记等有关的策略。

## 一、认真准备

答疑前的准备，主要是认真整理一个阶段以来自己在学习过程中积累起来的各种问题。它主要包括以下几方面的工作：

(1) 列出全部问题。查阅学习笔记，列出问题清单。无论问题是大是小，都要一一列出。

(2) 对问题进行排序。逐一核对每个问题，确认其是否重要，并按照重要程度进行排序。核对问题时，要认真翻阅教材和笔记的有关内容，回忆问题提出的背景和原因，并确认该问题是否已经在后续的学习过程中得到了解决。

(3) 确定要提问的问题。集中答疑的时间有限，而且集中答疑针对的是全体学生而不是你一个人，辅导教师不可能解答你的所有问题。因此，有必要再次分析问题清单上的每一个问题，明确哪些问题是集中答疑时必须要问清楚的，哪些问题则可以留到以后通过其他方式来解决，在精心筛选的基础上，确定答疑时要提出的问题。

(4) 设计提问。提问清单上列出的是你在自主学习过程中遇到的一些实际问题，具体到答疑时问什么、怎么问，还需要提前进行精心设计。一个基本的设计原则是：问题要尽可能简明和引人注目。

至此，你要提的问题清楚了、明确了，答疑前的准备工作也可以说基本结束了。

## 二、适时、适当地提问

你应当选择适宜的时间、采用适当的方式提出自己的问题。集中答疑时，辅导教师面对的是全体学生，需要充分照顾到每个学生的需求，不可能总是回答你一个人的问题。为了争取尽可能多的提问机会，或保证自己的问题提出后能得到教师的响应和反馈，你可以尝试采取以下策略：

(1) 第一个提问。一般来说，教师都会认真解答第一个学生提出的第一个问题，以营造良好的答疑氛围，鼓励学生积极发问，积极参与。要想问好第一个问题，除了要有提问的勇气和自信外，关键还是要做好提问前的准备工作。准备不充分，提问时就会缺乏自信，问题的表述就会不清楚，教师也会因此抓不住问题的关键，只好泛泛地解释几句，并不能真正解决你的问题，答疑的作用也因此大大削弱。

(2) *在冷场的时候提问*。在集中答疑活动中，经常会出现这样的局面：在答疑进入高潮的时候，大家争先恐后地抢着提问、抢着发言，教师应接不暇；一阵高潮过后，常常会陷入长时间的冷场，似乎大家都在思考，无问题可问了。如果你事先的准备非常充分，就一定要勇敢地站出来提问，以保证自己能争取到较多的提问机会。

(3) *要勇于提问*。在集中答疑活动中，总有部分学生只是静静地坐在一边，从不提问。其实，他们并不是无问题可问，而是不敢问或不愿意问。他们总是担心自己的问题有错或过于简单，怕提出来后遭人耻笑。这些都是不必要的担心和顾虑。只要是你不清楚、不明白的问题，都可以大胆地提出来，即使错了，你也可以从教师对错误的分析和解答中学到很多东西。

(4) *在认真倾听的基础上提问*。许多学生在参加集中答疑活动时，往往只关心自己要提的问题，总是急于让教师解答自己的问题，对别人的问题和教师关于其他问题的解答漠不关心。其实，学生在自学过程中遇到的问题基本上是相通的。认真倾听教师解答他人的问题，往往可以部分地或全部地解决自己的问题，你也许会发现，原来准备好的一些问题已经不需要提了。另外，认真倾听他人的提问和教师的解答，还可以加深你对有关知识的理解和记忆，促使你进行更深入的思考和分析，你可能会发现，新的问题又出现了，在接下来的提问中可能需要重新调整提问的内容和角度。在认真倾听的基础上提问，可以有效地避免你重复他人的提问，可以使你的问题更具有针对性，更能引起教师的注意和重视。

## 三、整理答疑笔记

答疑的时候，不仅要问、要听，还要记。由于时间有限，你往往只能简单记下问题的大概和教师的解答要点，需要在课后重新整理。整理答疑笔记的主要工作如下：

(1) 参照提问清单，逐一整理和复习每个问题及其解答要点，确认哪些问题已经解决、哪些问题还有待进一步学习和询问；

(2) 整理他人的问题和教师的解答要点，并重点复习那些对自己有参考意义的问题；

(3) 重新整理出一份问题清单，包括以前已经列出但此次答疑活动还没有解决的问题以及此次答疑过程中新发现的问题等，争取在课后通过其他方式解决。

如果答疑活动采用在线方式进行，你还需要学会使用在线聊天工具和电子布告牌系统等工具软件，并遵守一定的使用规范或网络礼节。有关在线交流工具的使用规范将在第六章介绍。

## 本章小结

本章主要介绍了课堂面授辅导、班组讨论、集中答疑、远程作业批改和毕业论文指导等五种常见的教师引导的学习方式，阐明了教师在其中的主要作用以及学生需要掌握的基本技能和学习策略。

课堂面授辅导不同于一般的课堂教学，它主要针对课程的重点、难点和学生容易产生问题的内容进行专题讲解。听课时，学生应当充分考虑这一特点，在课前准备、课堂听讲和课后复习三个阶段，有针对性地采取一些有效的听课策略。

班组讨论的主要目的是引导学生在自主学习的基础上更深入地思考课程内容。参加班组讨论的学习策略包括：在讨论前，围绕讨论主题准备讨论提纲；在讨论过程中，积极参与讨论，认真倾听和思考他人的发言；在讨论结束后，及时整理讨论笔记等。

集中答疑的目的则是帮助学生集中解决自主学习过程中遇到的各种问题。参加答疑活动的学习策略主要包括以下几个方面：整理归纳问题，设计提问方式，注意提问技巧和及时复习总结等。

## 实践活动

### 一、归纳整理各种教师引导学习方式的特点

本章重点介绍了三种常见的教师引导的学习方式，即课堂面授辅导、班组讨论和集中答疑。

为了加深理解和准确把握这三种学习方式，请你在认真阅读的基础上，采用列表的方式，归纳整理出每一种学习方式的特点，包括：远程教育机构一般会在什么情况下为学生提供这种学习服务；提供这种学习服务的目的；教师在

其中的主要作用；为了提高学习的效率和质量，学生应当采取哪些有效的学习策略，需要学习和掌握哪些基本技能，需要注意哪些事项等。通过整理学习笔记，了解远程学习中教师的作用，了解远程教育机构提供的学习支持服务，明确自己在何种情况下可以得到何种学习服务，以及如何有效地利用这些学习支持服务。

## 二、听课策略的运用

在远程学习中，课堂面授辅导是应用较为广泛的一种教师引导的学习方式，远程学生也比较容易接受这种学习方式。为此，本章对听课策略做了详细的介绍。

请你在参加下一次面授辅导课时，尝试采用本章介绍的听课方法和策略，并检查听课效果与以往相比是否有明显的提高。通过反复回忆策略的运用过程和实际效果，总结每种策略的得失和注意事项，进一步细化每种策略的操作程序和方法，使之更适合你个人的情况。

# 第六章
# 小组协作学习

## 学习目标

通过本章的学习，你应能：

1. 了解小组协作学习的含义及其在远程学习中的地位和作用；
2. 了解学习小组的类别及其作用，理解促进和妨碍有效学习的小组特征；
3. 知道小组成员在协作学习过程中的各种角色，掌握实施协作学习的一般步骤；
4. 了解在线交流的优势和劣势，掌握在线交流工具的使用规范；
5. 运用在线交流工具进行协作学习。

OPEN奥鹏 E-LEARNING

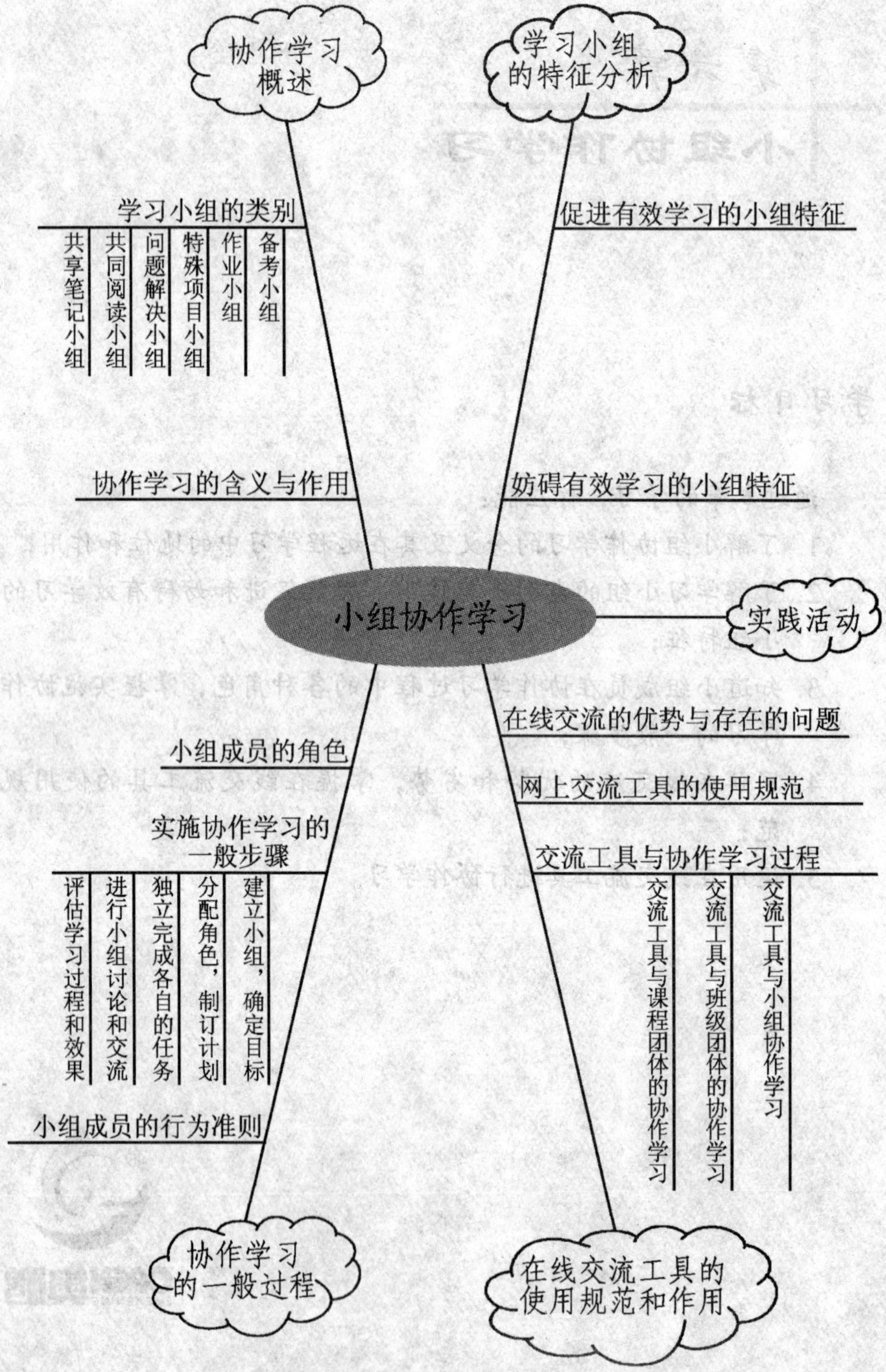
小组协作学习
协作学习概述
学习小组的类别
共享笔记小组
共同阅读小组
问题解决小组
特殊项目小组
作业小组
备考小组
协作学习的含义与作用
学习小组的特征分析
促进有效学习的小组特征
妨碍有效学习的小组特征
实践活动
协作学习的一般过程
小组成员的角色
实施协作学习的一般步骤
建立小组，确定目标
分配角色，制订计划
独立完成各自的任务
进行小组讨论和交流
评估学习过程和效果
小组成员的行为准则
在线交流工具的使用规范和作用
在线交流的优势与存在的问题
网上交流工具的使用规范
交流工具与协作学习过程
交流工具与小组协作学习
交流工具与班级团体的协作学习
交流工具与课程团体的协作学习

在当前的远程教育实践中，无论是学生自主学习还是教师引导的学习都已经得到相当的重视。然而，学生之间的相互交流、相互促进以提高学习效果的学习活动却没有得到应有的重视。

本章首先阐述协作学习的含义，介绍几种常见的小组协作学习方式。然后，分析协作学习的一般过程，指出协作学习的一般步骤和参与人员的行为准则。最后，介绍在线交流工具在远程协作学习过程中的作用和使用规范。

## 第一节 协作学习概述

### 一、协作学习的含义与作用

“协作学习是通过两个或两个以上的个体在一起从事学习活动，相互交流、相互促进，从而提高学习效果的一种学习形式。”① 协作学习发生在两个或多个个体组成的学习小组中。小组成员可以有教师，也可以没有教师。本章主要讨论没有教师参与的小组协作学习。

协作学习方式尤其适合于人际智力较强的学生，他们善于从与别人的交往中学习。协作学习方式对其他类型的学习者同样也非常有用。国内外大量的实验表明，协作学习不仅可以提高学生的学业成绩，还可以促进其他方面能力的发展。具体来说，协作学习主要具有以下作用：

第一，协作学习是个人之间共享信息、经验和学习策略的重要途径。人各有所长。孔子曰：“三人行，必有我师焉，择其善者而从之，其不善者而改之。”（《论语·述而》）一个明智的学习者应该明白向别人学习、互帮互学的作用。协作学习使学生博采众长，取长补短，弥补个人学习的不足，澄清自己在知识理解上存在的问题，并从他人处学到好的学习方法。

第二，通过分工协作，不仅可以减少个体学习某些内容所需的时间，还可以提高学习的深度。

第三，协作学习具有协同作用。俗话说：三个臭皮匠，赛过一个诸葛亮。从多个角度理解知识和看待问题，有可能产生每一个小组成员都没想到的问题

① 引自桑新民主编、张倩苇副主编：《步入信息时代的学习理论与实践》，163页，北京，中央广播电视出版社，2000。

以及问题的解决方案；通过争论，有可能产生令人惊讶的思想火花。

第四，小组协作学习有助于激发学生的学习动机，减轻学习压力。

第五，协作学习有助于发展个人的沟通和团队合作的技能。在协作学习过程中，必然伴随着个人的口头或书面语言的表达、思想的沟通和性格的磨合，从而使学生的组织能力、交往能力得到提高。成功的协作学习还有助于培养学生的团队精神和对团队的责任感。这些都对个人的职业生涯有直接的帮助。

有些人认为，与学习水平低的同学在一起学习可能会浪费时间。实际上，在协作学习过程中，学习成绩好的学生也可以从学习成绩差的同学处学到许多东西。通过给别人讲解有关的知识或回答别人的问题，我们对这些知识和问题的认识和理解会得到进一步的提高。另一方面，这也有利于培养学习成绩好的学生的自信心和领导技能。

协作学习既可以用在传统学校教育中，也可以用在远程教育中。传统学校的协作学习通常表现为面对面的实时交流。然而，网络远程教育中的协作学习则通常是跨越时空的，使身处异地的学生实现实时或非实时的交流。远程协作学习的难点在于如何使用多媒体技术和网络技术来辅助和支持个体之间的协作学习活动。

在远程学习中，协作学习的作用尤其重要。由于教师资源的有限性，师生之间的交互机会较少。协作学习可以有效地弥补远程学习过程中人际交流的不足，减少学生的孤独感，增进学生之间的相互交流和相互理解。为了促使学生积极开展协作学习，充分发挥协作学习在远程学习中不可替代的作用，有些远程教育机构，在评定学生的成绩时不仅考虑学生的个人学习成绩，还考虑学生参与集体学习的情况。例如，考虑学生在课程专题论坛中发布的消息的数量与质量，以及完成小组项目或作业的情况等。

## 二、学习小组的类别

协作学习小组的种类很多。根据小组要达到的目标，可以列出以下几类学习小组：

(1) 备考小组。目标是为考试做准备，以共同提高考试成绩。小组负责人把考试科目的课程内容分解成若干部分，然后分配给每一个小组成员。每一个人则对自己所负责的部分进行深入分析，写出复习总结报告；根据自己复习过程的经验，指出本部分的难点和注意事项；提出若干有助于复习的论文式题目，甚至拟定若干道自己认为可用于考试的题目。最后，在小组内部，大家相互交流复习心得，并交换上述资料。

(2) 作业小组。目标是共同完成课程作业。首先，小组的每个成员独立完成各道作业题；然后，向小组的其他成员讲解解题过程，交流各自的心得体会。

(3) 特殊项目小组。目标是共同完成专题研究报告或论文。首先，项目负责人与小组成员一起把项目分解为若干子任务；列出每项子任务所要达到的标准；确定每项子任务的完成计划（包括完成的日期、参与该子任务的小组人员名单）。然后，各子任务组完成各自的任务，并向项目组提交各自的子报告。接着，由项目负责人统筹，把各子任务组的子报告集成为一个完整的报告初稿。最后，大家对之进行讨论和修改，直至确定终稿。

(4) 问题解决小组。目标是共同解决问题。首先，由小组成员提出各自的解决问题的方案。然后，大家对各种方案进行讨论、评估，并确定一个最佳的方案。最后，按照此方案制订实施计划。另外，如果问题已经有初步的解决方案，那么小组成员可分别扮演批评者和赞同者等角色对之进行分析和完善。

(5) 共同阅读小组。目标是提高对阅读内容的理解。首先，根据小组人数，小组负责人把待阅读的内容分解为若干部分。小组的每一个成员负责阅读、分析所分配的部分，写出内容概要，设计阅读理解测验题。然后，在小组范围内交换各部分的内容概要和测验题。必要时，小组成员还可以针对个别问题进行讨论。最后，大家一起讨论，整理出全部阅读内容的概要、重点和理解测验题。

(6) 共享笔记小组。目标是发挥集体优势，共同完成一份比较完备的笔记。这里以课堂笔记为例来说明。首先，每一位成员各自做笔记。然后，在小组内，相互交换笔记。每位成员根据其他人的笔记对自己的笔记进行修订，尤其是要澄清一些概念，纠正一些偏差，添加遗漏内容，确定重点。最后，大家再交换已修订过的笔记。根据实际需要，在修订过程中，小组成员可以进行广泛的讨论。

## 第二节　学习小组的特征分析

协作学习要发挥作用是有一定条件的，并不是任何一个学习小组都能够促进学习。下面分别介绍促进和妨碍有效学习的小组的特征。

## 一、促进有效学习的小组特征

一个能够促进学习的小组通常具有如下特征：①

- 具有对小组各成员都有意义的、明确的目标。共同的目标能够为小组成员指引方向，增加小组的凝聚力，提高成员的积极性。
- 鼓励每一个成员积极参与小组协作学习的各个环节。认识到每一个小组成员都可以做出自己的贡献。
- 小组的每一个成员以积极的态度对待小组的其他成员，并尊重其他成员的意见和当前的学习水平。确保小组成员具有相对平等的地位。这具体表现在交流的时间长短、频度和类型上，比如每一位成员都应当有足够长的发言时间。
- 认识到协作学习的目标是小组的每一个成员都掌握学习内容。小组的每一个成员都关心并促进小组其他成员的学习。
- 注重培养每一个成员的领导技能。根据每一个成员在小组中的责任，适当安排一些起领导作用的职责。
- 小组成员具备较强的人际技能，包括交流技能、冲突控制和领导技能等；具备表达自己的所看、所想和所评（对协作学习过程以及对小组其他成员的观点的评论）的能力。
- 小组成员之间的批评是建设性的。对他人的观点或贡献的评价是客观的，而不是情绪化的、非专业性的主观评价。小组成员之间的争论也是建设性的。小组成员应该客观地质疑、挑战小组其他成员的观点和论证过程，以提高对有关问题的理解。
- 能够在小组成员已经掌握的知识与当前的学习任务或问题之间建立起联系。
- 在协作学习过程中，不时地对小组学习的过程和成效进行分析和反思，从而改进小组协作学习的方式。

① 参考了以下文献：Virginia Polytechnic Institute and State University. Developing Collaborative Learning Skills: Group Processes and Characteristics That Foster Effective Learning. http://www.bsi.vt.edu/vetmed/vm8284sp2001/cases/collab.html.（2003年11月）

## 二、妨碍有效学习的小组特征

一个可能妨碍有效学习的小组通常具有如下特征：[①]

- 个别小组成员垄断讨论过程，发言过多，降低其他成员做贡献的机会。
- 小组成员之间以消极的态度相互对待，不尊重他人的意见。
- 有些成员总是被动地等待小组的其他成员给予指导或组织讨论等。
- 个别成员试图在没有达成共识的情况下控制小组的活动过程。
- 成员之间的批评是非建设性的。对他人的观点或贡献的评论太抽象或空泛，没有具体有用的信息。
- 在讨论问题时，评论或提问常常离题。
- 小组的协作仅仅是表面的，每一个成员实际上各自为政。
- 小组的时间计划性差。小组成员不惜时或不守时。

# 第三节　协作学习的一般过程

协作学习能否取得成功取决于小组成员对学习过程的积极参与和认同的程度。小组成员根据共同的目标调节自己的行为，遵循达成一致的准则，自觉自愿地协调个人利益与团体利益，同时发挥各自的主动性和创造性，互相学习，就可以实现小组预定的目标。另外，小组成员应当了解协作学习的一般过程，了解自己和他人在协作学习过程中的角色、作用以及行为准则，才能更好地配合小组的其他成员共同实现既定的目标。

## 一、小组成员的角色

一个学习小组通常包括小组负责人、学习活动的控制者、团体活动资源的

① 参考了以下文献：Virginia Polytechnic Institute and State University. Developing Collaborative Learning Skills: Group Processes and Characteristics That Interfere with Effective Learning. http://www.bsi.vt.edu/vetmed/vm8284sp2001/cases/collab.html.（2003年11月）。

调度者、普通参与者和学习过程的评估者等角色①。每一个小组成员都可能担任其中的多个角色。

(1) 小组负责人的职责是确保小组协作学习的正常进行。根据小组成员的意见制订小组学习议程。组织小组成员确立学习目标、制订时间计划并进行分工。在小组会议上，控制每个成员的发言时间，既要防止出现大家都沉默不语的场面，又要避免个别人占用太多的时间。

(2) 学习活动的控制者的职责是协调小组学习过程中的各项活动。记录学习小组在各项活动上所花费的时间；按照协作学习的计划，确保已安排了时间的活动得以执行。

(3) 团体活动资源的调度者的职责是根据小组计划，安排团体活动过程中所需要的各种资源，比如参考文献、小组成员的演示材料、线下会议所需的会议室和投影仪等。他还应当负责通知小组成员关于活动的时间和地点等。

(4) 普通参与者的职责是参与计划中的各项活动。通常，小组的所有成员都要扮演普通参与者的角色。

(5) 学习过程的记录者的职责是对小组的活动过程进行记录，并在每次会后，把整理过的有关材料，比如小组决议、小组成员的报告和会议议程的执行情况等，发给小组成员。

(6) 学习过程的评估者的职责是对小组学习活动的计划执行和预期目标实现的情况以及小组活动的效率进行评估。

例如，某课程作业协作学习小组由张三、李四和王五三个人组成。他们可能担任的角色如表 6-1 所示。

**表 6-1 小组成员角色分配**

| 姓 名 | 角 色 |
|---|---|
| 张 三 | 小组负责人、普通参与者、学习过程的评估者 |
| 李 四 | 团体活动资源的调度者、学习过程的记录者、普通参与者、学习过程的评估者 |
| 王 五 | 学习活动的控制者、普通参与者、学习过程的评估者 |

① Muskingum College Center for Advancement of Learning. General-purpose Learning Strategies: Group and Cooperative Learning, http://muskingum.edu/~cal/database/group.html. 1998 (2003 年 11 月)。

## 二、实施协作学习的一般步骤

不同类别的学习小组可能有不同的协作学习程序。然而，一般来说，协作学习的实施流程如图 6－1 所示。

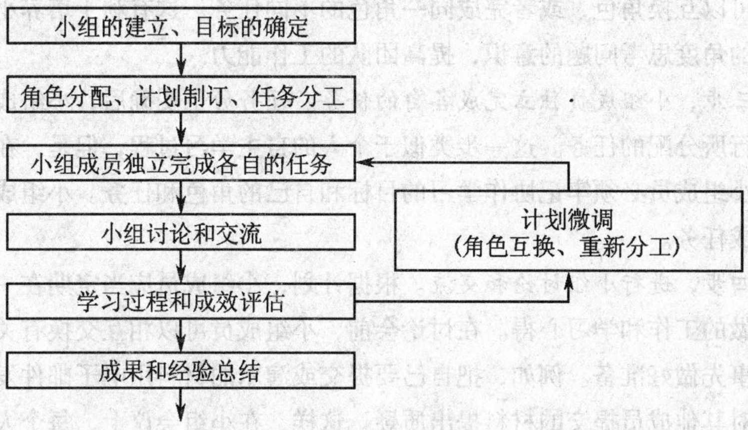


**图 6－1　协作学习流程**

协作学习流程主要包括如下步骤：

第一步，建立小组，确定目标。学习小组的规模以小为好，一般以 3～6 人为宜，由 3～4 人组成的小组最佳。人数太多不便于协作学习，尤其是效率可能会降低。你可能是小组的发起人，也可能是应邀者。不管是哪一种情况，在小组协作学习过程中，小组成员应当有共同的目标。不仅学习小组要有明确的目标，每一次小组团体活动也应该有具体的目标。如果你经常去远程学习中心，在那里认识了一些学习同样课程的同学，那么你们就可以共同组成一个学习小组。你也可以先在课程学习网站上通过阅读个人简历和专题论坛的消息来了解其他同学的情况，然后探讨与他们共同建立学习小组的可能性。小组活动既可以是面对面的，也可以是基于互联网的。根据学习科目或个人的兴趣、爱好和目标，一个人可以同时参加多个学习小组。不过，要注意安排和协调好不同小组的集体活动时间。

第二步，分配角色，制订计划，对任务进行分工。一旦小组的目标明确了，小组成员就要协商确定每一个人所应当扮演的角色。然后，小组负责人主持计划的制订和任务的分工，使各项子任务在小组成员之间得到比较均匀的分配。从前面第一节的介绍可知，计划和分工与学习小组的类别关系很大。不同的小组成员既可能完成同样的任务，也可能完成不同的任务。不管怎样，每一成员必须认同所分配的角色，接受所分配的任务。在任务的完成时间、所要达到的标准以及团体活动时间的安排上都要达成共识。具体协作学习的过程则由学习活动的控制者监控。当小组的目标较大且跨时较长时，每隔一定时间，小组成员可以互换角色，或者完成同一角色的不同任务。这有利于培养小组成员从他人的角度思考问题的意识，提高团队的工作能力。

**第三步，小组成员独立完成各自的任务。**任务分工明确后，小组成员各自开始执行所分配的任务。这一步类似于个人的自主学习过程，但是，在学习过程中，小组成员必须牢记协作学习的目标和自己的角色和任务。小组成员必须按时完成任务。

**第四步，进行小组讨论和交流。**根据计划，小组成员应当定期在一起交流近期所做的工作和学习心得。在讨论会前，小组成员可以相互交换有关的会议材料，事先做好准备。例如，把自己要提交或演示的材料用电子邮件发给其他成员；对其他成员提交的材料提出质疑。这样，在小组会议上，每个人就只需简明扼要地汇报自己的工作情况，小组的讨论就可针对重点和难点。每次会议结束之前，还要明确下一次会议的主题以及两次会议之间这段时间小组成员的任务，确定下一次会议的时间和面对面交流的地点或使用的网上交流工具。

**第五步，对学习过程和成效进行评估。**在协作学习的过程中，学习活动的控制者应当及时把小组学习的情况汇报给小组负责人。大家共同针对协作学习中发现的问题，及时调整计划，使之更加符合小组成员和学习任务的实际情况。随后，小组成员再继续完成以上第三步、第四步的工作。如此往复，直到实现预定的目标。最后，小组应当对协作学习所取得的成果和经验进行总结，使有关成果，比如研究报告终稿、小组笔记最完善的版本，在小组范围内得到共享；认同每一位成员的贡献，并指出存在的问题以及今后的努力方向。

## 三、小组成员的行为准则

为了保证小组协作学习得以顺利进行，小组成员必须遵守以下行为准则：①

① 参考：Muskingum College Center for Advancement of Learning. General-purpose Learning Strategies: Group and Cooperative Learning, http://muskingum.edu/~cal/database/group.html. 1998（2003年11月）。

- 认同共同的目标；
- 认同小组的计划，并按照计划行事；
- 扮演所分配的角色，及时完成所分配的任务；
- 参加团体活动时，不迟到，不早退；
- 在团体活动之前，要做好充分的准备，比如预先浏览有关材料；
- 计划如有变化，要及时通知小组其他成员；
- 评价学习过程或成果时，要客观，不要进行人身攻击。

## 第四节 在线交流工具的使用规范和作用

要实现协作学习，小组之间的交流是关键。前面几节阐述的内容是有关面对面实时协作学习与远程协作学习的共同性问题。在远程协作学习中，小组之间的交流在多数场合不是实时的或面对面的。因此，有必要使用各种网络交流工具以支持远程协作学习。需要指出的是，协作学习的成功不一定需要有功能强大的协作学习平台或系统的支持。使用协作工具进行学习的习惯和方法可能更为重要。在很多情况下，简单的电子邮件系统就足以顺利地实施协作学习。当然，功能强大的协作平台有可能提高协作学习的效率。基于互联网的常用协作工具包括电子邮件系统、邮件列表服务、专题论坛、实时聊天室和专用的协作平台等。

### 一、在线交流的优势与存在的问题

在线交流的优势与存在的主要问题都来源于交流者之间在时间上和空间上的分离。

与传统学校统一的课时计划不同，远程学生个人的时间计划可能差别较大，在一组学生之间可能很难找到大家都空闲的时间段。因此，组织小组全体成员同时参与实时的在线交流并不是一件容易的事。在多数场合学生之间的交流都是非实时的。

在当前的远程教学实践中，网上交流多数以文本的形式出现。由于缺乏表情、声调和肢体动作等方面的信息，学生之间的交流很容易产生误解。轻者降低协作学习的效率，重者则可能瓦解学习小组。要使用网上实时聊天工具，小组成员需要具备基本的键盘输入文字的技能，否则交流会显得很不流畅，影响交流的效率和参与人员的情绪。

在线交流的优势主要表现在以下几点：

第一，可以建立跨地域的远程学习小组，以激发学习兴趣。例如，一个由福州、上海、哈尔滨和乌鲁木齐的若干名学生建立的学习小组可能让人觉得非常有趣，从而激发学习动机。

第二，以文本形式进行交流虽然有不足之处，但对口头表达技能差的学生来说，却有助于树立信心。

第三，对于非实时的在线交流，由于小组成员有充足的准备时间，交流内容的深度和协作学习的水平都可以得到提高。

第四，小组成员之间可能从未谋面，因此，每一个人对他人的观点和贡献的评价可能会比较客观，一般不会对他人进行人身攻击。

第五，相对于面对面的小组协作，在线远程协作过程中产生的大部分信息大多以电子文档的形式出现，很容易收集、整理和记录。这有利于协作后期的评估，有利于每个成员了解其他人的观点和贡献，也有助于各成员对学习过程的反思。

## 二、在线交流工具的使用规范

类似于面对面交流、书信交流以及课堂上或会议上的交流，你在网上进行交流时也应当遵循一些基本的行为规范或网络礼节。①

- 避免全文使用黑体或与众不同的超大号字体，否则你很可能被理解为"在大声喊叫"。
- 在写消息或发邮件时要留心，不要过于粗心大意。你发出去的消息或邮件有可能会被许多人看到，而且被存储起来。拼写和语法应当尽量准确（当然要求比正式出版物要低），遣词造句不要太粗俗，更不可伤害他人。
- 发送玩笑或幽默性的消息或邮件时要小心。因为，对方既看不到你的

① 参考了以下文献：(1) Florida Community College at Jacksonville. How to Succeed in An Online Course: Study Skills and Survival Tips. http://www.distancelearning.org/howtosucceed.html. 2002 (2003 年 11 月)；(2) Murdoch University. Making the Discussion Forum Work. http://help-online.murdoch.edu.au/students/studyhelp/m_discu.html. (2003 年 11 月)。

面部表情也听不到你的声调，你的消息或邮件很容易被误解。必要时，可以在有关内容后增加通用的表意符号（emoticon 或 smiley），例如：:-)表示微笑；:-（表示悲伤；:-D 表示大笑；;-）表示开玩笑。

- 不要使用任何歧视性的语言（无论是种族、性别还是职业方面的语言）。
- 在向别人提问题之前，需要查阅课程学习网站上的常见问题解答（FAQ），检查你的问题是否在其中已得到回答，以免浪费别人的时间。
- 要积极地在课程专题论坛中贡献你的见解，把你对主题的观点或对别人观点的评论、你所拥有的新的资源或所知道的相关网站与大家共享。不要一言不发。
- 你提出的任何观点都可能受到挑战，而且你的解释或论据也可能被挑战。你在心理上要做好解释你的观点或术语的准备。
- 要尊重每一个人的意见或观点。避免公开严厉批评或指责他人。
- 要自信，但不要过于武断。任何人都可能出错。
- 要给他人充分的发表意见的机会（适用于实时交流工具）。

在使用电子邮件时，还应当注意如下事项：[①]

- 应当仔细检查收件人的地址的正确性。多了或少了一个字母，都可能使邮件发给完全不相干的人，甚至发给某一邮件列表中的所有人。
- 应当在电子邮件的“主题”框里填写你的邮件的主题，以便收信人快速确定邮件的主要内容。
- 除非非常必要，否则不要轻易向邮件列表发送大数据量文件。
- 在回复他人的邮件或消息时，不要轻易使用“全部回复”。
- 不要转发“垃圾”邮件，否则会浪费别人的时间。
- 在电子邮件的末尾要签上你的名字。如果没有你的签名，而且你的真实姓名与你的邮件地址上的名字不一致，那么收件人可能无法判断邮件来自何人。

---

① 参考了以下文献：Education Advisory Services. Online Communication: Internet Message Netiquette. http://www.edadvisory.org/dloat/ml _ dd _ netiquette.asp.（2003 年 11 月）。

## 三、交流工具与协作学习过程

在第一节中，我们根据协作学习的目标列出了几种常见的学习小组。在远程学习中，对于某一学校某一门课程的学习，还可以根据协作团体的规模、人员构成以及交流工具的使用方式，把学习“小组”分为以下三类：课程团体、班级团体和个人小组。

课程团体是同一学期参与学习同一学校的同一课程的所有学生组成的小组；

班级团体通常是根据学生的某一条件（比如地理条件、个人的职业）由教师确定的学习小组，比如，某一远程学习中心的参与学习同一学校的同一课程的所有学生组成的小组；

个人小组则只由少数几个人组成，在前几节已经讨论过。

一般来说，班级团体的规模介于课程团体与个人小组之间。下面简要介绍交流工具在这三类团体的协作学习中的作用。

### （一）交流工具与课程团体的协作学习

普通高等学校网络教育学院的每一门课程在其远程学习平台上都有自己的空间（即课程学习网站），课程团体的成员可以共享该平台上的各种公共资源，而未注册学习该课程的学生则无权使用它们。在课程学习网站中，根据实际需要可以开辟不同的专题讨论区。学生根据自己的情况可以自由参加讨论。

在课程专题论坛中发布的消息，课程教师和课程团体的所有成员都能看到。任何成员都可以应答已发布的消息。然而，由于课程团体的规模可能比较大，成员之间的联系比较松散，很多人（尤其是性格内向的学生）参与讨论的积极性可能不高。实际上，每一个成员都应当认识到集体的力量和协作学习的作用，以积极的态度充分利用公共论坛。课程专题论坛上记录下来的资源能够更好地反映学生的学习情况，因此，它可能比正规的课件更有价值。

在发布消息前，你应当事先做好准备，阅读相关的材料，熟悉讨论的主题。另外，由于不同的专题讨论区可能有不同的行为规范，当你进入新的讨论区时，应当先阅读以往的文档记录，熟悉该讨论区所接受的行为方式。当在线讨论结束之后，你可以摘录部分重要内容，并总结所学到的东西。

在专题论坛或讨论区中，要大胆提问，同时主动把你的所知与大家共享。如果你估计会有很多人回答你提出的问题，那么应当事先请他们把回答发给你个人而不是团体。一旦你得到了所有的应答，就可以对它们进行分类、整理，写出一份总结性的答案，然后再把它公布于论坛。这样，大家都可以从那些回答你的问题的同学处获益。另外，如果你已经较为深入地研究过某一专题，而且认为大家对它有兴趣，那么你也可以撰写一份摘要并把它公布于论坛，或者通过邮件列表发送。

网上的过激言论往往容易造成长时间的对抗。其结果具体表现为少数几个人发送了大量的非常情绪化的、互相敌对的消息。这种对抗有可能会主导整个讨论区的走向而成为主旋律。过激言论一开始可能比较有趣，但对那些没有参与的人来说，它很快就会变得非常无聊。即使你对某事或某人的言论非常不满，在应对前也应当深思，不要急于表现你此时的情绪。如果你决定指出某人的错误，应当避免伤害其自尊心，最好给他个人发邮件，避免使用公共讨论区。在达成共识后，如果你们认为争论的内容对全体同学都有一定的意义，那么可以先对其进行总结，然后发布到公共论坛上。

相对于个人小组的协作学习，课程团体的协作学习的目标比较抽象。具体的目标和协作计划取决于课程的性质和内容以及成员的参与程度，甚至还会受一些突发事件的影响。协作所达到的效果也许是团体成员预先都没有想到的。换句话说，课程团体的协作学习是一种自组织的协同过程。

### （二）交流工具与班级团体的协作学习

对于班级团体的协作学习，如果班级规模较大（多于10~20人），那么其协作过程与课程团体的协作学习过程类似。如果规模较小，那么其协作过程与个人小组的协作学习过程类似。

在网络远程教育中，班级团体协作学习的主要形式之一是基于远程学习中心的协作学习，其特点是小组成员有机会面对面地交流。通常，可以把小组的面对面的集体活动安排在远程学习中心。在集体活动之前，班级团体各成员可以使用电子邮件传递需要提前了解的资料（例如，个人的报告文档、需要讨论的文章以及活动的时间安排等）。在集体活动之后，可以把活动过程的总结报告和下一次活动的安排发布给组内所有成员。因此，最常用的网上交流工具可能是电子邮件系统。

基于远程学习中心的协作学习，在更多的场合下可能采用远程的交流方式。这时，专题论坛也很有用。专题论坛的使用权限可以控制。从使用权限的角度来看，常见的论坛使用方式主要有三种：

第一种是全封闭型的论坛。通过设定，使组内成员（和教师）不仅可以阅读论坛中的消息，还可以在论坛中发布消息；对于其他人员，一般设定成既不能阅读也不能发布。相应地，我们称使用这种论坛的小组为全封闭型小组。

第二种是半开放型的论坛。不同于全封闭型的论坛，在半开放型小组使用的论坛中，组外人员虽然无权发布消息，但可以阅读该小组已发布的消息。

第三种是全开放型的论坛，即所有人都可以在论坛中阅读和发布消息。

这里，我们主要讨论使用前两种类型论坛的小组。

全封闭型小组和半开放型小组各有其优势和劣势。全封闭型小组适合于成员之间已有较多了解的情况。小组成员可以毫无顾忌地发表自己的观点，不用担心被组外成员看到。这样，成员的协作学习的积极性、主动性容易得到发挥，协作学习能够达到一定的深度。然而，由于看不到同类小组的协作学习的进展情况，可能在协作的初期感到无从下手，在协作的过程中也得不到外界的反馈。半开放型小组成员因为担心自己出错或泄露个人隐私，因此在发布消息时可能会有所保留。这些都不利于协作的有效进行。然而，协同可以发生在多个同类的半开放型的小组之间。通过观察别的小组的协作学习过程，不仅可以提高自己的自信心，还有助于对自己的协作学习过程进行反思。[1] 以远程学习中心为单位建立半开放型小组，对促进不同地区或不同远程学习中心的学生的相互学习和确保全体学生的均衡发展具有一定的作用。

**(三) 交流工具与小组协作学习**

学习小组或者由教师确定或者由学生自己组建。后者建立在学生之间相互“认识”的基础之上。一般来说，远程学生相互认识的途径主要有三条：

第一是通过个人简历相互了解。本书第一章已经提到过，每一个远程学生都应当准备一份适合于在所有学习同一门课程的学生的范围内公布的个人简历，然后，按照课程网站的要求在网站上公布。这样，通过阅读他人的个人简历，学生相互之间就可以达到基本的了解。

第二是通过阅读他人在课程公共论坛发布的消息而相互认识。

第三是在远程学习中心共同学习时相互认识。

上述的第一、第二条途径所达到的“认识”是虚拟的。要建立真正的协作学习小组，未曾谋面的成员之间还需要通过电子邮件或实时聊天室进一步沟通。

---

① Mary Panko. “Small Group Learning in Online Discussions: Staying in Your Own Backyard or Peering over the Garden Fence?” In: *ASCILITE 2002 Conference Proceedings*. 2002.

小组成员应当事先就每一个人应当做出的贡献达成共识。如果小组中某一学生不积极参与小组学习或不为小组做贡献，而且在协作小组采取了必要的补救措施之后仍然没有效果，那么可以请该生离开小组。该生需要与其他人联系，加入别的小组。当然，如果某人对小组贡献很多，但是其他小组成员不积极或不做贡献，那么他也可以主动要求离开所在的小组而加入到新的小组。相对于传统学校的学生，远程学生的情况比较复杂，网上交流也比较容易出现误解的现象。因此，在发生上述情况时，不要急于做出决定。小组成员之间应当本着互相尊重、互相谅解、互相帮助和互相促进的原则，确保协作学习得以顺利进行。

## 本章小结

本章介绍了小组协作学习的一般过程和基本策略，并阐述了使用网上交流工具参与小组协作学习时需要遵循的规范。

协作学习是通过两个或两个以上的个体在一起从事学习活动，相互交流、相互促进，从而提高学习效果的一种学习形式。协作学习在远程学习中具有重要的作用。

实施协作学习的一般步骤是：建立小组，确定目标；分配角色，制订计划；小组成员独立完成各自的任务；进行小组讨论和交流；对学习过程和成效进行评估。

协作学习能否取得成功取决于小组成员对学习过程的积极参与和认同的程度。

远程协作学习需要各种网络交流工具的支持。常用的协作工具包括电子邮件系统、邮件列表服务、专题论坛、实时聊天室和专用的协作平台等。学习者使用网络交流工具参与课程团体、班级团体和个人小组的远程协作学习时，必须遵循基本的使用规范，掌握和运用一些协作学习策略。

## 实践活动

### 一、协作解决问题：远程学习过程中难以克服的困难

由于远程学习与传统的课堂学习不同，每一个学生在学习过程中都可能碰到一些未曾经历过的或难以克服的困难。请建立由3～5人组成的小组，然后

要求每一个成员提出自己的一个难题。通过小组协作，找出解决小组成员的问题的方案。每一个成员根据自己的知识和远程学习经验，对其他成员的问题进行诊断，并提出解决方案或应该采取某种行动的建议。当收到所有其他成员的应答后，每一个成员总结其他人对自己存在的问题的分析和解决方案，并添加自己当前对问题的认识，然后写成一份报告，通过电子邮件发给所有小组成员或发布到专题论坛上。如果不存在个人隐私问题，那么这种报告可以在课程团体的范围内共享。

## 二、角色扮演与角色变换

为了加深理解和灵活运用本章所学的内容，请你建立协作小组，通过小组的协作实践，完成一份关于“小组成员是如何进行协作的”报告。该报告的写作应当以你的小组协作完成该报告的具体过程为基本素材。报告的字数以1 000~2 000字为宜。在建立小组并确定每一个成员的角色之后，每一个成员在具体扮演各自角色的过程中，既要负责描述其担负的角色的职责和工作程序，即撰写报告部分内容的初稿，还要介绍自己担任该角色的感受。在经过一轮集体交流之后，小组成员进行角色互换，以上过程重复进行，直到每一个成员都已扮演过所有角色。最后，协作小组根据各成员提供的材料共同整理出一份完整的报告。

# 第七章

# 信息的搜寻与评估

## 学习目标

通过本章的学习，你应能：

1. 了解信息的含义、信息和信息源的类别以及信息的生产和消费过程；
2. 了解图书馆、专题文献数据库和互联网这三种信息源中信息的特点和信息的组织方式；
3. 掌握信息检索的基本原理；
4. 了解分类目录和搜索引擎的工作原理，掌握信息搜寻的基本技巧，运用分类目录和搜索引擎搜寻所需要的信息；
5. 领会信息评估的意义，了解不同类型网站上信息的特点，运用信息评估标准对收集到的信息进行评估。

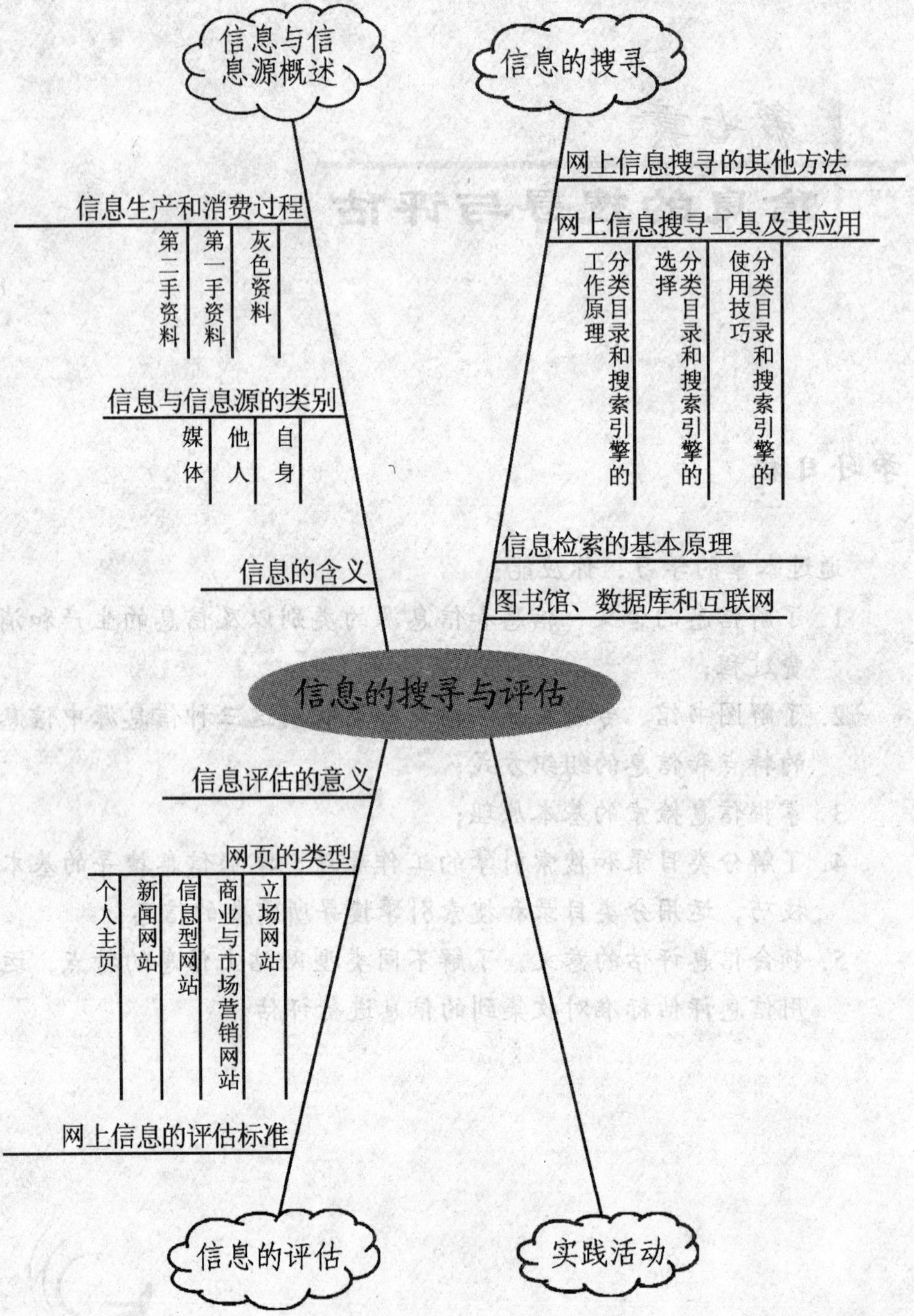
信息的搜寻与评估
信息与信息源概述
信息生产和消费过程
第二手资料
第一手资料
灰色资料
信息与信息源的类别
媒体
他人
自身
信息的含义
信息的搜寻
网上信息搜寻的其他方法
网上信息搜寻工具及其应用
分类目录和搜索引擎的工作原理
分类目录和搜索引擎的选择
分类目录和搜索引擎的使用技巧
信息检索的基本原理
图书馆、数据库和互联网
信息评估的意义
网页的类型
个人主页
新闻网站
信息型网站
商业与市场营销网站
立场网站
网上信息的评估标准
信息的评估
实践活动

信息技能或信息素养指的是有效查找、检索、分析、评估、使用、存储和组织信息的能力。在信息社会，这些能力是每一个学生都应该具备的。具体来说，信息素养表现在以下方面：[①]

- 能够识别需要信息的场合，并能够明确确定需要什么样的信息；
- 能够在自己的信息需求和信息源之间建立对应关系，也就是说，知道从什么样的信息源可以找到所需要的信息，并能制订有效的搜索方案；
- 能够使用常用的信息检索工具，包括图书检索系统、期刊数据库、专业索引和工具书等；
- 能够对已有的信息进行综合并根据实际需要进行重新组织；
- 能够把信息应用于思考问题和解决问题的过程中；
- 能够把自己的想法或研究结果以电子媒体（文本或多媒体）的形式表达出来，以便与他人交流；
- 理解知识的产生、组织、存储和传递过程；
- 能够以批判性的态度对待接收到的信息；
- 能够对信息的可靠性和准确性进行鉴别和评估；
- 理解一些与信息和信息技术相关的伦理、法律、经济、政治和社会问题；
- 具备学习和使用新信息技术的热情。

本章重点阐述与远程学习过程密切相关的信息搜寻、分析与评估的方法。这些技能有助于学生完成课程作业和开展项目研究。有关信息的组织和表征将在下一章介绍。

## 第一节 信息与信息源概述

本节简要阐述信息的含义、信息的各种来源以及信息在传播过程中的问题。

### 一、信息的含义

在日常生活、工作和学习中，人们经常使用“信息”这个词。然而，不同

---

① Coastal Community College. What in the World Is “Information Competency”? http://dl.ccc.cccd.edu/module/john/dlmodule.html.（2003年11月）。

的人对它有不同的理解，例如，“信息是我们从别人那里获得的知识”，“信息是你可以传递给他人的知识”，“信息是事实或数据”，“信息就是力量”。信息可以消除人们对事物认识的不确定性，例如，我不知道某事件是否已发生，而你告诉我它已发生，那么你的话就消除了我对它的不确定性。因此，经典的信息论将消除不确定程度的多少作为信息量的度量。

不管怎么定义，信息已经成为我们日常生活的一个重要组成部分。信息技术的飞速发展导致了“信息爆炸”，使我们面临着被信息淹没的危险。也就是说，大量的信息扑面而来，但它们也许并非是我们所需要的。因此，我们面临着各种选择，比如，今天晚上看哪一频道的电视节目？选择哪一所网络教育学院进行远程学习？下一个星期乘哪一航班去昆明出差？在做出决定之前，可能需要很多信息来支持决策。

技术的进步，使我们可以在更短的时间内获得更多的信息。20 世纪 90 年代初期，我国使用寻呼机（BP 机）的用户还很少。摩托罗拉公司在我国宣传其寻呼机产品的广告语是“随时随地传信息”。进入 21 世纪，我国大城市人对寻呼机似乎已经忘却，而热衷于功能比之强大很多的移动电话。后者可以实现“随时随地互通信息”。

技术的进步和“信息爆炸”的利弊因人而异。在没有几本书可读的时候，你可能很快就读完那些仅有的书籍。但是，当有太多的书要读或可读的时候，你可能干脆就不读了。过去，少数学生抄袭他人的作业，而在互联网时代，有些学生开始抄袭网上现成的“作业”。是利还是弊？“信息过载”应该怎么办？哪些信息是我们所需要的？越是你不希望要的信息，它越是要接近你。一不小心，你的私人电子邮箱就可能充满“垃圾邮件”。你可能觉得很愤怒，但又无可奈何。对于你需要的信息，你却要“众里寻它千百度”。总的来说，我们经常面对的困境是：一方面信息过载，另一方面却找不到所需的信息。

## 二、信息与信息源的类别

信息的种类繁多。即使对于同一主题，信息的专业化程度、可靠性以及表现形式等也有很大不同。有的是事实性信息，有的是主观性信息；有些是理论性的，有些是实践性的；有些可靠，另一些则不可靠；有些表现为文字，另一些则表现为图表、视频。根据常识，可把常用信息的类别罗列如下：日常信息（比如电话号码）、想法与意见、经验、建议、新闻、历史、技术操作信息、事实与数据、研究结果以及理论①。

对于学生来说，信息的来源有三大类：自身、他人和媒体。

(1) 自身。在解决问题时，如果仅仅依靠自己的经验和知识就能达到目标，那是最理想的。因此，每个人都应积极参与各种实践活动（比如观察自然现象和动手做实验等），努力学习新的知识。这样，到解决问题时就可信手拈来。然而，直接经验虽然重要，间接经验同样也很重要。来自他人或媒体的信息都属于间接经验。

(2) 他人。对远程学生来说，“他人”包括自己的家庭成员、工作单位的同事、居住在同一社区的人员、远程教育机构的同学和教师、图书馆人员以及未曾谋面的互联网上的专家等。

(3) 媒体。信息媒体既可以是传统的图书、报纸和杂志，也可以是现代的基于电子信息技术的媒体。互联网络媒体的重要性正在日益提高。

许多人更关心的是获取信息的地点。它包括家庭、工作单位、远程学习中心、图书馆、互联网、各级政府以及各种各样的民间机构。然而，随着网络技术的进一步普及，不用出家门就可以进行购物、登录远程学习网站、查阅图书馆的藏书目录以及查询政府的政策法规条例等。信息源的具体物理位置已经不再那么重要了。

假如你要写一篇关于电子商务对社会生活的影响的调查报告，那么你可以从不同的信息源获得不同类别的信息的情况大致如表 7－1 所示。

**表 7－1 信息类别与相关信息源实例**

| | 自身 | 他人 | 传统媒体 | 互联网 |
|---|---|---|---|---|
| 日常信息 | | | | |
| 想法与意见 | 自己的想法和信仰 | 大学的专家和工作单位的同事 | 报纸、杂志 | 新闻机构网站 |
| 经验 | 使用网上交易的经验 | 居住在同一社区的人员 | | |
| 建议 | | 专家、辅导教师和图书馆人员 | | |

① The Open University Library. Skills in Accessing, Finding and Retrieving Information. http://ltssolweb1.open.ac.uk/safari _ guests/start.htm? s01t01p01. 2001（2003 年 11 月）。

续表

| | 自身 | 他人 | 传统媒体 | 互联网 |
|---|---|---|---|---|
| 新闻 | | | 各类报纸 | 新闻机构网站 |
| 历史 | | | 书籍、论文 | |
| 技术操作信息 | | | 书籍、手册 | |
| 事实与数据 | | | 官方的统计资料 | 政府网站 |
| 研究结果 | | 讲座、学术会议演讲 | 科技期刊、学术会议论文 | 专业协会、大学网站、专家个人主页 |
| 理论 | 自己提出的假说 | | 书籍、科技期刊、学术会议论文 | 专家个人主页 |

## 三、信息的生产与消费过程

当你阅读本教材时是否想过它是从哪儿来的，又怎么到你手上的？这里涉及许多人的劳动。首先，书中的内容是由作者撰写出来的。作者（汪启富、薛理银和姚志红）是信息的生产者。其次，出版商（中央广播电视大学出版社）编辑出版本书。再次，发行商（比如新华书店）在全国各地发行、销售本书。最后，消费者（你）使用本书。实际情况则更为复杂。例如，作者的写作不是凭空杜撰的。在自己已有的知识和经验的前提下，作者还需要参考大量的国内外图书、期刊，查阅相关网站上的信息。需要指出，信息在从生产到消费的各个环节中，无论是在内容上还是在形式上都可能发生变化。

同样，某个定律形成并出现在学校教科书中也需要经历一个漫长的过程。首先，与它相关的奇特现象可能在实验室里被某一研究生发现，他把这一发现写成内部研究报告。在进一步实验的基础上，他可能把它写成论文在学术会议上发表，同时完成他的学位论文。接着，其他科学家重复该实验，并对原来的发现做了一些改进、修正或推广，其研究结果可能发表在某些期刊上。以上这些成果都有可能被某一科学索引所收录，论文的摘要或者全文有可能被某一专业文献数据库系统收录，以电子文件的形式提供给大众。研究人员可以通过互联网下载这些文章。随后，该定律所属研究领域的某一资深学者撰写一篇综述文章对相关问题的近期研究进展进行评论。该文可能把上述那些文章作为参考文献加以引用。由于所发现的定律对科学技术的进步具有重大意义，它被新闻媒体广为报导，出现在报纸和电视节目中。当然，该定律对推动学科的发展也是至关重要的，因此，被另一作者收录到专业教科书中供学生学习。

从上述例子可以看出，信息可以表现为许多形态。从本书第四章，你已经知道同一内容的知识可以以多种媒体的形式呈现。然而，形态上的划分无助于了解各种信息的相对重要性，也无助于把握它们之间的相互关系。为此，需要引进另一种分类，即把信息资源分为*灰色资料*、*第一手资料*和*第二手资料*。①

灰色资料指的是未正式出版的各类资源。例如，上述的内部研究报告。这类资源通常很难追溯。也就是说，你可能从某个途径知道它的存在，却很难得到它，有时需要直接与生产它的机构或人员联系，才有可能获得。

第一手资料通常是原始性或原创性的。在不同领域有不同的含义。对于自然科学，它指的是原创性研究的报告，例如，科技期刊的论文；在文学方面，它指的是文学家的原著；对于社会科学，从问卷调查得到的资料、民意调查结果和统计资料（比如人口统计）等都属于第一手资料。

第二手资料通常是对第一手资料进行分析和评论的结果。例如，教科书通常是对已出版的研究结果进行分析、归类和总结而成的，因此是第二手资料。

需要注意，第一手资料和第二手资料只是相对的概念。例如，上面把教科书归为第二手资料，但对教学研究人员来说，它可能是第一手资料。

## 第二节 信息的搜寻

上一节简述了一般的信息和信息源，本节阐述如何从图书馆、专题文献数据库和互联网上获得所需要的信息。

### 一、图书馆、数据库和互联网

在世界各地的图书馆中藏有大量的图书，它们是广大学生的主要信息来源之一。图书管理员收集各类文献资料，然后按照一定的规则进行编目，再把它

① The Open University, Skills in Accessing, Finding and Retrieving Information. http://ltssolweb1.open.ac.uk/safari_guests/start.htm? s02t05p01. 2001（2003 年 11 月）。

们存储在特定的场所。这样，我们就可以方便地找到所需要的资料。

在计算机技术引进图书馆之前，文献资料的编码记录在专门的纸介质卡片上。每一份资料对应一个或多个卡片。因此，在图书馆中，我们可以看到许多内装卡片的柜子。这些卡片和柜子按照一定的规则排列，比如，按照资料作者的姓名笔画排序或资料的类别和标题的笔画排序。现在，尽管图书资料本身还以物理的形式存在，但是许多图书馆的编目和检索已经数字化（或电子化）。图书馆的用户只要通过登录联机公共检索系统（online public access catalogue，简称 OPAC 系统）就可查看某一图书馆是否收录有自己需要的资料，或者了解它的借阅状态或存放位置。

由于互联网的发展，现在许多大学图书馆和公共图书馆的 OPAC 系统都已经联网。用户在任何可以上网的地方都可以登录 OPAC 系统，而不用亲自到图书馆去查找。试想，你如果专门到某一家图书馆去找一本你所需要的书，结果在图书馆中发现该馆并不收藏它，那多浪费时间啊！当然，最终拿到你需要的书，还是需要亲自去借，或由他人代借。有些图书馆也提供递送图书的服务。

现在，互联网上还有许多专题文献数据库和数字图书馆。它们提供电子版的图书资料，使人们获取信息的效率大大提高。用户可以直接从网上下载所需的资料。一般来说，用户或用户所属的机构需要付一定的使用费。不过，相对来说，目前电子版的图书资料还比较少。大部分专题文献数据库只提供文献的索引和摘要，而不提供全文。有时检索数据库不用付费，而下载全文则要求付费。

普通网络用户对互联网（Internet）和万维网（World Wide Web）不加区分，实际上它们是有区别的。互联网指的是在世界范围内由许多计算机网络相互连接而形成的网络，全世界有几亿用户。万维网只是互联网上的一种服务，用户通过使用浏览器可以查看万维网上的网页（存储在世界各地的网站上）。互联网还可以提供许多其他类别的服务。例如，有些单位尚未使用万维网提供电子邮件服务，用户需要使用独立的客户端邮件系统（比如微软公司的 Outlook Express）收发邮件，这就与万维网无关。当然，由于万维网的便捷性，现在互联网上的许多服务都已搬到万维网上，比如，你或许可以在万维网上收发你的邮件。

万维网上信息和服务的种类繁多。根据你上网的目的，你可以搜寻多年未联系的老同学的情况，阅读新闻，查阅图书资料，了解飞机航班的情况，订购所需物品，玩游戏和看电影等。在信息的组织方面，它与图书馆有很大不同。

万维网上的信息不是按某种人为的规则组织起来的。它似乎是自己在不断演化发展。网站或网页之间通过一种称为“超文本链接”的技术连接起来。用户通过使用浏览器可以从一个网页进入另一个网页，实现在网上“漫游”的目的。

万维网上信息的质量千差万别。图书的出版或报刊文章的发表至少需要通过编辑的审查，而许多网页的发布却可以是个人的行为。另外，你今天看到的网页，明天有可能被撤掉，你也许永远也没有机会再看到它。然而，网上信息的时效性一般较好。图书的出版周期较长，而网页则有可能随时更新。例如，计算机科学和技术的发展速度是很快的，许多计算机科学家在自己的论文正式出版之前，把它们放在自己的主页上，供同行自由下载。这样，研究人员就有可能及时知道最新的研究动态。这对于像我国这样的发展中国家的科研人员来说具有重要意义。

在工作或学习过程中，具体使用哪一种信息源，与搜寻信息的目的有关。如果你在从事计算机技术研究，那么网上可能有大量你需要的信息；如果你在研究唐朝的历史，那么你在图书馆可能会找到更多、更好的资料。

## 二、信息检索的基本原理

尽管图书馆、文献数据库和万维网在形式上差别很大，但在检索的基本原理上则大同小异。尤其是在使用联机检索时，都表现为在文本搜索框中输入你的搜寻项（检索词或关键词），而且在搜索界面中一般都有“帮助”按钮。不同的搜寻工具可能使用不同的术语来表示同一功能。因此，有时需要查看“帮助”的内容。下面以中国国家图书馆的 OPAC 系统（网址为：www.nlc.gov.cn）为例来说明信息检索的基本原理。

### （一）检索字段与检索词

要使用图书检索系统，通常需要有一个账号。许多图书馆也允许以匿名方式登录，例如国家图书馆。登录成功后，在文本搜索框中输入搜索项，就可以实现查找功能。然而，一般图书馆都提供多种不同复杂程度的检索方式。例如，国家图书馆提供简单检索、多字段检索、多库检索和高级检索。在查询时，用户可任选其一。检索字段和检索词是查询过程中遇到的最基本的概念。

通用的检索字段如下：题名、著者、主题、出版年、出版社、出版地、书号（ISBN）或期刊号（ISSN）和图书分类号等。在简单检索中，只允许用户选择一个检索字段。

检索词是需要用户在搜索框中填写的项目。例如，如果你选择的检索字段是“题名”，那么需要在搜索框中填写书籍或期刊的名称。如果你清楚地记得某书的作者的名字，但书名记不清，那么选择“著者”检索字段，然后在搜索框中输入作者的名字，就可能找到你所需要的书。有时，你既不知道书名也不知道作者的名字，只是想查找某一主题范围内，比如“远程教育”都有哪些书或期刊，那么可选择“主题”检索字段，然后在搜索框中输入主题名字。

**（二）检索词的表示**

通过不同的运算方式，可以把若干个检索词组合成一个复合检索词。常见的运算方式如下：

首先是逻辑“或”（OR，有时也使用“|”符号）。例如，如果你需要查找有关远程教育方面近两年内出版的书籍，你可能需要输入“远程教育 OR 网络教育 OR 教育技术”（注意：不需要引号）。“或”运算可以扩大搜寻结果，即同时获得与“或”运算式中每个关键词相对应的文献。

其次是逻辑“与”（AND，有时也使用“+”、“&”或空格）。它表示“且”的关系。它可以提高搜寻返回结果的针对性，即搜寻返回结果必须同时包含“与”运算式中的两个关键词。例如，在国家图书馆的 OPAC 系统中，如果以“主题”为检索字段，输入“教育”或者“环境”，则系统都会提示“命中太多，修改检索式或使用‘浏览’重新检索!”；如果键入“教育 AND 环境”，则可得到与“环境教育”或“教育环境”等相关的文献。

最后，还有一种运算，可以把与某一关键词相关的内容排除掉（通常使用“-”号）。例如，想查找有关高等教育但不包括师范教育的文献，可键入“高等教育 - 师范教育”。

在国家图书馆的 OPAC 系统中，可以设定检索词中各个字或词的邻近性，即连接在一起的若干个词是可分开的还是作为一个整体。例如，如果你将“词邻近”选择为“是”，那么键入以下检索词“环境教育”、“环境 AND 教育”以及“教育环境”将返回不同的结果；反之，如果你将“词邻近”选择为“否”，那么分别键入以上三个检索词，系统将返回相同的查询结果。

许多检索系统都使用一些特殊的符号来替代检索词中的部分内容。常用的符号有：#，*，?，!，%，等等。需要指出，不同的系统对不同的功能可能使用相同的符号。这些符号对西文查询尤其有用。下面是国家图书馆 OPAC 系统的用法。①

# 可以用来查找同一单词的各种不同变体。例如，键入“colo # r”将找到与 color 和 colour 相关的文献。

? 或 * 可以代替单词的左、右或中间部分，也就是说，用?号可以匹配词的一部分。但是在一个文本字符串中不能重复代替使用。例如，键入“gun?”将检索到 gun，guns，gunnery 等；键入“?ology”将检索到 anthropology，archaeology，psychology 等。

! 用于查找那些在某个位置上具有不同拼写的词。例如，键入“wom!n”将找到 woman 和 women。

% 后接一个数字，置于两个词之间，表示两个词出现在一个由数字确定的距离之内，而不关心词出现的顺序。例如，键入“england % 3 ballads”将找到 Ballads of England，Ballads of Merry Olde England 和 England and Her Ballads 等（两个给定的词被其他词隔开）。

! 后接一个数字，置于两个词之间，表示两个词出现在一个由数字确定的距离之内，并且与你键入的顺序相同。在这种情况下，键入“ballads !3 england”将找到 Ballads of England 和 Ballads of Merry Olde England 而不包含 England and Her Ballads（因为两个给定的词的顺序不同）。

值得指出，对于西文查询，各种检索系统一般都不区分字母大小写。例如，搜索“guru”，“GURU”或“GuRu”，得到的结果都一样。

**（三）多字段、多库和高级检索**

对于简单搜索，你只需要选择检索字段以及“词邻近”，然后输入检索词即可。这种查询搜索的范围太大，针对性差，你所要的文献往往被淹没在大量不需要的文献中。多字段检索可以在一定程度上解决这个问题。多字段检索要求用户同时输入“题名”、“作者”、“主题”和“出版者”等字段的检索词。用户还可以对作品的语种（比如中文、日文、英文和德文等）、文献类型（比如图书、期刊和音像资料）和出版年代等进行限定。多字段检索的功能类似于前面所述的逻辑“与”运算的作用。

大型图书馆或数据库一般都包含多个库。例如，国家图书馆把文献分为外文文献数据总库、中文及特藏数据库两大类。前者包括外文联合国资料库、外

---

① 摘自中国国家图书馆：“OPAC 检索说明”，http://www.nlc.gov.cn/. 2002（2003 年 11 月）。你可以在任意的检索页面，通过点击“帮助”按钮获得该文献。

文工具书、西文文献库和斯拉夫语系文献库；后者包括学位论文总库、中文普通图书库、中文报纸库、中文期刊库、海外中文图书库、善本古籍文献总库和音像电子出版物等。在多库检索中，用户可以选择自己所需的库进行搜索。例如，如果你要找的是音像资料，那么就可以只选音像电子出版物库。

高级检索类似于多字段检索，差别在于：高级检索的查询字段已由系统确定，而多字段检索的查询字段可以任你自由选择。

## 三、网上信息搜寻工具及其使用

互联网上的信息总量呈几何级数增长。整个网络可看作是一个由几百亿甚至更多个单词构成的大电子百科全书。一般辞书都有目录和索引。它们是由辞书的编纂人员手工完成的，或者是在编纂人员设定下由计算机自动生成的。利用目录和索引，你可以很快地找到所需要的信息。然而，网络上的信息是由大量的、相对独立的人员提供的，因此是极其无序的。如何快速获取所需要的信息是一个大问题。整个网络也可以看作一个巨大的电子图书馆。我们知道，图书馆中的资料如果不经过图书管理员的编目，用户就很难找到所需的资料。因此，可以想象，在互联网上应该存在类似于图书馆的目录系统和检索工具，把网上的各种信息组织起来供用户查询。那么，谁是网上“图书的编目人员”呢？网上都有哪些搜索工具呢？[①]

### （一）分类目录与搜索引擎的工作原理

对网上信息的编目既可以是手工的也可以是自动的。相应地，就有两大类网络信息搜寻工具，即分类目录和搜索引擎。这二者在获取信息、存储信息和呈现信息的方式上有很大不同。然而，有时人们把它们统称为搜索引擎。

1. 分类目录

分类目录类似于图书馆的按照主题分类的卡片柜。它是按照一定规则组织起来的有关网站索引的信息系统。例如，“雅虎中国”（cn.yahoo.com）的分类目录包括 14 个一级主题类目，即娱乐、休闲与生活、商业与经济、健康与医药、新闻与媒体、参考资料、政府与政治、艺术与人文、电脑与因特网、区域、科学、社会与文化、教育以及社会科学。每一个主题类目有若干子类目，

---

① 搜王网站收录了一批有关搜寻工具和方法的文章：中文搜索引擎指南网：“搜索入门到精通”，http://www.sowang.com/，2001（2003 年 11 月）。笔者在写作本节内容的过程中参考了其中的一些内容。

子类目下还有子类目。一个类目包含的子类目可能是另一个类目的子类目。因此，分类目录的结构不是树状的，而是多层的网状结构。用户要浏览分类目录，就需要访问其所在的网站；要找到自己想要的信息，只要按照其类别一层层地进入目录，就能到达目的地，找到所需的信息。例如，通过以下路径：首页—区域—国家和地区—中国大陆—教育—大专院校与研究所，就可以找到中国各类高等院校的网站地址。然而，通过以下路径：首页—教育—大专院校与研究所（这时候也可以链接到“国家与地区”，查询世界各国的高等院校），也可以找到所需的信息。

分类目录是靠人工建立起来的。首先，专业编辑对互联网上的网站进行访问（网站的拥有者可以主动地把它登记到分类目录网站，供编辑使用），并对它们进行评判，例如，它们是否是商业网站，是否具有地域性质等，然后按照不同的主题将它们归入分类目录的某一子类中。专业编辑不会将整个网络中每个网站的所有页面都收集进去。他们的做法是，谨慎地选择网站的首页，将其放入相应的适当类目中。例如，大学网站应当列在大专院校类目的某一子目录下。需要指出，分类目录中并不真正存储那些网站的完整信息。类似于图书馆中的卡片，它只提供网站的摘要信息和存取信息（即网站的地址）。当然，超文本链接技术使你很容易访问到它们。

以上介绍的是商业化的分类目录。这里的商业化指的是提供商通过提供目录服务而间接地获得利益，比如在分类目录网站上发布广告而获得广告费。由于经费比较充足，这类目录通常比较庞大，内容的覆盖面很广。然而，它对特定专题的针对性可能会比较差。在互联网上，还有许多由个人或非盈利机构建立的专题性的分类目录。个人的分类目录通常是建立者对自己以往因工作需要收集的网页进行整理而成的，是建立者主动在自己的个人主页上发布让公众共享的。一般来说，专题分类目录的覆盖面窄，系统性差（有的仅仅是相关网页的简单罗列），质量参差不齐。然而，它可以帮助用户在短时间内找到大量的相关文献。

最后，需要指出，大型的商业化分类目录系统不仅可以被逐层浏览，也可以被搜寻，即用户只要在分类目录网页的搜索框中输入关键词，就可以找到目录中收集的相关网站。例如，雅虎中国分类目录就是可搜索的。你可以通过搜索关键词来找到任何相对应的类目。

2. 搜索引擎

搜索引擎的部分作用类似于图书后面的索引列表。如果某一概念被收入到索引列表中，那么你就可以很快地定位它在书中出现的页码。搜索引擎指的是收集了互联网上几千万到几十亿个网页并对网页中的每一个关键词进行索引，建立索引数据库的全文搜索工具。它或者以独立的网站形式出现，或者集成在门户网站中。百度（www.baidu.com.cn）和 Google（www.google.com）是我国用户常用的搜索引擎。当用户查找与某个关键词相关的文献的时候，所有在页面内容中包含了该关键词的网页（经过索引了的）都将作为搜索结果被搜出来。搜索引擎对这些结果按照与搜索关键词的相关度高低依次进行排列。可见，搜索引擎的工作过程可以分为三步：第一，从互联网上抓取网页；第二，建立索引数据库；第三，在索引数据库中搜索并对结果进行排序。相应地，搜索引擎大致由三个部分组成：搜索系统、索引系统和检索系统。

与分类目录不同，搜索引擎的索引工作是由系统自动完成的。它利用搜索系统的 spider（蜘蛛）程序（或其他类似程序）从互联网上自动收集网页，自动访问互联网，并沿着网页中的所有链接地址（universal resource locator，简写为 URL）"爬"到其他网页，就好像蜘蛛在其网上爬行，并把"爬"过的所有网页收集回来。

网页的分析索引工作是由搜索引擎的索引系统程序完成的。它首先对收集回来的网页进行分析，并提取网页的相关信息，如网页所在的网址、编码类型、生成时间、大小、与其他网页的链接关系、页面内容包含的关键词和关键词的位置等。然后，根据一定的相关度算法进行大量的复杂计算，得到每一个网页针对页面内容中每一个关键词的相关度或重要程度。最后，用这些信息建立网页索引数据库。

当用户输入关键词搜索后，搜索引擎的检索系统将从网页索引数据库中找到符合该关键词的所有相关网页。因为所有相关网页针对该关键词的相关度早已算好并存储在数据库中，所以只需按照现成的相关度数值排序。相关度越高，排名越靠前。最后，搜索引擎的网页生成系统将搜索结果的链接地址和页面内容摘要信息等内容组织起来返回给用户。

由此可见，在用户发出搜索命令的瞬间，搜索引擎并不真正搜索互联网，而是搜索已预先整理好的网页索引数据库。当然，这个数据库需要定期更新，以反映出网页内容的更新情况，增加新的网页信息，去除死链接，即已不存在的链接，并根据网页内容和链接关系的变化重新排序。也就是说，搜索引擎的"蜘蛛"每隔一段时间就要重新到互联网上"爬行"一次。各搜索引擎的数据库的更新周期不同，可能是几天、几个星期或几个月，而且对不同重要程度的网页也可能有不同的更新频率，比如对新闻类网页的更新周期可能比较短。因此，当遇到用搜索引擎搜索到的网页无法打开时，也就用不着大惊小怪了。

3. 元搜索引擎

不同的搜索引擎的索引方式和所覆盖的网页范围可能不一样。许多大型的搜索引擎的数据库所索引的网页数都不超过互联网上的总网页数的 30%。不同搜索引擎之间的网页信息重叠率一般在 70% 以下。因此，使用不同的搜索引擎就可能搜索到不同的内容。

元搜索引擎（meta-search engine），也称集成搜索引擎、多元搜索引擎或索引搜索引擎等，是搜索引擎之上的搜索引擎。它是一种只需一次输入关键词就可以对多个搜索引擎进行查询的搜索代理工具。当然，它不是若干搜索引擎的简单堆积。英文元搜索引擎的例子有：Ask Jeeves（www.ask.com），Search.com（www.search.com）和 MetaCrawler（www.metacrawler.com）等。上海万纬信息技术有限公司则推出了一个中文元搜索引擎（www.widewaysearch.com）。总的来说，元搜索引擎的搜索效果不太理想，目前还没有哪个元搜索引擎被用户广泛接受。

**（二）分类目录和搜索引擎的选择**

互联网上存在过至少数百个搜索引擎，有些已经淘汰不用了，另一些则在不断更新。网上分类目录的数量也不少。如何选择分类目录和搜索引擎是每一个网络“冲浪者”面临的问题。

一般来说，优秀的网上信息搜寻工具应当具有如下特点：

(1) 查询速度快，或响应性好。能够快速地对用户的要求做出反应。

(2) 时效性好。能够及时地反映网上信息的变化，使用户得到最新信息。

(3) 查准率高。搜索得到的信息与用户所要求的信息的相关度高。

(4) 查全率高。与用户要求的信息相关性高的网页都可以找到，不需要为了获得某一信息而使用多个搜索引擎进行查询。

(5) 简单易用。能够提供图形界面供用户设定查询目标，能够以直观的方式呈现搜索结果，而且用户可以控制搜索结果在网页上的呈现方式和呈现的详细程度。

在中文信息搜寻方面，常用的搜索引擎有百度和 Google。两者的主要区别是百度只提供中文搜索，而 Google 则提供包括简体中文和繁体中文在内的多种语言搜索。百度的专一性使它有可能提供较好的中文搜索服务，比如提供中文网页覆盖面更广的数据库。Google 的多语种功能则使它更适合于经常查询外文资料的人。Google 在全球范围名声最响，它的技术发展很快，经常有更新的技术诞生。目前各大搜索引擎竞相模仿 Google 的功能和特色，似乎它是领头羊。另外，Google 网站只提供搜索引擎功能，这使用户能更快地进入该网站。

提供中文分类目录服务的网站除了雅虎中国之外①，著名的还有国内的三大门户网站：新浪（www.sina.com.cn）、搜狐（www.sohu.com）和网易（www.netease.com）。其中雅虎和网易采用 Google 作为搜索引擎，而新浪和搜狐采用百度作为搜索引擎。② 雅虎的分类目录查询做得相当出色；新浪、搜狐和网易在网站内容上各有特色。

如何选择分类目录和搜索引擎，在很大程度上取决于你要搜寻什么。对于通常的搜寻，你可以专注于一到两个你满意的搜索工具；对于某些专门化的信息，比如 flash 动画、歌曲、图片和电影等，你可能需要使用不同的工具，这样效果会更好。由于不同搜索引擎的索引数据库的更新周期不同，因此要找到最新信息，你可能需要结合使用多个工具才能达到你的搜索目的。由于信息技术的发展非常迅速，你应当定期访问一些有关搜索引擎网站指南的网站，比如，www.sowang.com，了解最新动态，学习别人的搜索经验，以提高自己的搜索技能。

### （三）信息搜索工具的使用技巧

在图书馆、文献数据库或互联网上利用检索工具搜寻信息的基本原理是一致的，但是，不同类别的工具在使用技巧上会有一些差异。即使对于同一类别的不同工具，比如不同的搜索引擎也会有差别。

1. 分类目录和搜索引擎的应用场合

用户可以直接浏览分类目录，查找所需要的信息。但是，对于搜索引擎，用户要想知道索引数据库内包含哪些网页，必须通过关键词来搜索。即使在输入关键词后，你对搜索引擎中包含的东西仍然没有一个完整的概念。你这时拥有的，只是你给出关键词后，搜索引擎为你带来的搜索结果页面。

分类目录的链接列表按照层级结构组织，你可以从点击根链（即最顶层的链接）开始，不断深入，最终到达所需的网页。这种分层列表使搜寻易于控

---

① 雅虎在全球共有数十个网站、十多种语言版本，雅虎中国网站就是其中之一。

② 雅虎不久将放弃 Google 而采用自己开发的搜索引擎。参见 ZDNet China：《雅虎独立开发搜索引擎一季度与 Google 断交》，http://www.sowang.com/news/20040115-1.htm，2004 年 1 月 15 日（2004 年 1 月 16 日）。

制，适合浏览性的查找，但因层次、内容太多常常使人感到速度太慢。因此，一般分类目录网站都集成了某一搜索引擎供用户利用关键词匹配查询，同时查询分类目录上的网站和搜索引擎的索引数据库收录的网页。

例如，在使用雅虎中国搜寻时，搜寻结果页面会提示你当前所显示的搜索结果是来自“所有网站”还是“分类网站”。“所有网站”列出的是与关键词匹配的“相关网站”，实际上是通过Google搜寻到的网页的集合；“分类网站”列出的是与关键词匹配的“相关分类”，是从雅虎的分类目录网站中搜寻出来的，或由雅虎挑选出来的。在后一种情况，如果用户要扩大搜寻范围，可以选择“所有网站”按钮，继续查询。使用雅虎中国进行搜寻时，如果在其分类目录和网站中都没有相匹配的内容，雅虎会自动利用Google进行整个万维网范围的查找。有关搜寻结果的显示格式变化很快，以上说明仅供参考。

如果你想寻找与某一主题相关的所有网站，那么就应当使用分类目录。例如，你想查看有关中国大学的信息，又不是很清楚要具体看哪一所大学，那就可以使用雅虎中国分类目录，它能列出国内许多大学的网站。这时，你就可以选择一些想要看的网站进入浏览。但是，如果你的目标很明确，只想找某所具体的大学，那就可以选择“关键词查询”方式，使用搜索引擎进行搜索。

2. 搜索引擎使用的若干问题

对于已经搜索到的网页，如果无法打开，则该网页可能已被删除或其所在的网站暂时停止服务。现在，有些搜索引擎，比如百度和Google，提供“网页快照”功能。网页快照保存了同一网页以前的信息。它可能与当前网页的信息完全一致，也可能不一致。这样即使原网站上的网页不存在了，用户仍然可以在一定时间期限内看到其内容。在网页快照中，有标题信息说明其存档日期，而且页内所有的关键词均用某一特殊颜色标明，便于用户查找。另外，网页快照的下载速度也比较快。因此，对于仍然可以打开的网页，使用网页快照也有好处。

当你输入某一关键词却找不到你所要的结果时，很可能是关键词选取不当。这时，需要重新选取关键词，比如，使用同义词或相关的词汇。有些搜索引擎可以自动地为你提供几组相关的关键词，你只要点击某一个你认为合适的关键词，即可重新搜寻。这就是*相关搜索*。

有时，正如你只对自己学校或班级的事情感兴趣，你可能只想在某一网站内查看或搜寻信息。为此，很多网站都提供专用的搜索引擎，供用户在站内搜索信息。Google也提供了相应的功能，例如，要在网站A中搜索关键词B，可以在 Google 搜索框中输入“site: 网站 A 的网址 B”。另外，你也可以把 Google 嵌入到你的浏览器的界面上，这样，不用直接访问 Google 网站就可以使用 Google 进行网上搜寻了。[①] 进而，当你查看某一网页时，可以限定 Google 只在当前的网站或网页内搜索。

许多搜索引擎都支持高级搜索功能，其基本原理一样，但在搜索细节上可能有所不同。例如，对于 Google，如果你想缩小搜索范围，只需输入更多的关键词，并在关键词中间留空格就行了，而不需要在关键词之间加上“AND”或“+”。Google 会自动忽略你输入的搜索项中的类似于“http”，“.com”和“的”等字符串或词。这些被自动忽略的词或字符统称为*忽略词*。这类字词不仅无助于缩小查询范围，而且会降低搜索速度。如果你一定要某一忽略词出现在搜索结果中，则可以使用英文双引号，例如，输入带引号的“我的大学”时，就把“的”强加于搜索项中。[②]

最后，值得指出，一方面，搜索引擎只能让你搜到它的网页索引数据库里储存的内容，而互联网上有更大量的内容是搜索引擎无法抓取和索引的，从而我们无法用搜索引擎直接搜索到；另一方面，如果某一网页已经被搜索引擎的网页索引数据库收集而你没能找到它，那就是你的能力问题，而学习搜索原理和技巧则可以提高你的搜索能力。

## 四、网上信息搜寻的其他方法

如果你通过搜索引擎或分类目录找不到你想要的资料，你还可以尝试以下间接的办法。

每一个在网上搜寻过信息的人都有其独特的搜寻经验。你的老师、朋友或同事或许可以给你一些提示，甚至给出对你十分有价值的网址。不要忘了请教他们，同时也不要忘了把你的搜寻经验与大家共享。

近期出版的书刊上可能附有相关网站的网址列表。它是经书刊作者选择过的，因此，在质量上可能有一定的保证。翻阅与你的搜寻主题相关的书刊的附录或参考文献，就有可能找到有价值的网站。

---

① 具体办法参见 Google 的帮助文件：“Google 大全”，http://www.google.com/intl/zh-CN/about.html http://www.google.com/. 2002 (2003 年 11 月)。

② 更多的内容请参见 Google 的帮助文件：“Google 大全”，http://www.google.com/intl/zh-CN/about.html http://www.google.com/. 2002 (2003 年 11 月)。

如果你对某一个专题有长期的兴趣，那么可以加入邮件列表服务。它是为对某一专题领域有共同或相近兴趣的人员群体提供的服务。你可以通过发送电子邮件加入或退出列表服务。列表服务的成员既可以把自己新发现的网址、新的研究工具发送给其他成员，也可以通过发布自己碰到的问题来向其他成员求教。当然，列表服务的使用也有相应的“网络礼节”需要遵守。因此，当你开始在列表服务中发送消息之前，应该先读一些其他成员以往发布的消息，以适应“新的环境”。

# 第三节 信息的评估

互联网上存在大量的信息。然而，信息的质量有高低之分。劣质的信息可能导致意想不到的问题。上一节阐述了如何在网上找到相关信息，本节将介绍如何对已查询到的资料进行鉴别，或者说，“去粗取精，去伪存真”。

## 一、信息评估的意义

图书馆中收录的图书或期刊通常经过了专业领域的学者、出版机构的编辑和图书馆的管理员等多个层次的评估，它们在质量上有一定的保证[①]。然而，互联网的情况就完全不同了。一般来说，它不存在类似的过滤机制。理论上，只要技术条件许可，人人都可以在网上发布信息或发表文章。因此，不难想象网上信息质量的差距会有多大。

在印刷媒体或电视上，事实性信息与广告之间的分界比较明确。然而，在互联网上，有时广告、娱乐和事实性信息混合在一起，使人难以区分。另外，有些人或机构出于某种目的故意发布虚假信息或欺骗性的信息，比如虚假广告。因此，对网上信息的质量进行评估是一项非常重要的工作。

互联网作为信息源的主要优劣势如下[②]。

---

① 当然，随着出版技术的提高和出版机构的增多，图书和期刊的数量也在急剧增大，质量也变得良莠不齐。

② Kristin Kubly. How to Evaluate a Web Site and the Information It Delivers. http://www.fccj.org/library/top11_97. htm. 1997（2003年11月）。

劣势：

- 一般来说，具有版权的书刊很难在网上免费获得。虽然有些作者把自己的科技论文放在个人主页上供用户下载，但仅限于非商业用途。因此，当前网上的免费资料代替不了图书馆的资料。
- 除了在线图书馆和数据库之外，一般来说，网上资料对于深层次研究的用处很有限。
- 相对而言，网上资料的准确性、权威性和可信度等都比较低。
  网上资料可以被更改或删除，稳定性差。

优势：

- 相对于印刷媒体资源，网上资源的时效性一般较好。比如，网上新闻更新很快。
- 易于找到事实性的信息。对于有些主题，可以在短期内获得大量有用的资料。例如，在各国各级政府的网站上，可以获得官方的政策法规文件和各种统计数据。
- 大大扩展了信息资源的存量。一个图书馆在物理意义上所能“拥有”的资料是有限的。然而，对于互联网上的大量信息，你不需要拥有，而只需要有“存取”权限就可以了。

## 二、网页的类型

正如图书有很多种类，比如小说、教材和学术著作等，网站也有许多类型。不同类别的网站有不同的目的，其提供的信息的类别也不同。下面列出几类常见的网站。[①]

(1) 立场网站。立场网站的赞助者通常是意欲影响公众意见或倡导某一观念的组织。这类网站的网址包含“.org”。各种政党的网站、非政府机构的网站和非盈利社团协会的网站就属于这一类。例如，美国民主党网站（www.democrats.org）、中国残联网站（www.cdpf.org.cn）和中国文联网站（www.cflac.org.cn）等。

(2) 商业与市场营销网站。商业与市场营销网站的拥有者是以盈利为目的

---

① 参见：Jan Alexander and Marsha Ann Tate. Evaluating Web Resources. http://www2.widener.edu/Wolfgram-Memorial-Library/webevaluation/webeval.htm. 1996（2003年11月）。

的商业和企业组织。它们使用网站的目的是宣传和销售它们的产品或服务，因此，它们很少提供与别的网站的链接。这类网站的网址通常包含“.com”。例如，TCL 集团公司网站（www.tcl.com）和 IBM 公司网站（www.ibm.com）。

(3) 信息型网站。信息型网站的赞助者通常是教育机构或政府。它们一般只提供诸如事实性的资料、政策法规文件、公共交通的时刻表、统计资料或研究报告等，是网上专题研究的良好的信息来源。这类网站的网址通常包含“.edu”，“.gov”或“.org”。例如，我国教育部网站（www.moe.edu.cn）和麻省理工学院网站（www.mit.edu）。

(4) 新闻网站。新闻网站的拥有者通常是商业和企业组织①，它们能够非常及时地发布新闻，但同时也投放大量的广告。这类网站的网址通常包含“.com”。例如，澳大利亚的悉尼晨锋报网站（www.smh.com.au）。另外，新闻服务也是前面提及的我国的三大门户网站（即新浪、搜狐和网易）的主要功能。

(5) 个人主页。顾名思义，个人主页的拥有者是个人。它的主要内容包括拥有者的个人简历和当前的一些情况。它的网址通常含有“~”符号或个人账号名。个人主页可以出现在各种类型的网站中，例如，“.com”，“.gov”和“.edu”类网站。对于从事科学研究的人员，个人主页很有用。通过它，可以及时地了解同行当前的研究项目和新近的研究成果。一般来说，个人主页中的意见性信息比事实性信息更有用。

## 三、网上信息评估的标准

经常上网的人，可能已经积累了丰富的判断网页质量的经验。然而，在网络信息泛滥的时代，我们还是有必要进一步地学习和理解评估的标准。不同类型的网站或网页应当有不同的评估标准。不过，我们这里将不分类别，简要地介绍一些与远程学习相关度较高的评估标准。你如果想了解更多内容，可以参看有关文献。②

---

① 我国政府机构的个别部门也拥有新闻网站。

② 例如：(1) Jan Alexander and Marsha Ann Tate. Web Wisdom: How to Evaluate and Create Information Quality on the Web. Lawrence Erlbaum Associates. 1999; (2) Kristin Kubly. How to Evaluate a Web Site and the Information It Delivers. http://www.fccj.org/library/top11_97.htm. 1997 (2003 年 11 月)； (3) Elizabeth E. Kirk. Evaluating Information Found on the Internet. http://www.library.jhu.edu/elp/useit/evaluate/index.html. 2002 (2003 年 11 月)。

(1) 可读性。这里的可读性是指网页的制作质量，既包括字体、字号、颜色和布局等的适当性，也包括文章结构的合理性等。

(2) 权威性。网上信息的权威性可以从三个方面判断，即网站、作者和具体的内容。首先，网站的拥有者应当具有合法的法人地位，具有固定的地址和电话号码[①]，且以往的声誉较高。一般来说，信息型网站的权威性较高。其次，网上文章应当明确标明作者的名字和工作单位。如果附有作者的个人简历或资历材料，或者存在与作者联系的途径则更佳。然而，对网页上的信息内容或观点负责的既可能是作者也可能是网站的拥有者。有些网站明确标明："本文只反映作者个人的观点，与本网站无关"。最后，如果网页内容受版权保护，那么其质量高的可能性也比较大。

(3) 准确性。网上信息的准确性与上述的可读性和权威性呈正相关。信息型网站的内容准确性较好，对于商业网站上的信息，则需谨慎。如果网页内容存在明显的错误，比如，错别字、语法错误以及常识性错误很多，那么就说明信息的发布没有严格的控制机制，信息准确的可能性就小。高质量的网页通常明确注明事实性信息的来源，或者为用户提供验证其正确性的其他渠道。

(4) 时效性。呈现在读者眼前的网页通常都经过了多道处理：网页的写作、发布和更新。你不仅需要知道网页的写作日期、首次发布日期，还要知道最近的更新日期。如果网页上没有明确标明这些日期，而时效性对你又非常重要，那么就要尝试通过其他途径来确定。例如，如果网页上提供的很多链接都已不复存在，那么该网页可能已很久没更新了。

(5) 客观性。网上内容的客观性受网站的拥有机构或赞助机构的背景影响很大。一般来说，公共服务机构的网站的内容客观性较好。高质量的网页不应当有种族、地域、宗教或专业偏见。如果网页上有广告信息，那么它应当有明确的标志，以避免产生混淆。对于意见性的信息，客观性只能是相对的。然而，在进行价值判断时，应当明确给出判断的根据。

(6) 完备性。有些正处于建设期的网站所提供的内容支离破碎，另一些网站可能对你感兴趣的主题的探讨缺乏深度，它们的完备性都较差。一个高质量的网页往往被很多本网站以外的网页提到，或者说，有很多外部链接指向它，同时它也提供链接指向其他相关网站，尤其是那些在网页中加以引用的外部网页。这样，虽然作为孤立的网页其内容非常有限，但从整体上来看完备性较

① 仅有电子邮件地址是不够的。任何人都可以注册一个匿名的电子邮件账号。

好。如果网页内容有对应的图书版本，那么应当指明它覆盖图书内容的比例。

(7) 相关性。相关性指的是找到的信息与你感兴趣的主题是否一致。它所衡量的不是信息的内在质量。一篇质量很高的有关金属材料加工技术的专题学术论文，可能与你想要搜索的有关《钢铁是怎样炼成的》小说评论的主题相去甚远。相关性差的原因很多，例如，文章或者太学术化，或者太大众化，与你的需要不符；文中涉及的国家或地区不是你所感兴趣的。为了判断网页内容的相关性，你需要明确界定正在探讨的问题。通常，通过阅读文章的目录（或标题)、摘要或总结就可知道其相关性，从而避免阅读全文而浪费时间。

最后，值得指出，你应当正确处理网站与网页之间的关系。一个网站包含的各个网页一般有一定的联系。通过搜索引擎找到的网页仅仅是其中的一页。不要忘记检查相关的网页。但是，每一个网页又有其相对独立性，质量评估的基本单位应当是网页而不是网站。

## 本章小结

本章介绍了信息搜寻和信息评估的方法，以帮助学生提高信息技能或信息素养。

图书馆、专题文献数据库和互联网，是远程学生的主要信息来源。由于互联网的发展，许多图书馆和专题文献数据库都已经联网，用户可以直接通过互联网来检索其中的各类文献。本章介绍了文献检索的基本原理。

网上信息的搜索工具包括分类目录和搜索引擎两大类。二者在信息的收集、编目和呈现方式上都有很大不同。分类目录由专业编辑对网站信息进行手工编目，用户通过逐层浏览或输入关键词来搜索相关网站；搜索引擎则通过索引系统对网页信息进行自动编目，用户通过输入关键词来搜索有关网页信息。

远程学生应当根据搜索目的来选择信息源和信息搜索工具，并对搜索到的信息进行评估。网上信息质量的评估标准主要包括以下几个方面：可读性，权威性，准确性，时效性，客观性，完备性和相关性。

## 实践活动

### 一、分类目录和搜索引擎的使用技巧

逐一试用本章正文提到的中文分类目录和搜索引擎。然后，在网上查找有关它们的使用技巧的文章，并对之进行质量评估。最后，确定一个你今后要长期使用的搜索引擎。

### 二、“远程学习概论”课程的教学方案对比分析

制订信息搜寻方案，查询、分析国内的远程（或网络）教育学院为远程学生开设的各种“远程学习方法”或“远程学习概论”课程的内容及其特点。

### 三、远程学习支持服务体系的功能分析

制订信息搜寻方案，了解远程学习支持服务体系的基本功能及其对学生远程学习效果的影响。

# 第八章

# 信息的组织与论文的写作

## 学习目标

通过本章的学习，你应能：

1. 了解信息组织策略的作用，掌握几种常用的、图表化的信息组织策略；
2. 了解写作的基本要素和过程；
3. 掌握写作的基本策略和技巧，包括如何确定主题、如何收集与整理资料、如何设计提纲、如何撰写初稿、如何修改和审查以及如何评判论文的质量等；
4. 运用信息组织和论文写作的基本策略。

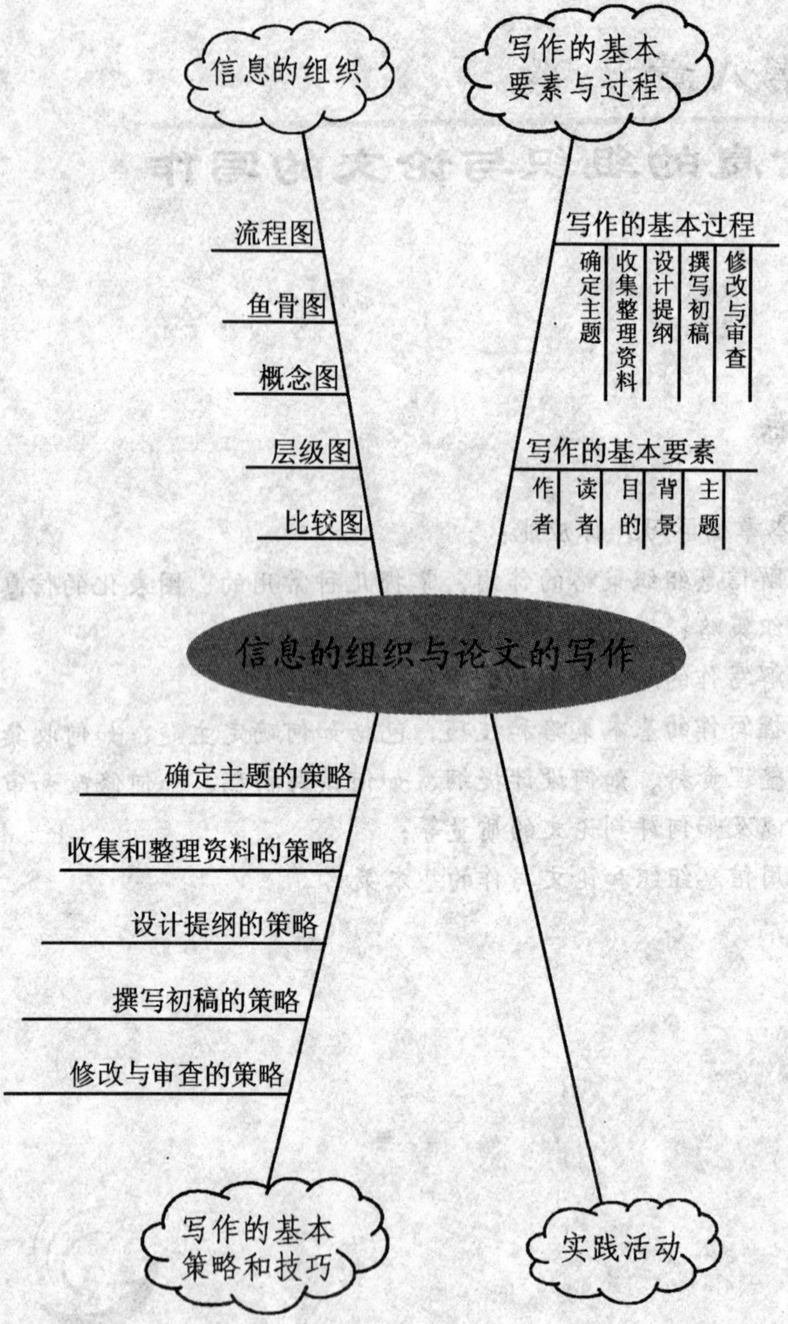
信息的组织
写作的基本要素与过程
流程图
鱼骨图
概念图
层级图
比较图
写作的基本过程
确定主题
收集整理资料
设计提纲
撰写初稿
修改与审查
写作的基本要素
作者
读者
目的
背景
主题
信息的组织与论文的写作
确定主题的策略
收集和整理资料的策略
设计提纲的策略
撰写初稿的策略
修改与审查的策略
写作的基本策略和技巧
实践活动

在远程学习过程中，学生通常需要完成一些论文式的作业或练习，如调查报告、学习心得和研究论文等，以深入理解和灵活运用所学的知识。写作，既是学习过程的重要环节，也是学生学习所需具备的基本技能。在写作之前，学生需要通过多种渠道收集有关的知识信息；在写作过程中，需要根据论文的对象和写作目的，采取合适的信息组织策略，按照一定的写作程序把收集到的有关信息组织起来。同时，为提高论文质量，学生还需要学习和掌握一些具体的写作技巧，了解和掌握一定的论文评判标准，并据此来撰写、修改和评价自己的论文。

有关信息搜寻和评估的方法和技巧，已在上一章中进行了详细介绍。本章主要介绍信息组织的常用策略、写作的基本要素和过程以及写作的基本技巧和策略。

## 第一节　信息的组织

为了提高学习与工作的效率和质量，需要对时间、空间、物质和信息等各种资源或客观条件进行合理组织与安排。例如，第三章介绍的学习环境的组织策略，即对学习的场所、设施和辅助工具等进行合理的安排，有助于集中注意力和增强学习动机。有时，即便是一个简单的组织策略，也有可能大大提高学习或工作的效率。例如，“闪牌”记忆策略是把两个相关的或配对的信息分别记录在同一卡片的正反两面，使一面的信息成为回忆另一面信息的线索。可配对的信息种类很多，比如，概念与其定义，外语单词与其中文解释，事件内容与其发生的日期，以及历史人物与其对社会的贡献等。经验表明，采用“闪牌”策略组织信息，可以提高记忆的效果。本节主要介绍信息的组织策略。

信息的组织是涉及面很广的一个话题。它指的是如何把收集到的信息以某种方式组织起来，使之实现一定的目的。例如，对自学笔记或听课笔记的组织和整理有助于加深对有关内容的记忆和理解。把所学的课程内容以一定的方式重新组织起来，对复习、备考和应试都很有帮助。对于论文的写作来说，适当的信息组织方式有助于读者更好地理解文章的内容。

信息组织的策略或方案很多[1]。第四章已经介绍了几种笔记的组织策略

---

① Muskingum College Center for Advancement of Learning. General-purpose Learning Strategies: Organization. http://muskingum. edu/ ~ cal/database/organization.html. 1998（2003 年 11 月）。

(笔记的格式)。本节介绍几种比较通用的组织策略，它们的共同特点是用某种图表把不同类别的信息组织起来。你可以根据信息的类型、信息组织的目的以及自己的学习风格选择相关的方案。这些策略或方案可以用于论文写作，也可以用于记阅读笔记和做学习总结等，以帮助自己加深对所学内容的理解。但是，需要指出，它们并不是需要我们遵守的“工业标准”。一旦熟练掌握了它们，我们就可以灵活运用，引申出更具表现力的组织格式和图表。

## 一、比较图

比较是社会生活中常用的分析问题的方法，用于展示或总结两个或多个事物、概念或系统（以下统称为主题）的相同点与不同点。常用于比较的图表有文氏（Venn）图和对比矩阵表。

文氏图由两个部分重叠的圆构成。它们对应于两个主题。两个主题的相同或相似的特征记录在两个圆的重叠区域，不同特征记录在各自的非重叠区域。例如，图 8－1 展示了某两所大学的特征的异同点。

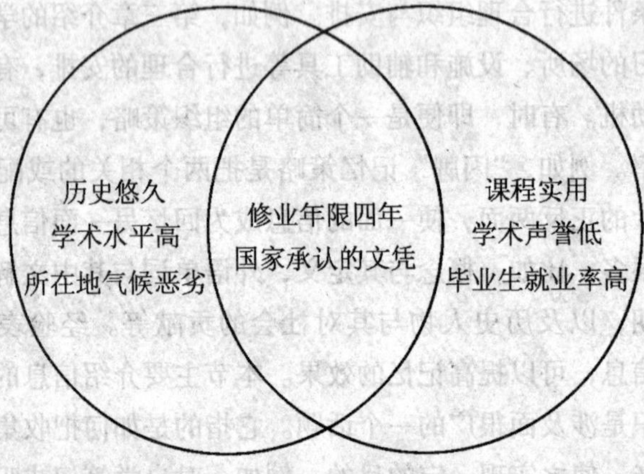


**图 8－1 文氏图实例**

对比矩阵表用于对比描述多个主题在若干个指定方面的特征。它对论文的写作很有用，在本书中也被多处使用。表 8－1 给出了对比矩阵表的一个实例[①]，它比较了集合论中的两个基本概念，即交集和并集。

① 薛理银：《教育信息处理原理》，148 页，北京，北京师范大学出版社，1996。

**表 8-1 对比矩阵表实例**

| | 交集 | 并集 |
|---|---|---|
| 定义 | 同时属于集合 A 和集合 B 的一切元素组成的集合 | 属于集合 A 或集合 B 的一切元素组成的集合 |
| 记号 | $A \cap B$ | $A \cup B$ |
| 文氏图 | 阴影部分为 $A \cap B$ 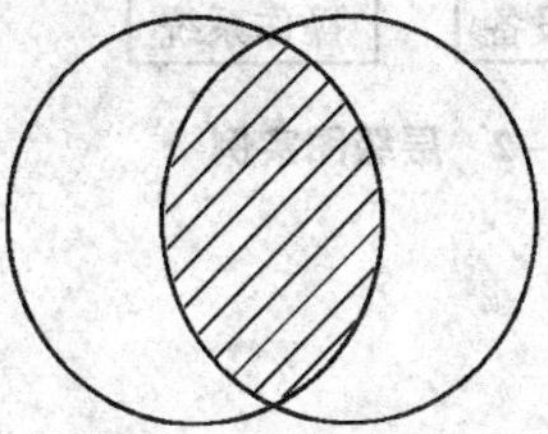 | 阴影部分为 $A \cup B$ 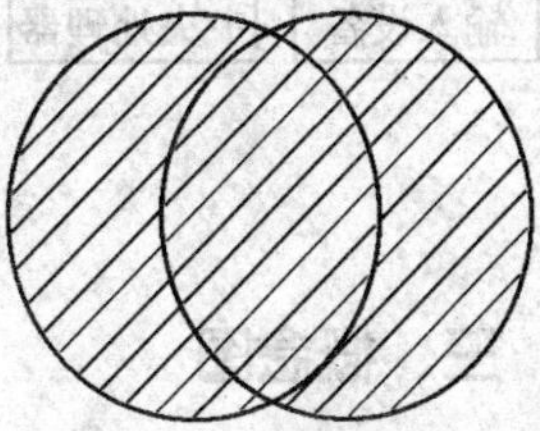 |
| 例子 | $A=\{1, 2, 3\}$,  $B=\{2, 3, 4\}$<br>$A \cap B=\{2, 3\}$ | $A=\{1, 2, 3\}$,  $B=\{2, 3, 4\}$<br>$A \cup B=\{1, 2, 3, 4\}$ |

在文氏图中，两个主题的特点之间不一定具有对应关系，例如，“历史悠久”与“课程实用”并不是同一方面的特征。然而，对比矩阵表反映的是若干个主题在同一批指标上的特征。另外，在对比矩阵表中，若干个主题在某一方面的特点可以是相同也可以是不同的。

## 二、层级图

层级是社会生活中常见的一种结构，比如，国家的行政管理层级和教科书的章节体系结构。信息可以按照其抽象程度或包容性从一般到特殊逐层划分，这种层级关系可以用层级图来表示。

根据图形的特点，层级图既可以是自顶向下的，即最一般的概念在顶层，子概念逐层往下；也可以是自左向右的，即最一般的概念在左边，子概念逐层往右。通过绘制层级图，学习者可以依据某概念在系统中所处的层级及其与其他概念之间的联系方式，来理解该概念所应具有的内涵和外延，以达到对一组相关概念做出正确区分和识别的目的。层级图对生物、地理和社会科学类科目的学习尤其有用。在写作过程中，层级图可用于论文提纲的设计。图 8-2 是描述计算机构成的层级图。

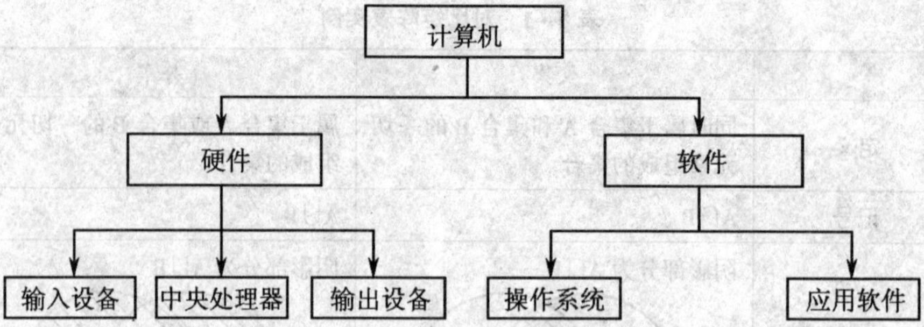


**图 8－2　层级图实例**

## 三、概念图

概念图，也称语义图，用于展示某一概念的特征。概念图由以下四个部分组成。

(1) 待展示的概念。它放置在概念图中央的文本框中，例如，图 8－3 中的"古典时期"[①]。

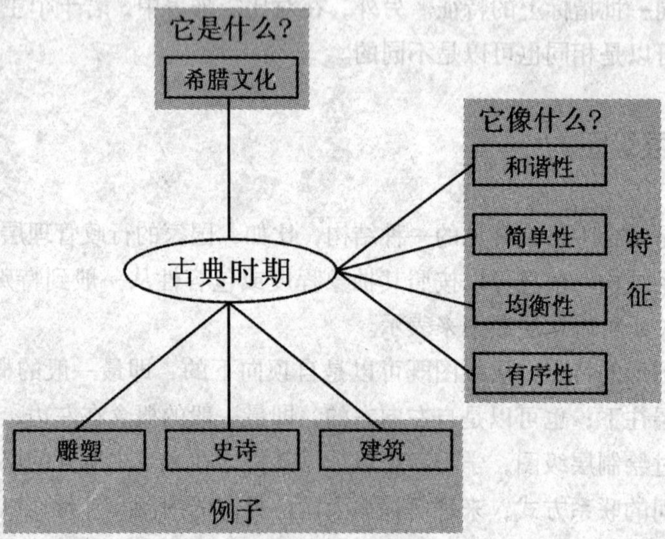


**图 8－3　概念图实例**

① 转引自 Muskingum College Center for Advancement of Learning. General－purpose Learning Strategies: Organization. http://muskingum.edu/～cal/database/organization.html. 1998（2003 年 11 月）。

(2) 概念所属的上一级类目。它回答“它是什么”的问题，在概念图中位于中央文本框的正上方。比如，“古典时期”这个概念描述的是“希腊文化”的一个阶段，因此，在图 8-3 中，“希腊文化”位于“古典时期”的正上方。

(3) 概念所具有的特征。在概念图中，这些特征的文本框位于中央文本框的右侧。

(4) 用于描述概念的一些例子。在概念图中，这些例子的文本框位于中央文本框的正下方。

概念图主要用于组织有关人物、地点、概念、学说或理论流派的信息。通过分析具体的特征和例子，可以加深对概念或学说等的理解。

## 四、鱼骨图

鱼骨图用于描述复杂事件（或现象）发生的时间、地点和前因后果等，如图 8-4 所示[①]。在鱼骨图上，需要对将要描述的事件回答以下六个问题：

(1) 哪些人介入这个事件（何人)?

(2) 事件发生在什么地方（何处)?

(3) 事件在什么时候发生（何时)?

(4) 发生了什么（何事)?

(5) 事件是怎样发生的（如何)?

(6) 事件为什么发生（为何)?

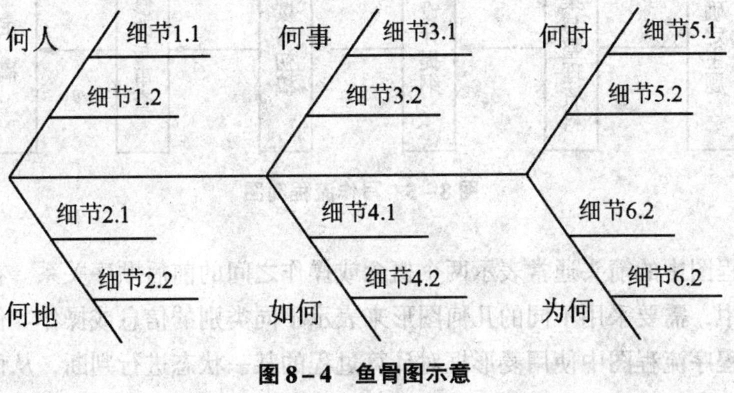


**图 8-4 鱼骨图示意**

① 转引自 Muskingum College Center for Advancement of Learning. General - purpose Learning Strategies: Organization. http://muskingum.edu/~cal/database/organization.html. 1998 (2003 年 11 月)。

在图 8－4 中，鱼骨的脊柱表示已发生的事件或待描述的现象；肋骨表示上述六个问题。肋骨右边的横条用于提供一些支持性的细节。

在自主学习过程中，可以使用鱼骨图记阅读笔记，总结所学的内容。鱼骨图的信息组织格式有助于学生抓住重点，即着重掌握事件或现象中与上述六个问题相关的内容。这样，当作业或测验中需要完成相关的问答题或论述题时，你就能够应付自如。鱼骨图对历史类科目的学习尤其有用。在写作过程中，鱼骨图既有助于提醒你从哪几个方面描述和分析事件或现象，也有助于你组织写作素材。

## 五、流程图

流程图使用带箭头的线条、矩形、菱形和椭圆等几何图形的不同组合，来描述一组概念、信息或操作之间的关系。

流程图适合于描述一些工作的操作步骤以及事件发生、发展和变化的过程等。例如，在工矿企业中，用于表示完成各道工序的前后次序；在办公室自动化中，用于描述公文的流转过程；在有机化学课程内容中，用于表示化学反应的过程；在历史课程中，用于展示重大事件发生的时间顺序。

图 8－5 是描述写作过程的简要流程图。

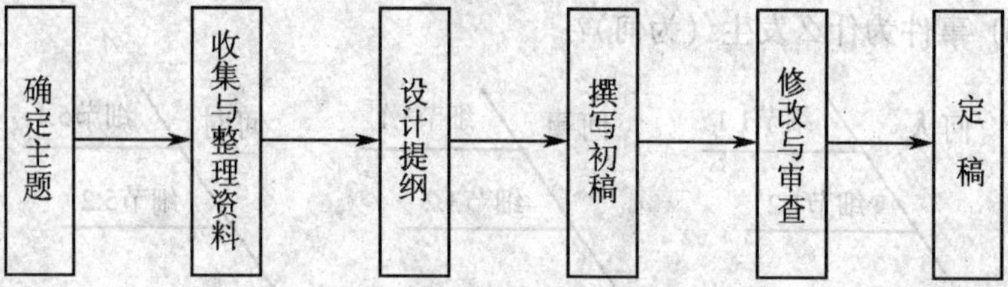


**图 8－5 写作流程简图**

流程图中的箭头通常表示两个概念或操作之间的前后顺序关系。在复杂的流程图中，需要采用不同的几何图形来表示不同类别的信息或操作。例如，在计算机程序流程图中使用菱形框对计算过程的某一状态进行判断，从而控制程序的走向。

图 8－6 是奥鹏远程教育学习中心学籍异动工作流程图。

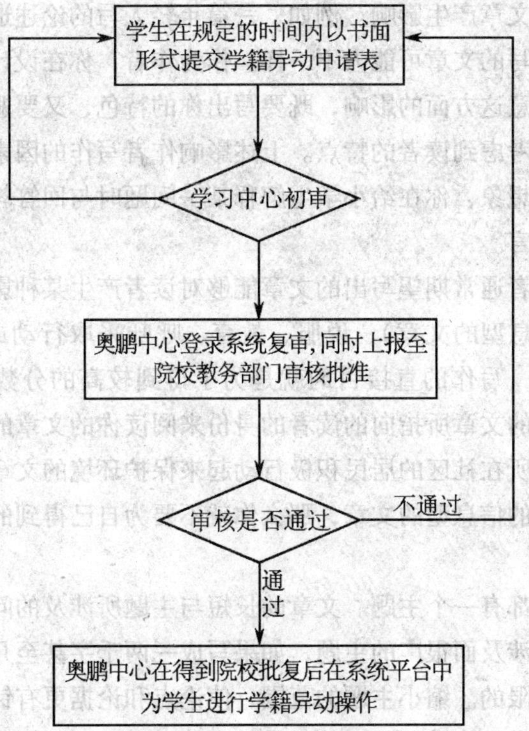


**图 8-6 奥鹏远程教育中心学籍异动工作流程图**

# 第二节 写作的基本要素与过程

在学习写作的基本策略与技巧前，有必要了解写作的基本要素和过程。

## 一、写作的基本要素

写作的基本要素包括作者、读者、目的、背景和主题[①]。每一篇文章都受这些要素的影响。

你的年龄、性别、家庭、经验、所在地、教育背景、宗教信仰和政治观点

---

① Purdue University Writing Lab. Understanding Writing: the Rhetorical Situation. http://owl.english.purdue.edu/workshops/pp/rhetsit.ppt. 2000（2003年11月）。

等都会对你写的文章产生影响。例如，一篇年轻人写的论述退休生活的文章与已退休的老年人写的文章可能大不一样。作为作者，你在设计、修改和审查你的文章时需要注意这方面的影响，既要写出你的特色，又要避免出现偏见。

写作时必须考虑到读者的特点。上述影响作者写作的因素同样也会对读者产生影响。很难想象，你在给小学生解释某一问题时与回答教授的同一问题时会使用相同的语言。

写作时，作者通常期望写出的文章能够对读者产生某种影响。写作的目的可以是告知（信息型的文章）、说服、教育、呼吁采取行动或使人得到愉悦。对有些学生来说，写作的直接目的就是为了得到较高的分数。然而，应当注意，教师是以你的文章所指向的读者的身份来阅读你的文章的。如果教师要求你写一篇呼吁你所在社区的居民积极行动起来保护环境的文章，而你把它写成了有关环境保护的信息型的文章，那么你就不要为自己得到的分数很低而感到奇怪了。

每一篇文章都有一个主题。文章的长短与主题所涉及的问题的复杂性密切相关。对于一个涉及面很广的主题，如果写成一两千字甚至几百字的文章，其深度将是非常有限的。缩小主题的范围，使论点和论据更有针对性，可以提高文章的深度。但是，这并不是一件容易的事情。反之，要把生活中的某一琐碎小事写成几万字的文章，困难也是可想而知的。

写作的背景指的是引发写作需要的外部环境。当时的社会政治、经济、科技和文化的发展变化对文章的内容都会产生很大影响。一篇与时代主题紧密相连的文章，比较能激发人们的兴趣，容易在读者心中产生共鸣。

## 二、写作的基本过程

每一篇文章的完成都有一个写作过程。你可能说不出你写作的全部步骤，但你肯定是按照某一过程来完成你的写作的。你的写作过程可能与笔者的不一样，但有些步骤是共同的。良好的写作习惯有助于化解写作过程中遇到的困难（比如无从下笔和无法及时完成写作任务等），以提高写作的速度和质量。通过了解一般的写作过程和反思自己的写作过程，可以形成适合于自己的有效的写作过程。

写作的一般过程包括以下五大步骤：确定主题，收集与整理资料，设计提纲，撰写初稿，修改与审查（如图 8－5 所示）。

学生的写作性课外作业通常有比较明确的题目。你应当仔细分析作业的性质和作用。对于长篇论文，则可能需要你自己选定题目。题目要尽量具体，不能太宽泛。文章要有明确的核心论点。

一旦文章的主题确定了，可能在你的脑海中也有一些基本的论点和论据。这时，你需要制订相关资料的搜寻方案，明确搜集资料的场所，比如，图书馆或互联网。你也可能通过访谈有关人员来获取信息。

收集到相关的信息之后，接着就要设计写作的提纲。具体任务是：明确文章的各大组成部分的基本内容，确定所收集的信息与文章各个部分的相关性。例如，某些资料可以用来支持你的某一论点，另一些资料则可能对你的文章的写作毫无用处。

如果不制订提纲而直接进入撰写初稿阶段，则可能导致写出的许多内容到后期需要删除，从而降低写作效率。一旦有了提纲，就可以制订时间计划，安排适当的写作环境，把各个部分的内容的初稿写出来。

在最后定稿之前，还需要对初稿进行修改和审查。主要工作包括错别字和语法错误的查找、晦涩难懂的句子的重写以及文章结构和段落的调整。既要从文章的整体进行全局审视，也要对局部的字词进行润色。

显然，以上步骤不是线性的。例如，在制订提纲之后，还可以根据需要进一步收集资料，甚至在修改时，由于他人指出还有非常重要的相关文章需要在文中提及，而需要再收集一些资料。一般来说，写作过程是在以上各个步骤之间来回跳转的过程。当然，如果你对主题比较熟悉，而且计划做得比较细致，那么往复的次数就会少。下一节详细分析写作过程的各个步骤。

## 第三节　写作的基本策略和技巧

在学习过程中，学生的写作任务的类型很多。根据写作发生的时间和场合，写作任务包括课堂上写作、课外写作和考试时的写作。远程学生基本上没有课堂上写作的任务；考试时的写作任务主要是几百字的小短文，而且一般不允许在写作过程中去收集资料。因此，本章主要讨论课外写作任务。有关考试时的小短文写作将在下一章介绍。根据内容的性质，文章可分为书评、文学艺术作品评论、读书笔记、调查报告、实验报告、研究项目报告和学位论文等。根据作品的长短，文章可分为小短文（比如几百字）、短文（比如一两千字）、中篇论文或报告（比如三五千字）、长篇论文或报告（比如一万字左右或一万字以上）。一般来说，毕业设计或学位论文属于长篇论文。本节以介绍短文和中篇论文的写作策略和技巧为主，但是写作的一些基本原则同样适用于小短文和长篇论文。

## 一、确定主题

对于小短文，题目通常由教师确定。其他类型的文章的题目有可能由学生自己确定。教师也许会给出大概的范围，并对写作任务的性质做出规定，比如文章的类型和篇幅等。

如果题目是由教师确定的，你就需要了解教师的具体要求，需要对教师给定的写作题目的标题进行分析，尤其需要注意教师对你所写文章的期望。如果他希望在你的文章中看到的内容你却没写，那么就表明你的文章已离题，你的分数可能就不高。例如，题目要求你对某两件事进行“比较”，而你却只对它们进行逐个描述。再如，大学程度的论文要求有更多的分析性和批判性的内容，教师一般不希望你花过多的篇幅去描述现象，而更感兴趣你怎样分析复杂的问题、提出了什么观点、怎样把论据与你的论点联系起来。你的文章的篇幅也要与教师的要求大致相当。如果你对教师的要求有不清楚或有疑问的地方，就需要与教师联系，或者求教于其他同学。

如果你可以自选题目，那就选择一个你感兴趣的题目。写作是复习已学知识和学习新知识的途径。对于自己熟悉的题目，你只需投入较少的时间就可以完成，但你的收获就可能非常有限。如果你为了学到新的知识而选择自己不太熟悉的题目，那么应当充分估计自己是否有足够的时间完成该任务。

题目既不能太宽泛也不能太窄。宽广的题目通常意味着较大的篇幅，否则很难达到一定的深度。一方面，你可能无法在规定的时间内完成任务；另一方面，写出的文章可能不符合教师的要求，比如篇幅过大。相反，如果题目过于具体，你可能找不到相关的资料，论据不充分，要达到一定的篇幅就有困难。

具有新颖论点和充分论据的文章通常会获得较高的评价。因此，你可以选择一个自己对它有独到见解的主题的题目。这既可以提高自己的写作的积极性，也可以对问题有比较深入的探讨，还能获得满意的分数。

总之，在开始着手收集资料之前，必须弄清教师的要求和了解自己的情况，选定适当的主题，以免在收集资料之后才发现需要更换主题。

## 二、收集与整理资料

一旦你确定了文章的题目和主题，就可能对文章的主要论点也有基本的想法，相应地在搜寻资料时就有一定的针对性。充分地占有资料是写出高质量文章的基本保证。然而，在有限的时间内，你应当集中精力于与你的主题或论点高度相关的文献。

通过图书馆、专题文献数据库和互联网搜寻信息的方法已经在上一章介绍过，这里不再赘述。根据你的题目的特点，你也许还需要采访一些专家，倾听他们对相关问题的看法。访问既可以采用面对面的方式，也可以通过电话或电子邮件进行。通过采访获得的资料是你所需要的原始资料的重要组成部分。你还可以调查普通老百姓对某一有争议的问题的看法或者测量民众对某一专业领域的知识水平。为此，你需要设计问卷①。

阅读和分析收集到的资料是写作的基础工作。有关的方法和技巧已在第四章介绍过。这里再强调一下阅读笔记的作用。它记录文献中那些与你的主题相关的要点、论据、实例和值得你引用的语句。记录的方式包括卡片和录音。前者便于下一步的提纲设计和初稿的撰写，应用较广。例如，把所有的卡片摆放在宽敞的桌面上，然后根据它们之间的关系以及你的计划进行组织，最后，找出每一张卡片在你的文章提纲中的位置。当然，如果你有笔记本电脑，直接把有关内容记录成电子文档，可以提高写作的效率。

在做笔记时，一定不要忘记标明你所记录的内容的来源。对于引文和统计数据等，还要记录它们在原始文献中的页码。如果记录中的有关内容在文章中得到了采用，那么它们的来源信息就要出现在你的文章的注释和参考文献的目录中。

你可能没有完整的一段时间用于完成写作工作，也就是说，你可能同时还要完成其他工作。然而，写作灵感可能产生于与写作工作无关的场合。如果你把写作任务当作一项非常重要的工作，那么在非写作的场合，比如，与人聊天或看电视节目，你也可能会不知不觉地思考与写作相关的问题。针对这种现象，建议你随身携带一本尺寸适当的笔记本，随时记录你的思想“火花”，否

---

① 调查问卷由你想得到回答的一组问题组成。访谈和问卷调查是社会科学研究常用的方法。如果你想进一步了解，可参看董奇：《心理与教育研究方法》，广州，广东教育出版社，1992。

则它很容易从你的记忆中消失。[①] 许多科学家都声称他们曾经受益于这种行为习惯。

最后，需要指出，不要忘记运用第三章中学到的时间计划技能。一旦题目确定了，你就要好好计划写作过程中各个步骤所需要的时间。例如，限定在某一日期之前做好一切准备工作，能够坐下来正式开始写作。对学生来说，完成某一特定的写作任务通常都有最后的期限。你应当为文章的修改安排足够的时间。另外，尽量不要等到了最后的期限才完成全部任务，应当预留一些机动时间。

## 三、设计提纲

至此，尽管有些论据或数据还需要进一步证实，原则上你应当收集到了所需要的信息并已对它们进行了分析，完成了所需要的准备工作。这时，你应当着手拟定文章的提纲。它会使你从整体上对你的文章有一个基本的认识，有助于使你的写作内容紧扣主题，层次分明。

### （一）写作的方式与提纲的作用

每个人的写作方式不尽相同，有的人需要有详尽的提纲，有的人则不需要任何提纲。

下面的四个例子引自朗特里教授的《学会怎样学习》[②]。

A. 我不写任何类型的提纲；我只是开始埋头写而已，甚至不知道文章将从何处下笔，只是等到我已写出了几段之后某种计划草案才开始呈现在我面前，于是，我撕掉我已写就的部分再重新开始写。我通常不知道该遵循什么直到看到自己所写的内容。

B. 开始我先大概确定我大约要写多少段，每一段中我想表述什么论点，并且我应插进多少论据。有时这并非易事，因为有时往往需要穿插调整。但在我没有拟出提纲之前我是不愿轻易下笔的，提纲可以先给指导教师看看，因为它已基本能反映我要写的全部内容。

C. 我所注重的是最后一段。首先，我写出我的结论，我阐述论题的

---

① ［英］德瑞克·朗特里著：《学会怎样学习》，梁光明译，272页，北京，中央编译出版社，2002。

② ［英］引自德瑞克·朗特里著：《学会怎样学习》，梁光明译，280～282页，北京，中央编译出版社，2002。

基本方法，“一方面是这种，另一方面是那种，然后综合来看是如此如此……”如此这般，或许我花一定时间来做一些筹划，而我一旦认定了方向，就会一气呵成，直至写到最后一段。

D. 我得先设计出基本的框架——开始部分、中间部分和末尾部分。然后大体确定每一部分所需的篇幅，并列出中间部分各论点可能的先后次序，也许这一切仅需一纸半页。但是我必须从这一步开始，即使在写作的过程中我或许还会改变最初的设计。

笔者个人的写作方式接近于D的方式。你的方式也许与上述这四种都不一样。

A的方式是顺其自然、“自底向上”的方式。你直到看到所写的内容才明白这正是自己所想说的。这种方式有助于捕获写作当时出现在你的脑海中的“火花”。你的思想可以不受阻碍而顺畅地“流淌”出来。然而，这种“意识流”的内容结构性较差。你往往需要对你的文章打多次草稿。在后期的修订过程中，有些内容可能要删掉。这时，你如果觉得心疼，难以割爱，而把它们包括在文章中，就有可能破坏全文的一致性和内容的相关性。

B需要拟定详尽的提纲。这种方式是“自顶向下”的，可以避免打多次草稿的问题。然而，在动笔之前，要拟出详尽的提纲是一项非常困难的工作。另外，你在设计某个细节的结构框架时，实际上已经构思出具体要写的内容，此时不把它写出来，过后有可能会遗忘。因此，你在后期的写作中，可能需要花费更多的时间。

文章的结尾通常要总结全文的内容。C充分利用了这一点，通过先写结论来建立文章的基本构架。相对于B的“显式提纲”，C实际上得到的是一种“隐式提纲”，即未明确表现出来的提纲。写作结束之后，也许会发现原先写的结尾段落已经发生了很大变化。

D的提纲是显式的，但不如B的详尽，即一开始只设计“宏观的提纲”，把“微观的提纲”留待撰写过程中逐步完善。

上述四种方式的提纲的详尽程度由低到高的排序结果为：A，C，D，B。一般来说，如果提纲越详尽，那么一方面提纲设计的难度就越大，所需的设计时间就越长，另一方面初稿撰写过程所需的时间就越短，需要删除的段落就越少，打草稿的次数也越少。

如果你的写作是基于纸和笔，那么打多次草稿可能要浪费不少时间，预先设计比较细致的提纲有可能提高写作效率。然而，如果你使用个人计算机进行写作，由于语句的润色、段落和章节的调整比较容易进行，那么各种方式之间的界线就变得比较模糊，写作过程相对来说也比较自由，受个人偏好、习惯的影响较大。然而，笔者还是建议你在动“笔”之前，拟定“宏观的提纲”，并在撰写过程中，充分发挥“自底向上”和“自顶向下”方式各自的优势。

**（二）文章的基本架构**

许多种文体的文章都由三大部分组成，即引言、主体和结语。你可以根据需要对它们进行扩充。

引言部分提出文章的论题，或说明通过这篇文章你要阐述的主要问题，指出你的文章的基本组成或结构。

主体部分逐项阐述你的主要论点，比较现存观点与你的观点之间的异同，提供你的论据，展示你得出某一结论的具体过程，或阐明你解决问题的具体步骤和方法。

结语部分总结文章的主题思想，明确你对有关问题的结论，指出需要进一步研究的问题。

**（三）提纲设计要点**

显然，“引言、主体和结语”不是一个可操作的提纲。一个有用的提纲还要包括更丰富的内容，至少要给出一至二级标题目录。

下面介绍这种提纲的设计要点。[①]

首先，根据你整理资料过程中得到的笔记确定文章的要点，它们将构成提纲的轮廓。每一个要点的阐述在文章中都将占据若干个段落。提纲要简明扼要，要使用关键词或短语，少用或不用完整的句子。在拟定提纲的过程中，要集中精力于文章的逻辑结构，而不是撰写完整的句子。

其次，确定支持你的论点的论据。针对每一个论点或要点，确定相关的事件、统计数据、意见和方法等，以进一步细化提纲。文章的每一部分（对应于某一个标题）都要逐层细化（或具体化），从一般到特殊，建立起局部层级结构关系。

最后，把各组成部分按照某种逻辑关系组织起来，即列出各级标题，通过标题的层级关系来展示相关内容的逻辑关系与呈现顺序。内容呈现的顺序既可

---

① Muskingum College Center for Advancement of Learning. General - purpose Learning Strategies: Writing and Proofing. http://muskingum.edu/~cal/database/writing.html. 1998（2003年11月）。

以是线性的也可以是对比式的。线性的组织线索很多，例如，事物或事件发生、发展的时间顺序，从一般到特殊，从原则到实例，从简单到复杂，以及从共识（最不具争议的内容）到分歧（最具争议的内容）等。有时，把反差明显或完全相反的观点放在一起进行对比呈现效果会更好。这时可以采用本章第一节介绍的比较图。

☞　建议你现在就去查看一些书的内容目录和期刊文章的各级标题，分析它们是如何把有关内容组织起来的。同时，注意各级标题的字体或字号的不同。

## 四、撰写初稿

当你有了提纲和基本素材之后，就可以开始撰写初稿了。然而，你可能还会遇到许多困难。下面介绍撰写初稿过程中常用的策略或技巧，并阐述文章的各个组成部分的写作要求。

### （一）初稿撰写的要诀

俗话说，万事开头难。你可能不知道第一句该写什么。实际上，你不一定要从引言部分开始写，你可以从任何你比较了解的地方开始，这可以提高你完成任务的信心。一旦你写了一部分，你可能就知道该怎么写其他部分。很多人的经验是先写文章的主体部分，最后才写引言和结语。

在写初稿时，应专心于把你的想法写出来，不要太在意文法、风格和引用参考文献的格式。这些可以在第二稿的写作或后期的修改过程中完成，而你的想法可能"一不小心就溜掉"，再也找不回来。有时不妨采用"意识流"的方法，将你脑中所想的都写出来。

有些人觉得在纸上或通过键盘输入打草稿会妨碍自己的思考过程，这时不妨试用"说"的办法，即把想写的内容说出来并录制到录音带上，然后再根据录音内容进行编辑。听觉型学习者比较适合采用这种方式。

一篇文章由多个部分组成。在每一时间段，你应当专注于某一部分或段落。实际上，你在收集和阅读资料时，可能已经写了不少分析和评论的片段。在设计文章的提纲阶段，你已经把它们与提纲的相关部分联系起来了。这时你只要把它们改写成文章中的段落就可以了。

### （二）引言与结语的撰写

在结构上，引言可以由若干段落组成。引言的长度通常占全文的5%～10%。在内容上，应该提供一些关于文章主题的背景信息，确定你要阐明的问题，明确你对这些问题的总的看法，指出你的论据的要点，说明文章的框架结构或内容的呈现顺序，并对你的结论做出暗示。

在引言中，不要充塞过多的细节性的材料，但有时需要界定待讨论问题中的关键术语。引言要直接与问题相联系。

引言的写作非常重要。你的读者将从这里得到关于你的论文的第一印象。在信息爆炸的年代，许多读者在做出阅读全文的决定之前，通常都要扫描文章的各级标题，浏览文章的引言和结论。对于科技文献，读者可能先阅读文章的摘要和关键词。如果引言不够吸引人，你的文章可能就没人阅读。当然，对于你的作业和论文，有关教师一定会仔细阅读。

结语应当是全文各个部分的总结。它应当阐明你的发现或主要观点的要点及其意义，并指出你的结论的局限性。在结语中，你可以对引言中的有些内容进行重述，但不要简单地逐字逐句照搬原话。你不要把未在论文中提到的新材料包括在结语中。最好不要以引用别人的话结束你的论文，否则可能意味着你得出的是别人的结论。

### （三）普通段落的撰写

段落是文章的基本单位，它以逻辑的方式将一组与某一主题相关的句子组织起来。每一个段落都应当有一个主题，而且有一个主题句。当然，这个主题远比文章的主题要小。每一句都必须与主题相关，并以逻辑的顺序连接在一起。如果主题句位于段落之首，那么它具有提醒读者该段落将要叙述的内容的作用。位于段落之尾的主题句一般应当起到总结全段的作用。

段落的长度取决于其主题，它是由主题要点的复杂性和重要性决定的。段落的长度应当与主题要点的相对重要性一致。如果你的段落过长，那它可能涉及多个主题，应当考虑把它拆分为若干个段落。然而，过短的段落可能给人留下主题没有得到充分展开的印象。文章中的短段落通常起到连接不同段落的作用，比如，段落中的语句的作用仅在于说明主题或方法的改变，或说明后续内容的组织结构。

相关主题的不同段落应当通过某种方式连接起来。例如，以不同的词句重复前一段落的最后几句；将上一段的结论放在本段的开头。根据前后段落之间的语义关系，在后一段落的起始句采用适当的连接词也可以达到目的，比如相反、所以、另外和最后等。

在写作过程中，有些类型的段落可能会经常碰到。例如，对某些事物进行分类，给某个概念下定义，叙述某一技能的操作步骤，描述某一现象，以及对两件事或两种方案进行比较等。①

(1) 定义性段落。当你认为读者对某一术语不了解时，或者你以不同于常识的含义使用它的时候，你就需要对之进行定义。对于那些使用较广而且多义的词汇也需要加以澄清。对于定义性段落，通常可以使用问句作为段落的主题句，指明需要定义的术语。然后，分别列出与定义相符和不符的性质和实例，从正反两方面进一步阐明术语。

(2) 描述性段落。描述就是把人物、风景和事件等的本来面目展现在读者眼前。描述性段落的关键是要对所描述的对象进行比较全面和客观的描述。为此，需要识别出对象的重要且有趣的方面。你应当避免对所描述的对象进行价值判断，这项工作应当留给读者。

(3) 分类式段落。分类是把大量的现象或信息按照一定的标准分成若干小组或类别的过程。在一个分类式段落内，应该确定这些小组或类别，对它们分别进行定义或解释，并给出具体的例子。在段落的结尾，最好给出一个总结性的句子。

(4) 比较式段落。比较就是对两类事物或现象的异同进行描述和分析。既可以对二者的各个属性或特点逐一进行比较，即对每一个方面列出二者的异同点，也可以先完整地描述一类事物或现象的各个属性或特点，然后再对另一类事物或现象进行类似的描述。在描述相同点时，往往要使用“同样”或“与之相似”等词对句子进行连接；而在描述不同点时，则使用“相反”、“另一方面”或“然而”等。你可以先将有关内容制作成前文介绍过的“比较图”，然后参照它进行写作。

(5) 过程式段落。前文介绍的流程图可以表征事物或事件的发生发展过程，或者完成某项工作的各个步骤。你可以在一个过程式段落中用文字对它们进行描述。通常，在段落的开头指出待描述的过程，然后对过程中的各个步骤或阶段进行逐一描述。这里，你既可以使用“首先”、“其次”、“再次”和“最

---

① Muskingum College Center for Advancement of Learning. General – purpose Learning Strategies: Writing and Proofing. http://muskingum.edu/~cal/database/writing.html. 1998 (2003 年 11 月)。

后”，也可以使用“第一”、“第二”、……、“第六”。

以上类型的段落尤其适合于小短文的写作。对于中长篇文章，一般需要更多的段落描述类似的内容。

**（四）注释、引用与参考文献**

你可以使用他人的研究成果或观点来支持你的观点，但是你必须明确区分他人的观点与你自己的观点。通常需要在文章中以引用和注释的方式指明他人的贡献。

对于长篇论文或图书，在其末尾通常都有参考文献总目录。它列出其作者在写作过程中参考过的相关文献。每一条目给出文献的以下标记性信息：作者、书或论文的名称（如果是论文，还要给出期刊名和期号）、出版地、出版社和出版年月。在格式上，不同的出版机构有不同的要求。例如，本教材采用国家推荐性标准《文后参考文献著录规则》（1988 年 1 月 1 日实施）的格式：

傅德荣编著．多媒体技术及其教育应用．北京：高等教育出版社，2003。

在参考文献总目录中，中文文献通常按照其作者名字的汉语拼音的字母顺序排序。对于同一作者的多项作品则可以按照出版年月排序（正序或反序皆可）。如果作者未知，那就按照文章名的顺序排序。

引用是对他人的作品的参照，既可以是逐字逐句地采用他人的原话（用双引号或特殊格式的段落标记出来），也可以是原话的大意、改写或概要。前者称为直接引用或直引，后者称为间接引用或约引。对于改写或概要，你需要使用自己的语言。无论是句子结构还是词汇都要有所不同。

无论是直引还是约引都要注明他人文献的出处。常用的注释格式有三种，即脚注、尾注和文中夹注。不同的学科、期刊或教师对格式有不同的要求。

对于脚注，先在正文需要加注的语句的结尾处添加上标序号，比如阿拉伯数字或罗马数字，然后在同一页面的底部按照序号给出相关文献的信息（包括相关内容所在的页码）。如果在文章的结尾有完整的参考文献总目录，那么在脚注中有时可以只给出作者的名字、出版年月和所在页码，而忽略文章名和出版社等多余信息。

尾注与脚注类似，不同的是尾注把所有的注释内容放在文章的末尾，而脚注的内容则放在相关页的底部。

脚注和尾注是按照它们在正文中出现的顺序来排列的。

至于文中夹注，则是在文中需要加注的地方用一对括号把注释内容标示出来。当文章末尾有完整的参考文献总目录时，它比较常用。然而，如果注释内容较多，那么文中夹注可能会影响正文的流畅性。

需要指出，注释的内容也可以包括诸如附加的解释性信息、补充说明的例子甚至致谢等。

与印刷出版物不同，网上资源是动态的，即可能随时被更改或撤除。另外，它们的标记性信息往往不全。这些都给引用造成一定的困难。目前，还不存在被广泛接受的网上资源的引用格式标准。一般来说，网上文章的标记应当包含以下几个部分：作者、文章名、发布或更新的日期、引用者下载的日期和网址等。在网页中，作者的名字可能出现在文章的顶部、底部或相关的网页中。作者也可以是组织机构。有一些文章则没有作者的信息。你需要注意区分文章的作者和网站（页）的设计与制作者。如果你在文章中找不到文章名，那就使用你的浏览器顶部显示的内容（在"文件"菜单之上的一行文字）。如果网页同时标明首次发布的日期和最近更新的日期，那么注释时使用后者。由于网页内容可以更新，因此，你需要注明你下载该网页的时间。至于文章所在的网址则很容易通过浏览器的地址栏获得。

本教材采用的外文网上资源的引用格式如下：

作者名. 文章标题名. 网址. 发布或更新的日期（下载的日期）。

对于众所周知的常识性的知识，可以直接叙述而不需要引用。对于那些对读者来说无从考证的信息尽量少用或不要使用。例如，个人之间聊天的话语或个人之间的电子邮件。如果一定要使用，那就要注明讲述者或邮件作者的姓名。

由于记忆问题或个人的疏忽，你有可能在文章中把别人的思想或观点当作自己的。这时，如果评判你的文章的教师认出了它的来源，那么他可能会给你的文章很低的分数甚至零分。不加说明地采用别人的思想或文句的行为在学术界称为"剽窃"①，是应当严加谴责和禁止的行为。

目前，互联网上有大量可供自由"复制和粘贴"的资源，给少数试图抄袭的学生提供了方便。实际上，现在市场上有一些工具可以判断学生的作业是否存在抄袭问题。

---

① 需要指出，目前我国许多书、刊文章的写作还很不规范。有些书和文章没有任何参考文献，却不加标明地大量"引用"其他文章的内容。然而，这不应该成为你做出同样事情的借口。

在介绍别人的观点时，为了避免出现在文句层面上的抄袭问题，你在写作时可以脱离原文献，用自己的语言描述相关的内容。即使在这种情况下，也要注明你所叙述的内容是他人的贡献。

## 五、修改与审查

初稿的质量与个人的写作习惯关系很大。有些人的初稿很“粗糙”，无论是在结构上还是在内容上都要修改多遍；另一些人的初稿则比较“精细”，只需对个别语句进行修改即可。对于基于纸和笔的写作，“第二稿、第三稿”的含义比较明确，但对于基于计算机的写作，各个稿很难加以明确区分。因此，我们这里的“修改与审查”广义地指写作人员在初稿的基础上为达到最后的“终稿”所需完成的工作。它主要包括两个方面的工作：①

一方面是对内容和结构的修改，即检查你的观点是否得到充分的表述以及观点展开的组织顺序是否合理等；

另一方面是校对，即对语句的标点符号、语法和清晰性以及全文语言的流畅性进行检查。

### (一) 修改的策略

如果你的稿件已经比较精细，那么不妨请你的朋友或同学阅读，听听他们的意见，他们可能发现你自己发现不了的一些问题，这就是：“不识庐山真面目，只缘身在此山中”。

如果写作任务的周期较长，那么在做时间计划时应当预留足够的修改时间。这样，你可以把你的初稿搁置几天，使你与文章之间产生一定的“距离”。当你回过头来重新阅读你的文章时，可能会更加客观地去评判它，更容易发现其中存在的问题。

以上两种策略对文章的结构、内容和语句的修改都有帮助。对于内容和句子结构，你还可以通过自我朗读或请他人朗读来帮助修改，甚至你可以先对你的朗读进行录音，然后边听录音边修改。当然，在考试过程中，你不可出声朗读，这时，你可以采用默读的办法，在读的过程中蠕动你的嘴唇或用手指、笔杆指向你正在读的字词。

---

① Purdue University Writing Lab. Finding Your Focus: the Writing Process. http://owl.english.purdue.edu/workshops/pp/writproc.ppt. 2000 (2003年11月)。

**（二）内容的修改**

一篇文章必须有明确的主题或假说。它通常应当在文章的第一段内出现。你的主要观点必须引人注目，而且要与他人的观点明显地区分开来。

如果你的论据不足，就应当考虑增加一些。适当地增加统计数据和例子，既可以丰富你的论据，也可以提高你的文章的可读性。

如果存在与你针锋相对的观点，你应当用足够的篇幅给予应对，但不要使用冲动性的语言。

论据要以事实为基础，论证过程要符合逻辑。

**（三）结构的修改**

全文应当有统一的组织格式。如果你在写作过程中对初期的计划进行了局部调整，比如，论据的替换或段落的增删，那么就应当检查文章的总体结构是否也需要调整。

你可能在初稿中写出了一些你自己非常满意的段落，但是在修改过程中，你发现它们与文章的主题不相干。这时不要舍不得，一定要把它们删掉。

文章需要有引言和结语，而且各个部分之间的联系要有一定的规则，比如逻辑关系。因此，你需要仔细检查各个段落之间的顺序是否妥当，是否有遗漏的成分或过于累赘的部分，以及各个部分之间的篇幅比例是否适当。要注意段落之间的连接，把过长的段落分解成若干段落。另外，段落内部的结构也需要检查。

结构变化往往意味着移动段落和删除材料。在修改过程中，你也许会发现更改之前的版本比更改之后的更好。为了能恢复到以前的版本，你在改动文章的结构之前不妨将它另存为一个新的版本。

**（四）写作风格的修改**

写作要自然，不要做作。尽量使用简单和常用的词汇，避免难以理解的“行话”、冗长的言辞和浮夸的语言。使用代词可以减少重复，但是它的指称必须明确，否则容易产生歧义。对于新的术语要进行解释。

语句要清晰，含义要确定，不要模糊不清。能用主动语态的句子就不要使用被动语态，尽管被动语态在科技文献中得到广泛使用，然而现在许多人提倡使用主动语态。

句子要简短。这既有助于读者的理解，也有助于你避免语法错误。因此，需要把过长的句子分成若干句，或者在适当的地方添加逗号、分号或连接词。

当你修改了个别句子后，应该通读一下它们所在的段落，因为这时有可能出现不成句的“句子”，即半句话。

仔细检查文章中他人的观点或材料是否都已加以标明。注释和引用的格式要符合要求。

最后，值得指出，如果你使用计算机写作，并采用拼音输入法输入汉字，那么应当仔细检查同音字甚至近音字引起的错误。

### （五）论文评判的标准

朗特里在他的《学会怎样学习》一书中列出了自我评判论文质量的条目清单，它包括写作的目的、论文的内容以及论文的结构和风格三大部分。具体内容如下：[①]

(1) 目的

☐ 在完成写作任务后我还清楚我的目的何在吗？

☐ 我对为实现目的所采用的方式感到满意吗？

☐ 我认为我达到了这些目的了吗？

☐ 我的论点表述清楚了吗？

☐ 我认清了主要问题在哪里了吗？

☐ 我采用的论述方式条理清楚吗？

(2) 内容

☐ 我所表达的主题思想清楚吗？

☐ 我的论点是否有实例和论据予以相应的支持？

☐ 我的论据是否正确、完整以及适时？

☐ 我所提出的问题中肯吗？

☐ 我采用自已的思想和其他人的思想的比例适当吗？

☐ 我是否表达清楚了那些不属于我的思想？

☐ 我是否避免了褊狭而且允许不同观点的并存？

(3) 结构和风格

☐ 写出的文章是否具有规定的文字量？

☐ 我的文章结构条理清楚吗？

---

① 引自［英］德瑞克·朗特里著：《学会怎样学习》，梁光明译，291～292页，北京，中央编译出版社，2002。

□ 我使用了能帮助读者理解的标题了吗?

□ 每一段只包含了一个主题思想吗?

□ 各个主题思想之间有一定的关联吗?

□ 我的结论在逻辑上与我的论据相吻合吗?

□ 我在适当的地方使用了图形、表格或图示吗?

□ 我文章的最后一段包含了令人满意的结论吗?

□ 我所用的词汇和句子都非常简短吗?

□ 我是否避免了拼写、标点符号和语法方面的错误?

□ 文章读起来流畅和易读吗?(如果你对此有所疑虑,就试着大声朗读。当你发现有说起来比较拗口的地方,就说明阅读起来也是不会流畅的。)

□ 我遵循了所要求的“常规”——如脚注、引语、文献目录等吗?

在对初稿进行修改和审查的过程中,你应当向自己提出以上清单中的所有问题,然后修改你的文章,以消除其中存在但你没有注意到的缺陷。当然,随着你的写作水平的提高,写作的一些规范会逐渐得到“内化”,也就是说,你不用参照清单就会自然而然地按照要求撰写和修改论文。

最后,教师还会对你的文章做出评判。你应当从教师的反馈中学习。

## 本章小结

本章介绍了信息组织的常用策略以及论文写作的基本技巧和策略。

信息的组织是指把收集到的信息以某种方式组织起来,使之实现一定的目的。本章介绍了几种常用的、图表化的信息组织方式,即比较图、层级图、概念图、鱼骨图和流程图。不同类型的图表,适合描述不同性质的学习内容,适用于不同的信息组织目的。

写作的基本要素包括作者、读者、目的、背景和主题。每一篇文章都要受这些要素的影响。写作的一般过程包括五大步骤,即确定主题、收集与整理资料、设计提纲、撰写初稿以及修改与审查。这些步骤不是线性的,具体写作时,可能需要在各个步骤之间来回跳转。

本章以上述步骤为主线,介绍了写作的基本技巧和策略。

## 实践活动

### 撰写论文："远程学习概论"课程的必要性

撰写一篇约两千字的文章，论述远程学习学生选修"远程学习概论"课程的必要性。首先，建立由三至四位同学组成的学习小组。然后，各自撰写初稿。在各自修改和审查完初稿之后，每个人把自己的文章发送给小组内的其他同学。接着，每个人对组内其他同学的文章按照朗特里的评判清单进行评判，并把评判结果发送给组内所有的成员。最后，每个成员根据评判结果，对自己的文章进行修改，并把修改后的稿件发送给教师。小组负责人还要负责把所有的评判结果发送给教师。

# 第九章

# 学习的考核与反省

## 学习目标

通过本章的学习，你应能：

1. 理解复习的含义和作用，掌握复习的基本策略；
2. 了解产生考试焦虑的原因，掌握克服考试焦虑的方法和技巧；
3. 了解考试准备的一般程序，掌握制订复习计划、复习课程内容、了解考试细节和训练考试技能等考试准备阶段的学习策略；
4. 了解特定类型的考试，如开卷考试和以闭卷方式进行的主观测验、客观测验的准备策略；
5. 了解一般应试策略的作用，掌握应试前、应试中和应试后三个阶段的应试策略和技巧；
6. 掌握填空题、多项选择题、正误判断题、匹配题、简答题和论述题等常见题型的解答技巧；
7. 理解学习反省的主要内容及其在远程学习过程中的作用，养成学习反省的习惯。

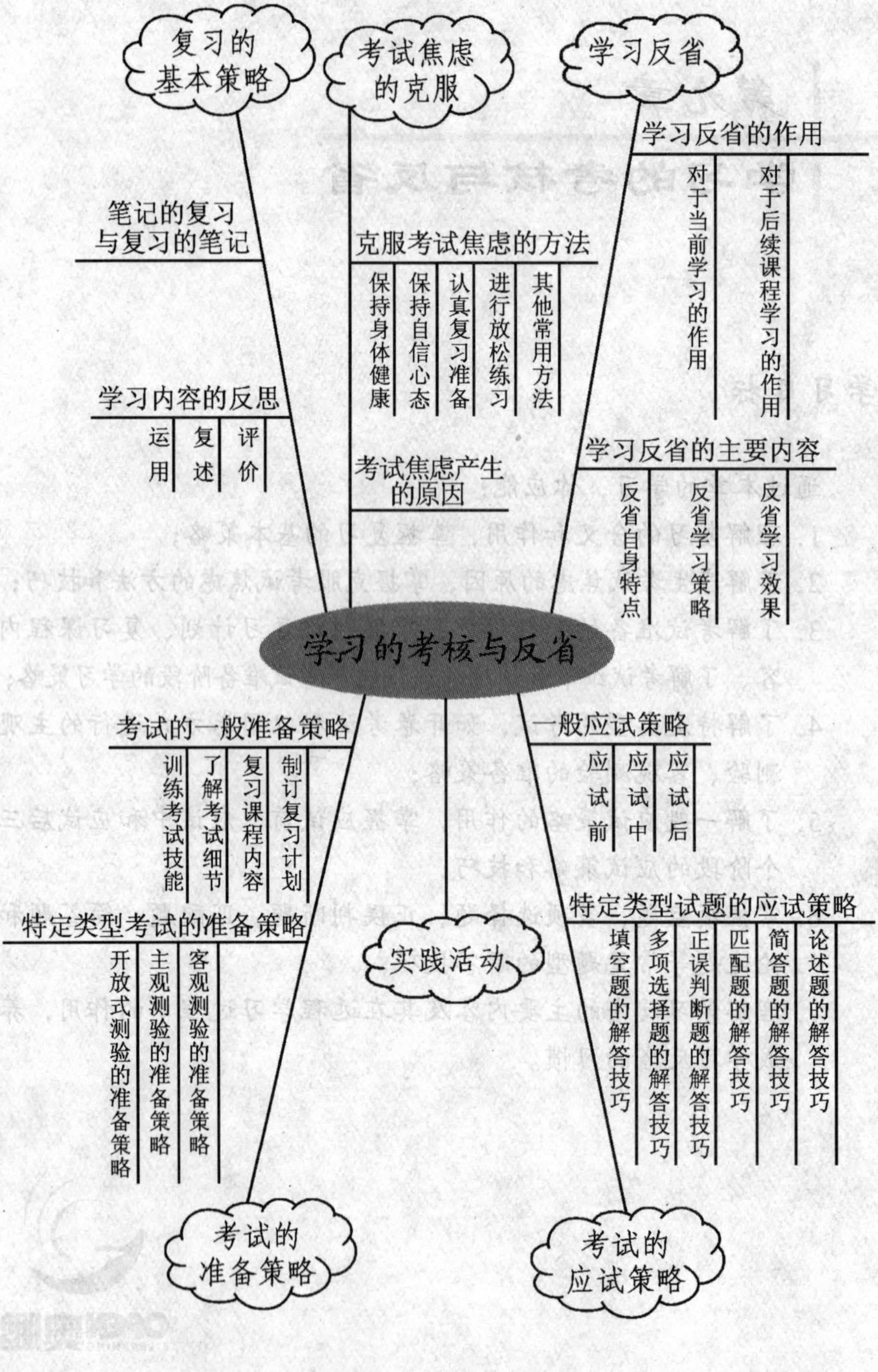
学习的考核与反省
复习的基本策略
笔记的复习与复习的笔记
学习内容的反思
运用
复述
评价
考试焦虑的克服
克服考试焦虑的方法
保持身体健康
保持自信心态
认真复习准备
进行放松练习
其他常用方法
考试焦虑产生的原因
学习反省
学习反省的作用
对于当前学习的作用
对于后续课程学习的作用
学习反省的主要内容
反省自身特点
反省学习策略
反省学习效果
考试的准备策略
考试的一般准备策略
训练考试技能
了解考试细节
复习课程内容
制订复习计划
特定类型考试的准备策略
开放式测验的准备策略
主观测验的准备策略
客观测验的准备策略
实践活动
考试的应试策略
一般应试策略
应试前
应试中
应试后
特定类型试题的应试策略
填空题的解答技巧
多项选择题的解答技巧
正误判断题的解答技巧
匹配题的解答技巧
简答题的解答技巧
论述题的解答技巧

复习和考试是远程学习过程的重要环节。复习，即从不同的角度、在不同的背景下对学习内容进行再一次的学习，以求更准确、更深刻地理解学习内容。复习也可为考试做准备。考试则是教育者或教育机构检验和鉴定学生学习效果的一种手段。它通常要求学生在规定的时间内按照指定的方式解答精心选定的题目。教育者或教育机构则根据学生的答题情况来评定其学习效果。复习考试结束之后，学生需要对自己的学习过程进行反省，以便及时总结学习经验，调整或改变学习策略。

本章重点介绍复习和考试的基本策略，包括如何复习，如何克服考前焦虑，如何准备考试，以及如何应对考试等。① 然后，简要介绍学习反省的内容、作用及其对后续课程的意义。

## 第一节　复习的基本策略

学生往往把复习看成是针对特定考试目的和内容而进行的学习活动。事实上，从广义的角度来看，除初次学习之外的所有学习活动都可视为复习。复习是你学习过程中不可分割的重要组成部分，你应当在平时的学习过程中定期进行复习。

为此，本章将复习分成为考试做准备的复习和为深化学习而进行的复习。不同的复习目的要求学生采取不同的学习方法或策略。本节主要介绍为深化学习而复习的基本策略，为考试而复习的有关策略将在第三节介绍。

### 一、学习内容的反思

单纯从字面意义上来理解，复习是指“再学习一遍”。对于复杂深奥的内容，学生往往需要反复学习才能完全领会和掌握其准确的含义。然而，复习决不仅仅是简单的重复阅读或重复学习，而是需要结合自己的学习体会，在不同的背景下，从不同的角度，采用不同的方式对先前学习过的内容进行反思，以实现深化学习的目的。

反思是复习的一个非常重要的策略，你可以采用下面的技巧和方法：

---

① 这些策略既适用于传统教育，也适用于远程教育。如无特殊情况，后文将不再严格区分。

（1）评价。你应当结合新近的学习内容和学习体会，重新审视和评判先前的学习内容，以获得新的认识和达到更深刻的理解。当你试着用批评的眼光重新阅读和审视先前的学习内容时，你可能会发现很多问题，例如，学习笔记中存在很多疏忽、错误和遗漏之处，需要进一步补充和完善；教材或学习笔记的信息组织方式应当适当调整，以便理解和掌握学习内容等。事实上，发现问题和解决问题的过程，就是对学习内容进行反思的过程。你能发现教材或学习笔记中存在的问题，并找到解决问题的方法，就说明你对相关学习内容的认识和理解已经上升到了一个新的高度，也就已经达到了复习的目的。

（2）复述。你应当尽量用自己的语言来陈述先前的学习内容。单纯的重复阅读，可以加深你对学习内容的印象和理解，但不能保证你能够在适当的场合用自己的语言说出这些内容。复述可以促使你采用积极主动的方式进行复习。当你试着用自己的语言来陈述先前的学习内容时，就会考虑如何措辞更准确，怎样组织更合理，怎样表达更有说服力。在这一过程中，你实际上就已经实现了对学习内容的反思，深化了对学习内容的理解和记忆。

（3）运用。你应当尽量运用先前学过的知识去解决自己在各种情景下遇到的相关问题。在学习过程中，最常遇到的问题就是教师或教材中布置的各种作业题。复习时，你可以结合自己新近学习的内容和学习体会，思考先前的答案是否准确完整、有何错误或遗漏、还有没有更好的解决方案等，并尝试重新解答这些作业题。思考和重新解答的过程，其实就是对先前学习内容进行反思和重新学习的过程。此外，在你的工作和生活中，也可能会遇到一些与所学知识相关的问题，运用所学的知识去解决这些问题，同样可以起到良好的复习效果。

## 二、笔记的复习与复习的笔记

要想提高复习的效率，取得好的复习效果，你还需要复习先前的学习笔记，并做好复习的笔记。

（1）笔记的复习。复习毕竟不同于初次学习，你不一定需要从头至尾重新阅读一遍教材内容。你应当把重点放在复习先前的学习笔记上。因为学习笔记中一般包含了先前学习的主要内容和重要细节，标明了学习的重点、难点，可以帮助你快速抓住复习的重点，提高复习的效率。复习学习笔记，可以显著提高复习的效率，当然，如果想同时取得好的复习效果，你还需要掌握一定的技巧和方法，例如，第四章介绍的三种方法——缩写笔记、复述笔记和思考笔记。

(2) 复习的笔记。有关复习笔记的定义和作用已在第四章介绍过，这里不再赘述。需要指出，复习的笔记适宜采用提纲式笔记格式来记录，以确保笔记的内容层次分明、逻辑清晰和重点突出。

## 第二节　考试焦虑的克服

考试焦虑，是学生由于害怕即将到来的考试而产生的一种复杂的心理和情绪反应，通常表现为肌肉紧张、头痛、胃痛、嗜睡或失眠、出汗过多、沮丧、缺乏自信、急躁易怒和记忆衰退等各种各样的症状。① 不同的人，由于对考试压力的反应不同，会产生不同程度的考试焦虑，并表现出不同的焦虑症状。

研究表明，适当的焦虑对学生来说不仅有益，而且十分必要，它可以促使学生以一种更加积极的态度来面对考试。然而，过分的焦虑则会严重影响考前的准备和考试的临场发挥，情况严重者甚至会影响到学生的身心健康。为此，你应当科学地看待考试焦虑，认真分析考试焦虑产生的原因，充分利用考试焦虑的积极作用，尽量克服考试焦虑可能造成的各种负面影响，以一种积极的、健康的身心状态迎接考试。

### 一、考试焦虑产生的原因

一般来说，学生遇到下列情况之一时，有可能会产生较为严重的考试焦虑：②

- 身体或精神本来就不太健康；
- 一向缺乏自信或自我评价较低，如经常怀疑自己的记忆力，不相信自己在考试的压力下还能保持清醒的头脑；
- 不喜欢学习将要考试的这门课程，或不喜欢该课程的任课教师；

---

① Muskingum College Center for Advancement of Learning. General - purpose Learning Strategies: Test Anxiety. http://muskingum.edu/ ~ cal/database/testanxiety.html. 1999 (2003年11月)。

② Muskingum College Center for Advancement of Learning. General-purpose Learning Strategies: Test Anxiety: Causes of Tension and Stress. http://muskingum.edu/ ~ cal/database/causes.html. 1999 (2003年11月)。

- 曾经有过考试失败的经历，或在考试中一向表现不佳；
- 认识到自己还没有进行充分的考前准备；
- 不清楚考试的内容范围、题型、题量和其他具体要求；
- 缺乏相关考试的经验，不知道如何准备和应对即将到来的考试；
- 不知道如何应付考试中的一些突发事件，如考试迟到或找不到考试的教室等。

以上列出的都是可能引发考试焦虑的一些具体的、直接的原因。仔细分析这些原因，不难发现，在这些具体原因的背后，都隐藏着一个共同的、深层次的原因，即担心或害怕考试失败。更确切地说，是担心或害怕考试失败所导致的后果。例如，可能需要补考，可能需要延长学习时间才能毕业，可能得不到相应的资格证书或学位，可能失去继续深造的机会，可能得不到自己希望的职业或工作岗位。

上述这些可能的后果，才是引发考试焦虑的真正原因。一般来说，考试失败所导致的后果越严重，学生产生的考试焦虑就会越严重。不过，不同的人对考试压力的反应很不相同，由此所产生的考试焦虑在程度上差别很大。有的人能够化压力为动力，将考试焦虑所带来的负面影响降到最低限度；有的人则会过分夸大考试的压力，产生非常严重的考试焦虑，从而削弱自身的思考能力和分析能力，影响考试的正常发挥。

## 二、克服考试焦虑的方法

每个学生在其学习生涯中都会遇到各种各样的考试，出现程度不同的考试焦虑。了解和掌握一些克服考试焦虑的技巧和方法，可以帮助你最大限度地消除或化解考试焦虑所带来的负面影响，从而以良好的精神状态去面对考试。

### （一）保持身体健康

人的精神状态与其身体状况密切相关。一般来说，身体素质较差的学生，对考试压力的承受能力也比较差，容易引发考试焦虑。反之，良好的身体状况，则可以增强抵御外界压力的能力。因此，在考前的一段时间，学生应当保持正常的作息习惯，保证充足的睡眠，注意饮食的营养均衡，坚持进行体育锻炼，以保持一个良好的身体状况。

另外，失眠是考前焦虑的一个常见症状。克服考前失眠的最好办法，就是不要对自己的睡眠质量过分关注。睡觉之前，听听音乐，看看电视，喝杯牛奶，和家人聊一些轻松的话题，都有助于你忘记考试的烦恼，很快入睡。

**（二）保持自信的心态**

尽量回忆那些成功的考试经历，从以往的成功中汲取经验，获得或恢复对自己能力的信心；反复告诫自己，使自己相信只要认真复习，认真准备，考试就一定会成功；冷静、客观地面对失败的考试经历，认真查找和总结失败的原因，使自己确信同样的错误绝不会在下一次考试中出现，等等。

**（三）认真复习准备**

如果你在考前制订了详细的复习计划，全面而认真地复习了考试可能会涉及到的所有知识内容，对考试的方式、内容范围、题型、题量和答题要求等都已了然于胸，就会对即将到来的考试充满自信，相信自己一定能考试成功，考试焦虑也自然会随着自信心的不断增强而烟消云散。有关复习和准备考试的具体策略，将在下一节介绍。

**（四）进行放松练习**

在考试过程中，学生有时会因为过度紧张而出现大脑一片空白的现象。适时地做一下放松练习，可以有效地缓和紧张情绪，帮助你恢复正常的思维能力。在复习迎考的紧张学习阶段，也可以适时进行放松练习，以帮助自己缓解学习压力，解除学习疲劳。常用的放松方法有深呼吸放松和想象性放松，这两种方法均简便易行，具体过程请参见本章的实践活动四——放松练习。当然，你也可以尝试采用其他的放松方法，从而找到一个最适合自己的快速高效的放松模式。如果考试焦虑非常严重，还可能需要进行专门的放松训练。

**（五）其他常用方法**

在现实生活中，为了有效地避免或减轻外界的各种压力，人们总结出了许多有效的方法。这些方法也可以用来缓解考试压力，克服考试焦虑。例如：[①]

（1）向他人倾诉你的不安和焦虑。找一个合适的、值得信赖的人，如朋友、同学、指导教师和家人等，向他倾诉自己对考试的担心。许多人都曾经亲身体验过考试焦虑，他们可能会提出有益的建议，帮助你度过考试难关。

（2）帮助同学克服焦虑。暂时撇开自己的烦恼，试着去了解一下其他同学

---

① 参照 Muskingum College Center for Advancement of Learning. General-purpose Learning Strategies: Test Anxiety: Avoiding, Releasing Stress and Tension. http://muskingum.edu/~cal/database/avoidstress.html. 1999（2003年11月）。

对考试的看法和感觉，并想办法帮助他们克服考试焦虑。这将促使你暂时忘记自己的问题，同时也明白考试焦虑是一种非常正常的现象，每个人都会产生程度不同的考试焦虑。

(3) 留出适当的娱乐时间。在紧张的复习之余，每天留出一定的娱乐和体育锻炼时间，可以帮助你保持充沛的体力和愉快的心情，从而有效地缓解考试带来的压力。

(4) 分解任务以化解压力。不要去想你还有多少学习任务没有完成，也不要去考虑你是否已经落在了全班同学的后面，你所要做的就是按照复习计划去完成每一项学习任务。同时记住提醒自己，每完成一项，就少一项，离最后的目标又近了一步。这样一来，复习和考试的压力都会减轻。

(5) 设定合适的目标。有时候，考试焦虑来自不切实际的目标，一味地追求完美将会使你陷入困境。你应该设定一个与自己能力相适应的目标，并尽自己最大的努力去实现它。当你感觉特别紧张的时候，你不妨问问自己："我设定的目标是否超出了我的能力？是否有必要调整目标？"

最后，需要指出，每个人产生考试焦虑的原因不同、程度不同，克服考试焦虑的方法也应当有所区分。在运用上面介绍的各种具体方法和技巧之前，你应当认真分析自己产生焦虑的具体原因，选择适合自己的方法，或综合运用多种方法来克服考试焦虑。

## 第三节 考试的准备策略

本节主要介绍考试的一般准备策略和特定类型考试的准备策略，以帮助你提高复习的效率和准备的质量。

### 一、考试的一般准备策略

考试的一般准备策略包括制订复习计划、复习课程内容、了解考试细节和训练考试技能。下面，就以准备一门课程的考试为例，来逐一介绍这些策略。如果多门课程的考试集中在同一段时间内进行，你需要根据实际情况灵活地运用这些策略。

### （一）制订复习计划

考试准备的第一步，就是要根据复习任务、复习时间和你个人的特点，制订出一份详尽的复习计划。按照计划进行复习，不仅可以帮助你合理地利用复习时间，提高复习的效率和质量，还能够使你对考试产生一种微妙的把握感，每天都保持着自信的精神状态。

制订复习计划的具体程序是：

（1）明确复习任务。考前复习，与平时为深化学习而进行的复习不同，应当将重点放在课程的主要内容、重点内容和自己的薄弱环节上。明确复习任务的目的就是要尽可能地减少复习内容，将有限的复习时间用到最需要复习的学习内容上，最大限度地提高复习的效率。

（2）列出工作清单。拿出一张白纸，尽可能详细地列出为完成复习任务需要做的工作，包括复习学习笔记、复习课程有关内容、观看教学辅导光盘、参加集中辅导或答疑、与同学见面交流复习体会、准备考试资料或用具等，并在每一项工作后面标出可能需要花费的时间。

（3）合理分配时间。根据复习时间的长短和复习任务的轻重缓急，为每项复习任务分配时间。同时，在你的时间计划表上，将每项复习任务的开始时间和结束时间清楚地标注出来。安排任务和分配时间时，要注意合理性和可操作性。例如，每项任务每次最好控制在30分钟左右，以保证最佳的学习效果。另外，你还要注意处理好工作、生活和学习的关系，最好能预留出一部分机动时间，以防止临时的、突发的工作任务或家庭事务影响复习计划的顺利执行。有关时间计划管理的具体方法已在第三章介绍过，这里不再赘述。

### （二）复习课程内容

有了详细的复习计划，接下来要做的就是按照计划一项一项地完成全部复习任务。

为考试而进行复习的主要策略如下：

1. 重新组织

你应当根据考试的目的和要求，使用自己的语言，采用适当的信息组织形式，来重新组织课程的主要内容、重点内容。通过重新组织，你可以系统地回顾和复习一遍有关的知识信息，并按照考试要求建立起知识信息之间的意义联系。信息的组织形式很多，例如，第四章介绍的笔记的基本格式以及第八章介绍的比较图、概念图、层级图、流程图和鱼骨图等图形化的信息组织形式，它们都可以用来组织复习内容。下面，再介绍两种特别适合复习阶段采用的信息组织形式：主题式和分类式①。

对于主题式，你需要先根据复习重点确定几个主题，再用短语或短句的方式列出每个主题所包含的主要观点和重要细节，然后按照主题来重新组织有关的知识信息。采用这种信息组织形式的关键是要确定主题。你可以设想考试可能会涉及哪些主要问题，并以这些问题作为主题，通过回答和解决这些问题，将有关的知识信息组织在一起。如果考试中真的遇到了类似的问题，毫无疑问你在这些题目上的考试成绩肯定要优于其他没有预先准备的同学。

分类式就是按照一定的原则和标准，将有关的学习内容分类组织。例如，你可以将学习内容分成基本概念类、基本原理类、名词术语类和公式类等。分类的主要标准和依据就是考试可能会涉及到的知识信息类型，而需要组织和列出的主要内容就是考试最有可能涉及到的知识信息。因此，在采用分类方式来重新组织有关内容之前，你应当事先查阅历年来的旧试卷，看看模拟考试试卷，或向指导教师咨询，以了解考试的大致范围和重点内容。

2. 重点记忆

对于以准备考试为目的的复习，你除了要加深对课程的主要内容、重点内容的理解之外，还需要牢牢记住一些关键的知识信息，如重点名词解释，关键人物、时间、事件，以及重要的公式和原理等。有些类型的试题，就是要考核学生是否能够准确地分辨或记住这些知识，或能否灵活地运用这些知识去解决问题。为此，你还需要了解和掌握一些记忆策略，以保证自己能够持久、深刻地记住有关的知识信息。

**（三）了解考试细节**

详细了解考试的有关细节是考前准备的重要内容之一，需要在考前了解清楚的考试细节包括：考试的时间和地点；考试的大致范围和考试的重点；考试的方式、题型、题量和答题要求；是否允许带工具书、参考资料或辅助工具进考场；在最近几次考试中出现频率最高的内容；考试的命题者和评卷者。

你可以通过以下几种方式，了解和得到上述问题的答案：

（1）认真阅读课程学习指南。远程教育机构通常会通过学习指南，告诉你课程考核的主要内容、重点内容，考试的时间、方式、题型、题量和答题要求

---

① Muskingum College Center for Advancement of Learning. General-purpose Learning Strategies: Test Preparation: Information Organization. http://muskingum.edu/~cal/database/testprepb.html. 1998（2003 年 11 月）。

等。有的学习指南甚至还包括历年的旧试卷、模拟测试试卷，供学生参考。认真阅读课程学习指南的有关内容，你可以获得上述大部分问题的答案。

(2) 向辅导教师咨询。考前，远程教育机构一般会安排一些辅导答疑活动。你可以借此机会，向辅导教师询问考试的有关问题。如果当时来不及问，你也可以在课后通过电子邮件等方式向辅导教师咨询。有时，辅导教师可能就是考试的命题教师和评卷教师。认真聆听教师在辅导答疑活动中详细讲解和重点强调的内容，仔细分析教师回复的电子邮件的内容，基本上可以大致掌握考试的重点。

(3) 分析旧试卷。收集几套历年来本课程的考试试卷，从结构和内容两方面出发来进行分析，看看试卷一般都由哪些题型构成？题量大不大？哪些试题占的分数比重最大？考试是注重考查学生对基本概念、基础知识的掌握呢，还是侧重考核学生灵活运用知识解决问题的能力？弄清这些问题之后，复习准备就会更有针对性。课程网站上可能存放有这些旧试卷，供你下载使用。

(4) 与其他同学探讨这些问题。你可以上网与其他同学交流对考试重点的看法；你也可以试着到高年级的论坛上去询问，学习过来人的经验。

(5) 到教材、练习册等学习资料中去寻找答案。在教材每章或每单元的最后，一般都有练习题、思考题或实践操作题。这些题目所涉及的知识内容，其实就是相应章节或单元的重点，同时也可能是考试的内容和重点。重新审视这些作业题，可以帮助你快速了解课程和考试的重点。

最后，建议你用列表的方式，将所了解到的考试细节全部写下来，看看还有哪些方面需要继续了解。

**(四) 训练考试技能**

每一类考试、每一种题型都有其特殊的解答技巧，学习和掌握一定的考试技能、技巧，可以提高考试成绩。

课程学习网站上一般都存放有作业题、练习题、模拟测试试卷和历年的考试试卷等，它们是你进行考试技能训练的最好资料。你可以按照以下步骤，分阶段地训练考试技能。①

(1) 分析历年的试卷。与前面为了解考试细节而进行的分析不同，这里的分析更具体、更深入。要仔细阅读每一道题目，明确每一种题型的题量和解答要

---

① 这里列出的步骤是根据下列文献的“五步法”修订而成的：［英］德瑞克·朗特里著：《学会怎样学习》，梁光明译，322页，北京，中央编译出版社，2002。

求，清楚各种题型所占分数的比重，初步估算一下解答每种题型、每个题目的时间限制。如果可能，最好分析一下标准答案，总结每种题型的解答原则和技巧。

(2) 选择典型试题并限时解答。从每种题型中挑选出几个有代表性的试题，在考试规定的时间限度内写出完整的答案。这能够促使你按照实际考试的要求进行思考和书写。对于那些思考或书写速度较慢的学生来说，这种训练尤其重要。对于论述题，你不妨将你的解答发送给教师和同学，请他们给予评价，从而帮助自己更好地了解一些评判的标准。将来阅卷教师评阅你的试卷时，或许也使用这些标准。

(3) 进行模拟测试。营造一种尽可能逼真的考试环境，完成一次模拟测试。有的远程学习平台提供这种模拟测试环境，要求学生在规定的时间内做完一套试题。如果你对自己在有限的考试时间内完成答卷的能力有任何怀疑的话，就需要进行几次这样的模拟测试。

最后，妥善保存你在训练过程中使用过的各种资料。你可以与同学交换这些材料。在考试的前一天，重点复习其中的部分内容，或许可以得到意想不到的收获。

## 二、特定类型考试的准备策略

考试有很多种类型。从考试方式来看，有开卷考试和闭卷考试；从试题性质来看，有主观测验和客观测验。不同类型的考试，考核的侧重点不同，在答题技巧和答题要求方面也有很大区别，因此你需要有针对性地进行准备。下面介绍开卷考试和以闭卷方式进行的主观测验和客观测验的准备策略。

### （一）客观测验

客观测验包括单项选择、多项选择、正误判断和匹配等题型，主要考核学生对一些基本概念、基础知识、特定事件等的记忆、理解和运用。相关的准备策略包括：

(1) 加强练习以提高熟练程度。客观测验一般具有题量大、时间短的特点，你要想取得好的成绩，考前就需要多做练习，在熟悉有关知识内容的同时提高答题速度。

(2) 掌握一些客观测验题的解答技巧。具体技巧将在下一节介绍。

(3) 选择合适的信息组织方式，重新组织与测验相关的内容。适当的信息组织方式，比如比较图、层级图和分类式等能帮助你将复习重点集中在专业术语、人物、事件、公式和原理等知识信息上，从而有助于你准备客观测试。

### （二）主观测验

主观测验包括简答、论述、分析、写论文等题型，主要考核学生灵活运用基础知识来分析和解决问题的能力。它要求你具备一定的写作技巧。相关的准备策略包括：

（1）采用主题式来重新组织有关的知识信息。从复习重点中提炼、总结出一些问题，然后通过回答或解答这些问题，将有关知识信息组织在一起。这些问题很可能就是主观测试题的雏形，相关的知识信息就是答案的基本内容。

（2）收集一些主观测验题并按照题目的要求进行练习。

（3）掌握一些主观测验题的解答技巧。具体技巧将在下一节介绍。

（4）重点训练书写速度和写作技巧。训练的目的是要努力使自己在考试规定的时间内写出试题的完整答案。

### （三）开放式测验

开放式测验，也叫开卷考试。开卷考试可以在教室里进行，也可以由学生带回家里完成，一般以简答、论述、分析和写论文等题型为主，重点考核学生分析问题和解决问题的能力。因此，上述针对主观测验的有关策略，同样适用于开卷考试。除此之外，你可以采取以下措施，以便快速找到所需的内容。

（1）用书签或折页等方式在重要的章节或内容上做标记。

（2）用醒目的方式和颜色，标出关键的段落和词句。

（3）用数字、字母等标明要点的顺序。

（4）自己做一个索引，标明重要的知识信息在教材或笔记中的页码。

最后，需要指出，很多学生错误地认为开卷考试很容易，根本不需要提前准备。其实，开卷考试中的大部分试题都不可能直接从教材中找到答案，需要你在独立思考的基础上将有关的知识信息组织在一起。因此，从某种意义上说，开卷考试比闭卷考试的难度更大，需要学生更深入地理解和掌握课程内容。

## 第四节　考试的应试策略

临场发挥的好坏，会直接影响考试的成绩。因此，你需要掌握一定的临场应试策略，以减轻考试焦虑，保持清醒的思维状态，沉着地解答试题，冷静地处理考试过程中遇到的各种意想不到的问题，保证考试的正常发挥。

本节先阐述应试的一般策略，然后介绍若干常见题型的解答技巧。

## 一、一般应试策略

一般应试策略，是指学生参加任何类型的考试、解答任何类型的试题时都可以使用的策略。

下面分别介绍应试前、应试中和应试后三个阶段的应试策略和技巧。

### （一）应试前

应试前主要指考试前一天至进入考场等待考试开始的那一段时间。考试的前一天，由于考试的准备程度、学习风格和学习习惯的不同，每个学生的活动安排会很不一样。有的学生，会完全抛开所有有关考试的念头，去进行体育锻炼，或参加娱乐活动，让自己彻底放松；有的学生，会继续按部就班地进行复习，按照复习计划完成有关的复习任务；还有的学生，会通宵达旦地开夜车，惟恐忘记或忽略了某个重要的概念或细节。

尽管每个人的准备方式不同，但有些基本原则是每个学生都应该遵守的，例如：

(1) 检查考试的科目、时间和地点。如果时间和条件允许，最好能到考试现场去看看，提前熟悉考场环境。

(2) 准备考试用具。主要用具包括笔、尺子、手表、计算器、绘图工具、稿纸以及其他考试过程中可能需要的东西。如果考试为开卷考试，则一定要提前将有关资料准备妥当，并用书签或折页等方式给重要章节或内容做上标记。所有这些东西在考试前一天晚上就应该准备妥当，出发前和进考场后还要再检查一遍，以免考试开始后手忙脚乱。

(3) 确保睡眠充足。考试的前一天，不管你还有多少复习任务没有完成，也一定要早一点休息，以保证足够的睡眠。绝对不要开夜车，以保证考试时头脑清醒。

(4) 确保饮食适当。考试的当天，早餐一定要吃好，可以适当喝一点咖啡或茶提神，但千万不要过量。

(5) 学会积极等待[①]。进入考场后，往往需要等待一段时间才会正式开始考试，这时要学会积极等待。例如，环视四周，熟悉周围的环境；告诉自己，复习准备已经很充分了，没什么可担心的；把注意力集中在一个你认为很重要的问题上，并在心里设想出一个概要性的答案。考前要避免和同学讨论有关复习准备的问题，因为每个人都有自己的复习重点，万一你发现其他同学提到的某个问题自己还没有准备，就很容易产生沮丧和惊慌的感觉，从而影响考试的临场发挥。

(6) 接受生理紧张反应[②]。进入考场后，如果发现自己出现心“咚咚”乱跳、掌心出汗、双手颤抖等生理反应，千万不要着急，不要想“完了，这次肯定考不好”。首先，要从心理上接受这种反应，告诉自己：“我有点紧张，但考试当前有点紧张是很正常的”。然后，尝试采用自己喜欢的放松法（参见本章实践活动四），放松一两分钟，就可能使自己的情绪平稳下来。

**(二) 应试中**

当监考教师说出“现在可以打开试卷做题了”时，考试就正式开始了。应试过程中可以采用的策略和技巧很多。下面按照考试进行的顺序，即准备答题、解答试题和检查答卷，来介绍它们。

1. 准备答题的有关策略

考试时，有些学生一拿到试卷就迫不及待地开始答题，有时甚至连答题要求都没有看清楚就开始下笔，结果往往白白浪费了许多宝贵的时间。实践表明，在正式答题之前，稍微花费一些时间，快速浏览全部试题和答题要求，确定答题的大致顺序，粗略估计和安排每道试题的答题时间，是一种有效的应试策略。具体技巧如下：

(1) 正确填写姓名和考试代码等信息。这些信息非常重要，如果填写错误，你接下来所做的工作将全部作废。

(2) 浏览试题。花上三五分钟的时间，迅速将全部试题浏览一遍，使自己对整套试卷有一个全面的把握。了解试卷中都有哪些题型，与以往的试卷相比，每种题型的答题要求、题量和分值有何变化，哪些试题容易解答，哪些试

---

① 学习策略课题组编：《学习的策略：怎样学得更好，更快，更高兴》，303 页，北京，红旗出版社，1999。

② 学习策略课题组编：《学习的策略：怎样学得更好，更快，更高兴》，303 页，北京，红旗出版社，1999。

题完成起来较为困难等。

(3) *确定答题顺序*。确定答题顺序时，要综合考虑以下三方面的因素：你对各道试题的把握程度，各道试题的分值，以及试题原来的排列顺序。很多学生都喜欢按照先易后难的顺序答题，这种策略大部分时候都有效，但也不宜滥用。在考试过程中，跳过太多的题目，不仅会将所有困难集中到最后，还容易使你产生强烈的挫折感和"未完成感"，导致强烈的考试焦虑和紧张，影响考试的正常发挥。

(4) *分配答题时间*。为了防止自己在某些试题特别是一些分值不高的试题上耽误太多的时间，确保自己有足够多的时间来完成那些分值高和难度较大的试题，你最好能在正式答题之前粗略估计和安排一下每种题型的答题时间。

如果考试时间为两三个小时，那么上述所有这些工作，最好能在 10 分钟以内完成，否则就会喧宾夺主，影响考试的正常进行。

2. 解答试题的有关策略

解答试题的一般策略，包括认真审题、细心解答、每题必答、注意卷面和控制时间等。①

(1) *认真审题*。审读试题时应当注意以下三个方面。一是试题中的那些关键名词或术语，它们一般就是试题要考核的知识点。二是试题中的那些关键动词，如解释、证明、列出、概括、叙述、评述、比较、总结、分析和描述等，它们往往就是试题的答题要求。三是试题中的那些关键修饰词，它们使解题的要求更加明确，例如，"请从下列选项中选出最佳的答案"和"请从下列选项中选出正确的答案"，问题看上去差不多，但答题的要求却大不相同，因为正确的答案可能很多，而最佳的答案却只有一个。因此，审题时，最好是用下划线将这些名词、动词、修饰词重点标出，以提醒自己准确解答。对于那些似曾相识的试题，切忌想当然，一定要仔细阅读，三思而后行。

(2) *细心解答*。解答选择和匹配等类型的客观测试题时，要注意将答案写在正确的位置，特别是当答题纸与试卷分开时，更容易出现由于写错位置而导致答案全部作废的情况。解答简答、论述和分析等类型的主观测试题时，要注意简洁、明了和结构完整。一个有效的策略是在答题之前先以概要的形式写出解答提纲，以确保你的论述条理清晰、逻辑严密。具体展开时，则要注意突出

---

① 学习策略课题组编：《学习的策略：怎样学得更好，更快，更高兴》，310 ~ 311 页，北京，红旗出版社，1999。

要点，毫不留情地舍弃任何与该问题无关的素材；同时，还要留心别让错别字出现在你的答案中。解答数学、化学和物理等科目需要计算、推理的试题时，则要注意写清楚答题步骤和思路。只要解答思路正确，即使你在计算过程中出现了失误，也还可以得到大部分分数。

(3) 每题必答。不要轻易放弃解答试卷中的任何一道试题。对于那些难以解答的试题，哪怕你只有一点点想法，也要尽量表达在试卷上，以争取每一个得分机会。

(4) 注意卷面。答题时要注意保持卷面的干净、整洁，使自己的书写尽可能地清楚、易读。评卷者往往需要在很短的时间内评阅大量的试卷，他不会有足够的时间和耐心去仔细辨认你的字迹。当书写潦草以致模糊不清时，不少评卷者会毫不留情地把它当成错误答案来处理。相反，一份干净整洁的试卷，则往往能给评卷者留下深刻的印象，也许能额外获得一些印象分。保持卷面整洁的技巧有：正式书写前，先在草稿上写出概要答案；在草稿上完成所有的中间计算过程，答案中只保留解答步骤和最终的计算结果；修改时，应当将错误部分标记清楚等。当然，如果考试在计算机上进行就不存在卷面是否整洁的问题了。这时，只要行文规范，逻辑清晰，尽量避免出现语法错误和错别字就可以了。

(5) 控制时间。在考场上控制时间的方法很多。例如，每答完一类题型或一道大题，都应当检查和核对一下时间，确保考试按照预定的时间计划进行；遇到答不出来的问题，应当坚定地选择暂时放弃，待到其他试题全部答完之后，再返回来解答；遇到自己非常熟悉的问题，要注意根据试题的分值决定答题的方式，分值高的试题要尽可能完整、系统地解答，分值低的试题要尽量简洁地回答；如果时间来不及了要尽量写出答案的梗概，向评卷者展示你的答题思路，如果思路正确甚至可能获得一半以上的分数。

3. 检查试卷的有关策略

试题全部解答完毕后，如果你还有足够的时间，就可以从头至尾进行一次全面的检查。无论试题多么容易，你也要认真仔细地反复检查，不要轻易提前交卷。

首先，要检查姓名和考试代码等关键信息是否填写准确。

其次，再次阅读整份试卷的答题说明，确保所有试题都已按照试卷要求的方式解答完毕。

再次，如果时间允许，就应当逐道检查试题；如果剩下的时间不多，就应当先检查那些分值较大的试题，你最没有把握的试题，或你认为还有必要继续补充、完善的试题。

最后，再次确认所有的答案都写在正确的位置上，所有的问题都已解答，没有遗漏。

**（三）应试后**

在考试结束后，如果还有另外一场考试在等着你，千万注意不要和同学聚在一起讨论对错问题。考得不好的时候，你的心情可能本来就很糟糕，在与同学讨论之后，如果发现自己错得更多，就会更加沮丧、烦恼。即使你考得很好，如果与同学讨论，也可能会发现自己漏掉了某些要点或细节，这也可能会给你的情绪造成负面影响。考试已经结束，对与错、好与坏都已成定局，无法改变，你所要做的就是及时调整考试心态，尽量减少本场考试给下一场考试带来的不利影响。

当所有考试全部结束之后，你就应该沉下心来，认真反思和总结本次考试的经验。思考从开始复习到交卷的整个复习考试阶段，你所采取的策略是否可行？这些策略和方法的优缺点分别是什么？你会再次采用这些方法吗？如果是，还有哪些地方需要进一步改进和完善？诸如此类的问题可以帮助你深刻反思自己在准备阶段和应试阶段所用策略的适合度。

如果你能得到教师评阅过的试卷，还可以结合试卷内容进行具体的分析和总结。例如，你在哪些问题或题型上丢分较多？为什么会丢分？是没有准确理解问题，还是复习或答题时遗漏了某些重要的观点或细节？你的解答是否存在条理不清或论证不充分的问题？如果存在，是因为时间有限还是事先没有写出概要性的答案？通过思考和回答这些问题，既可以检查出学习或复习的漏洞，又能够找到应试的最佳策略。如果可能，你可以将自己的答案与其他同学的答案进行对比，或请指导教师对你的答卷进行分析和评述，以帮助你思考和发现更多的问题。

## 二、特定类型试题的应试策略

各个科目的考试题型不尽相同，但是有些题型，如填空题、多项选择题、正误判断题、匹配题、简答题和论述题等，适用于大多数科目。下面逐一介绍这类题型试题的具体应试策略或技巧。①

**（一）填空题**

解答填空题时要注意以下两点：

（1）扼要回答。答案要直接、简短而清楚，要尽可能地将你的回答压缩到填空题预留出的空格范围内。

（2）紧扣题意。要认真审题，注意空格前后的限定词、关键名词或动词。例如：远程学习的主要方式是：__________。此题的答案是：基于资源的自主学习。解答此题时，必须注意试题问的是"主要方式"，否则可以写出很多种答案。

**（二）多项选择题**

多项选择题包括单选题和多选题。单选题要求从多个选项中选出一个最佳答案，多选题则要求从多个选项中选出全部正确答案。解答多项选择题时，可以尝试采取以下策略：

（1）排除明显不正确的选项。在命题者提供的多个选项中，往往会有一个或两个选项明显不正确。首先要排除明显不正确的选项，减少无关因素的干扰，将解答的焦点锁定在可能正确的若干选项上。

（2）利用有关线索和知识合理猜测。解答多项选择题的困难，往往在于你对知识的掌握不够准确，记忆不够牢固，面对一些似是而非的选项难以做出正确的选择。这时，你要大胆地利用试题本身提供的有关线索，联系相关的知识进行合理的猜测。

（3）将问题和选项联系起来看。不要孤立地看一个选项是否正确，很多时候选项本身是正确的，但不是试题所要求的答案。要逐一分析问题和每个选项之间的联系，寻找解题的蛛丝马迹。

（4）注意相同或相近的选项。在单选题中，相同或相近的选项必然是错误答案；在多项选择题中，相同或相近的选项也会提供给你一些非常有用的信息，例如，要么都对，要么都错。

（5）注意对立选项。如果两个选项完全相反，那么一般来说，一个正确，

---

① 参考了以下文献的部分内容：（1）Muskingum College Center for Advancement of Learning. General-purpose Learning Strategies：Specific Test-taking Strategies. http://muskingum.edu/~cal/database/testtaking.html#Strategies. 1998（2003年11月）；（2）学习策略课题组编：《学习的策略：怎样学得更好，更快，更高兴》，260～270页，北京，红旗出版社，1999。

另一个错误。不过，命题者也有可能设置陷阱，使两个选项都不对。因此，遇到这种情况时，答题时一定要看清试题要求，不要想当然地做出结论。

**（三）正误判断题**

解答正误判断题时通常要注意掌握以下几个原则：

（1）注意绝对化的陈述。一般来说，正误判断题中如果出现了“总是”、“决不”或“全部”等绝对化的词语，那么相应的陈述或命题往往是错误的。然而，在自然科学领域，有些绝对化的陈述或命题往往也是正确的，例如，水分子都是由两个氢原子和一个氧原子结合而成的。因此，答题时要尽量注意绝对化的陈述，但不要轻易判断绝对化陈述都是不正确的。

（2）注意相对化的陈述。一般来说，正误判断题中如果出现了“通常”、“很少”或“几乎”等相对性副词时，那么相应的陈述或命题往往是正确的。同样，你也要留心命题陷阱，例如，正确的全称判断命题如果加上相对副词，那么其正确性反倒需要仔细斟酌了。

（3）只需找到一点错误就可做出判断。只要能找出正误判断题中的任何一点错误，就可以肯定地将该试题的陈述判断为“错误”。

（4）不要想当然。每个人都会有许许多多的成见，有些成见是正确的，有些成见却是错误的。解答正误判断题时，要避免把个人的错误成见带入考试之中。

**（四）匹配题**

解答匹配题时要注意掌握以下两个原则：

（1）认真阅读试题说明。匹配题可以一一配对，也可以一对多或多对一。因此，你在正式答题之前，一定要认真阅读答题说明，弄清楚答题要求，不要想当然地认为是一一配对。

（2）先解决有把握的。先将自己最有把握的项目匹配完，尽量减少模糊的或没有把握的项目。要知道，每减少一个项目，都能够有效地提高剩余项目正确匹配的可能性。

**（五）简答题**

解答简答题一定要注意简明扼要，切忌拖泥带水。只要答出问题的主要观点即可，不需要进一步展开。当然，也要防止过于简略而显得不够完整。

**（六）论述题**

解答论述题时，要尽量做到论证严谨，思路清晰，表述简洁。你可以按照以下步骤进行解答：

(1) 划出关键词。论述题的关键词主要指那些要求你如何回答问题的动词，例如分析、比较、对比、评述、论述、解释、证明和总结等。不同的动词，要求你从不同的角度选择不同的材料进行回答。因此，你首先要认真阅读试题，并从中找出关键词。

(2) 写出概要答案。在准确理解关键词之后，要迅速在草稿上记下闪现在脑海中的各种想法、观点和细节，然后再根据题意，将这些凌乱的素材整理成一个逻辑清晰的解答提纲。逻辑结构清晰的提纲有助于避免答案偏离主题。

(3) 写出完整答案。最后，将解答提纲扩展成为逻辑清晰、文笔流畅的完整答案。相关的技巧和策略主要有：开门见山，直指主题；每个段落集中对一个要点进行论述；用数字或字母等标明要点顺序；选择适当的连接词来点明各要点之间的关系；在论述时尽量使用专业术语；使用试题中的词句作为结束语，以强化答案的说服力等。

## 第五节　学 习 反 省

学习反省是个人对自己的学习行为进行自我审查、自我评价和自我调整。用认知心理学的术语来说，这是一种"元认知"行为。

远程学生，由于其学习方式以自主学习为主，尤其需要具备一定的学习反省能力，养成自动、自发地评估自己的学习行为、学习方法或学习过程的良好习惯，学会对自己的学习行为负责，以提高自我管理和自主学习的能力。在复习考试结束之后，这种反省行为尤有必要。

### 一、学习反省的主要内容

在复习考试结束之后，对学习过程的反省主要包括以下三方面的内容：

(1) 反省自身特点。有些学生能够很快地适应远程学习方式，而另一些学生却因实在难以适应而不得不放弃这种学习方式。适应快的学生，并不都是因为他们的个性特征本来就适合远程学习，而是他们找到了远程学习与自己个性特征的最佳结合点。你需要结合学习过程中自己的亲身体验，认真分析和总结自己感知、组织和使用知识信息的特点，了解自己的学习风格、学习习惯、学习偏好和智力特点等个性特征。在此基础上，分析这些个性特征在远程学习情境下的优势和劣势，以便能扬长避短，使自己更好地适应远程学习。

(2) *反省学习策略*。你需要认真回忆和重新审视自己在学习过程中采用的各种学习策略，包括时间管理策略、阅读策略、多媒体课件学习策略、记笔记的策略、小组协作学习策略、信息搜寻策略、信息组织策略、复习策略、考试准备策略和应试策略等，并结合实际的学习效果，思考和评价这些策略是否适合自己的个性特征，能否有效地提高远程学习的效率和质量。在此基础上，考虑如何在后续课程的学习中调整或改变自己的学习策略。

(3) *反省学习效果*。你应当客观地看待学习的成功或失败，深入分析学习成功或失败的原因，认真审视学习行为与学习效果之间的关系。在此基础上，总结学习成功的经验或学习失败的教训。另外，你在反省学习效果时，一定要注意保持客观、冷静的态度，学会对自己的学习行为负责，而不要轻易将学习或考试失败归因于教师、学习条件和学习环境等因素。

以上主要是将学习反省视为复习考试之后的一个学习环节来加以介绍的。实际上，学习反省应该贯穿于远程学习的整个过程。也就是说，在远程学习过程中，你应当经常反省自己的学习行为和学习策略，并根据需要随时调整自己的学习策略或改变自己的学习行为，最大限度地发挥学习反省的作用。不过，学习反省的内容要更加具体，可能只针对某个具体学习活动的学习策略或自身某一方面的个性特征。

## 二、学习反省的作用

在复习考试之后，对学习全过程进行反省的主要作用，是为后续课程的学习总结和积累经验，增强学好后续课程的信心。学习反省对于学习后续课程的具体作用如下：

- 帮助你全面了解和掌握自身的个性特征，并在后续课程的学习中有意识地扬长避短；
- 帮助你调整和改善学习策略，使之更加适合自身的个性特征和后续课程的特点；
- 激励你以更加积极的态度，开始后续课程的学习。

在日常学习过程中，对自己的学习行为进行反省的主要作用，是为了提高当前学习的效率和质量，或尽快适应当前的学习任务和学习方式。具体包括：

- 在学习准备阶段，帮助你了解自身的特点，明确学习目标，消除或减少学习中可能存在的各种障碍。

- 在相互作用阶段，促使你深入地思考远程学习过程中教师、资源和学生三者之间相互作用的方式，探索和总结自己在与教师、资源和同学相互作用时应该采取的学习策略。
- 在练习与表现阶段，帮助你把握自己在组织信息和使用信息方面的特点，探索和总结适合自身特点的信息组织和使用策略。
- 在考核与反省阶段，帮助你明确复习目的，探索和总结适合自身特点的复习策略、考试准备策略和应试策略；帮助你养成自动、自发地进行自我审查和自我评估的良好习惯，并学会对自己的学习行为负责。

## 本章小结

本章重点介绍了复习和考试的基本策略以及学习反省的内容和作用。

复习是学生从不同的角度，在不同的背景下，对学习内容进行再一次的学习。在远程学习过程中，学生应当定期进行复习，以深化对学习内容的理解。

考试是检验和鉴定学生学习效果的一种重要手段。与考试相关的策略和技能包括考试焦虑的克服方法、考试的准备策略、一般应试策略和特定类型试题的解答技巧等。学习和掌握这些策略和技能，有助于缓解考前焦虑，提高复习准备的质量，保证考试的正常发挥。

学习反省是个人对自己的学习行为进行自我审查、自我评价和自我调整。学习反省的内容包括反省自身的特点、反省学习策略和反省学习效果。在远程学习过程中，学生应当经常反省和调整自己的学习行为和学习策略，以提高当前学习的效率和质量，并为后续课程的学习积累经验。

## 实践活动

### 一、复习本章内容

请运用本章介绍的复习策略，从反思学习内容、复习学习笔记和做好复习笔记这三方面出发，复习本章内容。同时，结合复习效果和复习体会，思考和评价上述复习策略的有效性、实用性和可操作性，并与其他同学交流和讨论复习体会。

## 二、准备本课程的考试

请试用本章介绍的考试准备策略，按照制订复习计划、复习课程内容、了解考试细节和训练考试技能等步骤，来安排和准备本课程的复习考试。在准备过程中，你可以根据自己的亲身体验，来考察和检验这些策略的有效性和实用性，探索和总结适合自身特点的准备策略和准备程序。你也可以通过远程学习平台与其他同学交流考试准备的体会，探讨上述考试准备策略的有效性和实用性。考试结束后，还应当根据自己的考试成绩和应试体验，来反思考试准备策略的适用性，总结出适合自己的考试准备程序和应试策略。

## 三、考试焦虑自测验

请你回忆过去的复习考试经历，测量自己的考试焦虑程度。

认真阅读问卷调查表 9－1 中的每道题目，并根据自己出现类似行为或症状的频繁程度，在“频度得分”栏目中填入相应的数字。[①] 表中各项行为发生的频度按照如下标度：总是（5 分）、经常（4 分）、有时（3 分）、很少（2 分）和从来没有（1 分）。

**表 9－1 考试焦虑问卷调查表**

| 序号 | 题 目 | 频度得分 |
|---|---|---|
| 1 | 考试之前出现掌心出汗和双手颤抖等可以明显看到的症状。 | |
| 2 | 考试之前有胃部难受的迹象或症状。 | |
| 3 | 考试之前感觉恶心，想呕吐。 | |
| 4 | 考试时，我从头至尾浏览了一遍试题，发现自己不知道任何一道题的答案。 | |
| 5 | 考前和考试过程中都感觉恐慌。 | |
| 6 | 考试时，我的脑子一片空白。 | |

① 考试焦虑问卷调查表引自 Muskingum College Center for Advancement of Learning. General-purpose Learning Strategies: Test Anxiety Questionnaire. http://muskingum.edu/~cal/database/anxietyquest.html. 1999（2003 年 11 月）。

续表

| 序号 | 题　目 | 频度得分 |
|---|---|---|
| 7 | 一走出考场，我就马上记起了在考场中记不起来的信息。 | |
| 8 | 考前出现失眠的现象。 | |
| 9 | 考试时答错了一些非常简单的问题，或将答案写错位置。 | |
| 10 | 考试中，选择答案时感觉非常困难。 | |
| 总　分 | | |

累加你在所有题目上的得分，并将总分填入表9－1的右下角的空格内。如果你的总分低于10分，那么你可能对考试不够重视。如果你的总分在10～19分之间，就说明你一切正常，不受考试焦虑的困扰。如果你的总分在20～35分之间，就表明你的身上出现了一些考试焦虑症状，但不是很严重，影响不大。如果你的总分超过了35分，说明你的考试焦虑比较严重，你应当认真分析自己产生焦虑的原因，并确定克服焦虑的方法。

## 四、放松练习

如果你在考前复习阶段，特别是在进入考场等待考试开始的一段时间内，感觉自己非常紧张，那么可以试用以下两种放松方法，来调节紧张情绪，缓解考前压力。

一种是深呼吸放松。挺直站立或坐直，双肩稍用力下垂，然后慢慢地做深呼吸。最好是能随着自己的呼吸频率在心中默念："深深地吸进来……慢慢地呼出去……深深地吸进来……慢慢地呼出去……"。

另一种是想象性放松。找一个安静的位置，或选择一个合适的姿势，舒舒服服地坐好，并闭上眼睛，深呼吸几次，然后想象一个你特别喜欢的场景，如海滩边、游泳池、一望无际的大草原或静谧的午夜等。当你在想象中真正融入这些场景时，你就可以感觉到全身心的舒适与放松。

# 参考文献

## 中文图书参考文献

[1] [美] 托马斯·阿姆斯特朗著. 人生的七大智慧. 罗吉台, 译. 北京: 中国计划出版社, 1997.

[2] 奥鹏远程教育学习中心教材编写小组. 现代远程学习概论, 2003.

[3] 丁兴富编著. 远程教育学. 北京: 北京师范大学出版社, 2001.

[4] 董奇. 心理与教育研究方法. 广州: 广东教育出版社, 1992.

[5] 德斯蒙德·基更著. 远距离教育基础. 丁新, 等译. 北京: 中央广播电视大学出版社, 1996.

[6] 彭聃龄. 普通心理学. 北京: 北京师范大学出版社, 2001.

[7] 傅德荣编著. 多媒体技术及其教育应用. 北京: 高等教育出版社, 2003.

[8] [美] 霍华德·加登纳. 智能的结构. 兰金仁, 译. 北京: 光明日报出版社, 1990.

[9] 顾明远, 薛理银著. 比较教育导论: 教育与国家发展. 北京: 人民教育出版社, 1999.

[10] 蒯超英著. 学习策略. 武汉: 湖北教育出版社, 1999.

[11] [英] 德瑞克·朗特里著. 学会怎样学习. 梁光明, 译. 北京: 中央编译出版社, 2002.

[12] 联合国教科文组织国际教育发展委员会. 学会生存: 教育世界的今天和明天. 上海师范大学外国教育研究室, 译. 上海: 上海译文出版社, 1979.

[13] [美] 柯林·罗斯, 迈尔孔·尼可著. 学习地图. 戴保罗, 译. 北京: 中国城市出版社, 1999.

[14] [美] 大卫·梅尔著. 培训学习手册. 刘安田, 张峰译. 北京: 企业管理出版社, 2002.
[15] 桑新民主编, 张倩苇副主编. 步入信息时代的学习理论与实践. 北京: 中央广播电视出版社, 2000.
[16] 谭顶良著. 学习风格论. 南京: 江苏教育出版社, 1995.
[17] 谭顶良著. 学习能力的培养. 南京: 南京出版社, 1998.
[18] 薛理银编著. 教育信息处理原理. 北京: 北京师范大学出版社, 1996.
[19] 学习策略课题组编. 学习的策略: 怎样学得更好, 更快, 更高兴. 北京: 红旗出版社, 1999.
[20] 尹鸿藻, 毕华林主编. 学习能力学. 青岛: 青岛海洋大学出版社, 2000.
[21] 于云秀主编. 开放教育入学指南百问. 北京: 中央广播电视大学出版社, 2000.
[22] 郑新蓉, 卜卫等著. 学会求知. 北京: 北京出版社, 1999.
[23] 祝智庭编著. 网络教育应用教程. 北京: 北京师范大学出版社, 2001.

## 英文图书参考文献

[1] Wallace, M. J. Study Skills in English. Cambridge University Press. 1980.
[2] Collins, S. C. and Kneale, P. E. Study Skills for Psychology Students. Oxford University Press. 2001.
[3] Panko, Mary. Small Group Learning in Online Discussions: Staying in Your Own Backyard or Peering over the Garden Fence? In: *ASCILITE 2002 Conference Proceedings*. 2002.
[4] Alexander, Jan and Marsha Ann Tate. Web Wisdom: How to Evaluate and Create Information Quality on the Web. Lawrence Erlbaum Associates. 1999.

## 互联网上参考文献

[1] 中国国家图书馆. OPAC 检索说明. http://www.nlc.gov.cn/. 2002 (2003

年 11 月).

[2] 中文搜索引擎指南网. 搜索入门到精通. http://www.sowang.com/. 2001 (2003 年 11 月).

[3] Google. Google 大全. http://www.google.com/intl/zh - CN/about.htmlhttp://www.google.com/. 2002 (2003 年 11 月).

[4] Alexander, Jan and Marsha Ann Tate. Evaluating Web Resources. http://www 2.widener.edu/Wolfgram - Memorial - Library/webevaluation/webeval.htm. 1996 (2003 年 11 月).

[5] Coastal Community College. What in the World Is "Information Competency"? http://dl.ccc.cccd.edu/module/john/dlmodule.html. (2003 年 11 月).

[6] Education Advisory Services. Online Communication: Internet Message Netiquette. http://www.edadvisory.org/dloat/m1 _ dd _ netiquette.asp. (2003 年 11 月).

[7] Florida Community College at Jacksonville, How to Succeed in an Online Course: Study Skills and Survival Tips. http://www.distancelearning.org/howtosucceed.html. 2002 (2003 年 11 月).

[8] Learning Disabilities Resources Community. How Do You Think. In: *Learning to Learn: Thinking and Learning Skills*. http://www.ldrc.ca/projects/atutor/? cid = 654; g = 3. 2002 (2003 年 11 月).

[9] Keeley, Meg. The Basics of Effective Learning. http://www.bucks.edu/ ~ specpop/index.htm. 1997 (2003 年 11 月).

[10] Kirk, Elizabeth E. Evaluating Information Found on the Internet. http://www.library.jhu.edu/elp/useit/evaluate/index.html. 2002 (2003 年 11 月).

[11] Kubly, Kristin. How to Evaluate a Web Site and the Information It Delivers. http://www.fccj.org/library/top11 _ 97.htm. 1997 (2003 年 11 月).

[12] Murdoch University. Making the Discussion Forum Work. http://help-online.murdoch.edu.au/students/studyhelp/m _ discu.html. (2003 年 11 月).

[13] Muskingum College Center for Advancement of Learning. General-purpose Learning Strategies: Motivation. http://muskingum.edu/ ~ cal/database/motivation.html. 1998 (2003 年 11 月).

[14] Muskingum College Center for Advancement of Learning. General-purpose

Learning Strategies: Attention and Listening. http://muskingum.edu/ ~ cal/database/attention.html. 1999 (2003 年 11 月).

[15] Muskingum College Center for Advancement of Learning. General-purpose Learning Strategies: Time Management. http://muskingum.edu/ ~ cal/database/time.html. 1999 (2003 年 11 月).

[16] Muskingum College Center for Advancement of Learning. General-purpose Learning Strategies: Reading Comprehension. http://muskingum.edu/ ~ cal/database/readingcomp.html. 1998 (2003 年 11 月).

[17] Muskingum College Center for Advancement of Learning. General-purpose Learning Strategies: Notetaking. http://muskingum.edu/ ~ cal/database/notetaking.html. 1998 (2003 年 11 月).

[18] Muskingum College Center for Advancement of Learning. General – purpose Learning Strategies: Group and Cooperative Learning. http://muskingum.edu/ ~ cal/database/group.html. 1998 (2003 年 11 月).

[19] Muskingum College Center for Advancement of Learning. General-purpose Learning Strategies: Organization. http://muskingum.edu/ ~ cal/database/organization.html. 1998 (2003 年 11 月).

[20] Muskingum College Center for Advancement of Learning. General-purpose Learning Strategies: Writing and Proofing. http://muskingum.edu/ ~ cal/database/writing.html. 1998 (2003 年 11 月).

[21] Muskingum College Center for Advancement of Learning. General-purpose Learning Strategies: Test Anxiety. http://muskingum.edu/ ~ cal/database/testanxiety.html. 1999 (2003 年 11 月).

[22] Muskingum College Center for Advancement of Learning. General-purpose Learning Strategies: Test Preparation. http://muskingum.edu/ ~ cal/database/testprep.html. 1999 (2003 年 11 月).

[23] Northern Arizona University. Are You Ready to Be an Online Student? http://jan.ucc.nau.edu/% 7Ed – ctel/OLG/survey.php. 2001 (2003 年 11 月).

[24] The OnlineLearning. net. The Online Learning. net Self-assessment Quiz. http://www.onlinelearning.net/ole/holwselfassess.html? s = 527.k080a7343.068s023q80. 2003 (2003 年 11 月).

[25] The Open University Library. Skills in Accessing, Finding and Retrieving Information. http://ltssolweb1.open.ac.uk/safari _ guests/contentsframe.htm. 2001 (2003 年 11 月).

[26] Purdue University Writing Lab. Understanding Writing: the Rhetorical Situation. http://owl.english.purdue.edu/workshops/pp/rhetsit.ppt. 2000 (2003 年 11 月).

[27] Purdue University Writing Lab. Finding Your Focus: the Writing Process. http://owl.english.purdue.edu/workshops/pp/writproc.ppt. 2000 (2003 年 11 月).

[28] RMIT University. Online Group Assignment. http://www.tafe.lib.rmit.edu.au/olg/groupas.html. 1997 (2003 年 11 月).

[29] The School of Health Sciences of the British Columbia Institute of Technology. Online Learning and You. http://www.health.bcit.ca/online/onlinelearning.htm. 2003 (2003 年 11 月).

[30] University of Wales Bangor. Online Study Skills. http://www.bangor.ac.uk/studyskills/skills/onlineskills.htm. (2003 年 11 月).

[31] Virginia Polytechnic Institute and State University. Developing Collaborative Learning Skills: Group Processes and Characteristics That Foster Effective Learning. http://www.bsi.vt.edu/vetmed/vm8284sp2001/cases/collab.html. (2003 年 11 月).

[32] Virginia Polytechnic Institute and State University. Developing Collaborative Learning Skills: Group Processes and Characteristics That Interfere with Effective Learning. http://www.bsi.vt.edu/vetmed/vm8284sp2001/cases/collab.html. (2003 年 11 月).

[33] Virginia Polytechnic Institute and State University Cook Counseling Center. Strategies for Improving Concentration and Memory. http://www.ucc.vt.edu/. (2003 年 11 月).

[34] Virginia Polytechnic Institute and State University Cook Counseling Center. Time Management Strategies for Improving Academic Performance. http://www.ucc.vt.edu/. (2003 年 11 月).

[35] Young, Kimberly. Net Addiction Test. http://www.netaddiction.com/resources/internet _ addiction _ test.htm. (2003 年 11 月).